SOUTH MANCHURIA RAILWAY COMPANY.

TRAIN JOURNEY AROUND MANCHURIA

満洲鉄道の旅

写真で行く

Hiroshi Takagi
髙木宏之

新装版

潮書房光人新社

▲〈特急「あじあ」の発車〉（写真印画） 1940年1月4日、連京線
（満鉄本線）四平街を発車する、パシナ9（1934年川崎製・旧番号978）
牽引の上り特急「あじあ」。同列車は1935年9月よりハルビン始発で、
途中双城堡・徳恵・新京・四平街・奉天・鞍山・大石橋に停車し、終着
駅大連までは全行程943.4km、12時間半の旅であった。

▶満洲帝国郵政2分／ 4分（郵
便切手） 1939年10月21日、社線（満
鉄会社線）と国線（満洲国鉄）を合
わせた全満鉄道の営業キロが1万を
突破し、同月に「鉄道壹萬粁突破紀
念」の切手2種が発行された。額面
「2分」が全満の鉄道網、同「4
分」がラストナンバーのパシナ12
（1936年川崎製・旧番号981）の牽く
「あじあ」をデザインしたもので、
満洲国の通貨単位は圓（日本円と等
価）、1/10圓が1分、1/100圓が1角、
1/1000圓が1厘であった。

▲**南満鉄道の急行列車**（南満洲鉄道沿線写真帖）　大連～長春間の欧亜連絡急行で、牽引機はG（パシィ）形800、バッファービームとロッドの溝を赤く塗り、客車は一等手荷物車イテ形、食堂車シ₁形、一等寝台車イネ₂形、同イネ₁形2両、手荷物郵便車テユ₁形で、1911年頃の撮影と思われる。

▼**南満鉄道の食堂車**（南満洲鉄道沿線写真帖）　食堂車シ₂形（1915年沙河口工場製）の内部で、原形のシ形（1908年プルマン製）と比べると、上天井がアーチより扁平、明り取り窓がくし形より矩形となり、室内灯も一新された。壁面は花鳥・果実文様で飾られ、妻面はつがいの七面鳥に見える。

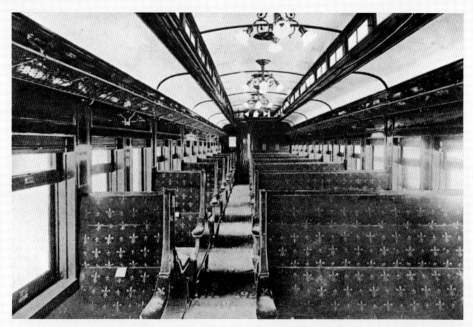

▲**南満鉄道の一等客車** （南満洲鉄道沿線写真帖）　一等車イ₁形（1913年沙河口工場改造）の内部で、1907年アメリカン・カー＆ファウンドリー製三等代用車5両を改造し、定員一等66名としたもので、3人席側の天井には、当時の米国流儀にならい、非常ブレーキ用の白いロープが張られている。

▼**南満鉄道の寝台車** （南満洲鉄道沿線写真帖）　欧亜連絡急行用に購入した一等寝台車イネ₁形（1908年プルマン製）の内部で、1913年に二等寝台車が登場するまでは単に「寝台車」と呼ばれ、定員特別室4名・開放室20名、写真は後者の室内で、座席は1人・1人掛、寝台は上下2段であった。

▲大連ノ郵便局ト大山通リ（多色刷、発行元不詳、仕切線1/3）　満鉄大連駅構内をまたぐ日本橋の南詰より南方を望んだ光景で、画面左手の４階建が大連中央郵便局（1929年竣工）、隣の３階建が三越百貨店大連支店（同）、右手が日本橋ホテル、中間が大山通、市街電車は南広場より日本橋を渡り、露西亜町中央の北大山通を通り、露西亜町埠頭にいたる路線で、写真は1934年頃の撮影と思われる。

▼奉天ヤマトホテル玄関より正金銀行　警察署・三井物産等大建築物の盛観（多色刷、Kanda Tokyo Matsumura Co.発行、仕切線1/2）　同ホテルの正面玄関わきより、中央広場ごしにながめたシーンで、画面右手より奉天三井ビル（1937年竣工）、中央が奉天警察署（1929年竣工）、左手が横浜正金銀行奉天支店（1925年竣工）で、奉天駅は左手画面外、浪速通の突き当たりにある。

▲**The new capital of Manchukuo, Hsinking, nears completion.** （多色刷、Manchuukuo Tourist Union発行、仕切線1/2）　満洲国の国都（首都）新京のメインストリート・大同大街を、三中井百貨店新京支店（1934年竣工）の屋上より、新京駅方面に向かって俯瞰したシーンで、画面左手は三菱康徳会館（1936年竣工）、大同大街は全幅45m、高速車道（片側2車線）の左右にグリーンベルト・緩速車道・歩道をもうけ、市内は4階建（塔屋除く）を上限とし、防災と美観をはかっていた。

▼**行きかふ人も忙がしき繁華なる十字街**（多色刷、満洲国郵政明信片、発行元不詳、仕切線1/2）　ハルビン市内随一の国際的繁華街・キタイスカヤ街で、タイトルの「十字街」は十字路の意と思われ、バックの商店が松浦洋行、画面右端に少し見えるのがチューリン商会プリスタン（埠頭区）支店である。

街字十るな華繁きしが忙も人ふかき行　（賓爾哈）
PROSPEROUS CROSS-ROADS　(HARHPIN)

▶満鉄所管 鉄道図（1/4）
満鉄は1933年3月1日に満洲国鉄
（国線）の経営を受託し、奉天に
鉄路総局を置き、同年10月1日に
朝鮮総督府より北鮮線の経営を受
託し、1936年10月1日に奉天に鉄道
総局をもうけ、会社所管鉄道の全
業務を一元化した。本図は全満の
鉄道網がほぼ完成した1937年4月
10日現在の路線図で、社線（ほん
らいの満鉄路線）を赤、国線を黒、
北鮮線を赤2本、建設線を黒2本、
他社線を旗竿で表現している。当
ページは満洲国南東部のエリアで、
社線の全部（満鉄本線大連～新京
間、旅順支線、営口支線、煙台炭
礦支線、撫順支線、安奉線）をし
めす。

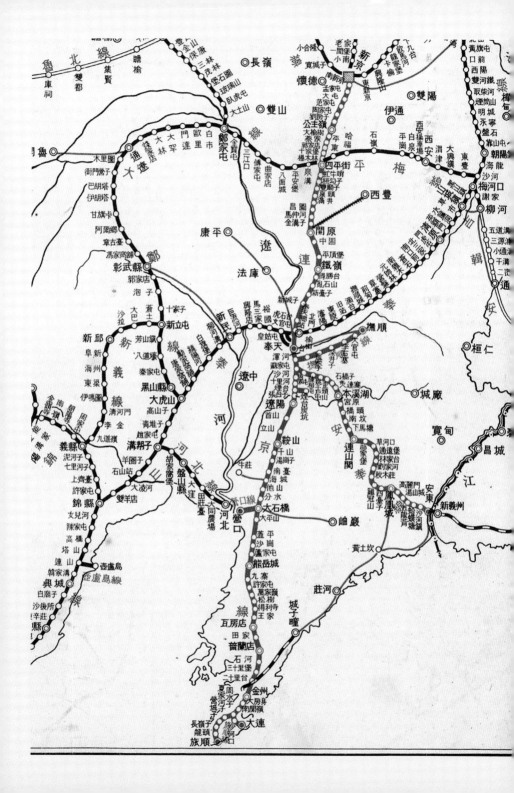

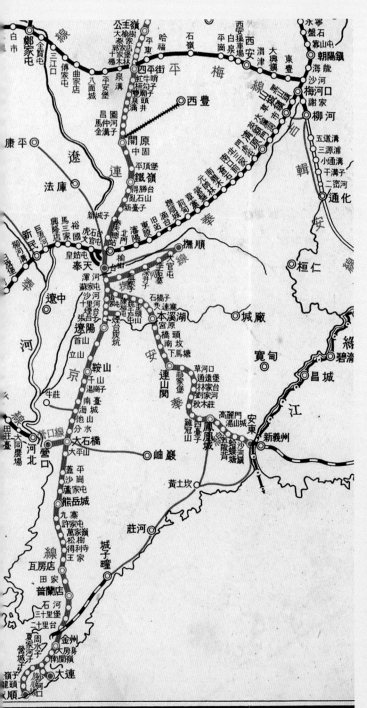

◀ 満鉄所管 鉄道図
（2/4） 中国本土と接する満洲国南西部のエリアをしめす。奉山線（奉天総站〜山海関間）は、もと京奉鉄路（北京〜奉天間）の北半分で、奉海鉄路（奉天総站〜海龍間）と結んで満鉄競争線となっていた。「北平」とは、南京政府樹立の1930年より中華人民共和国成立の1949年までの北京の公称である。大鄭線（大虎山〜鄭家屯間）の通遼以南も、中国建設になる満鉄競争線であった。錦承線（→錦古線）と新義線は、北京への第2ルートとして満洲国鉄が建設した。

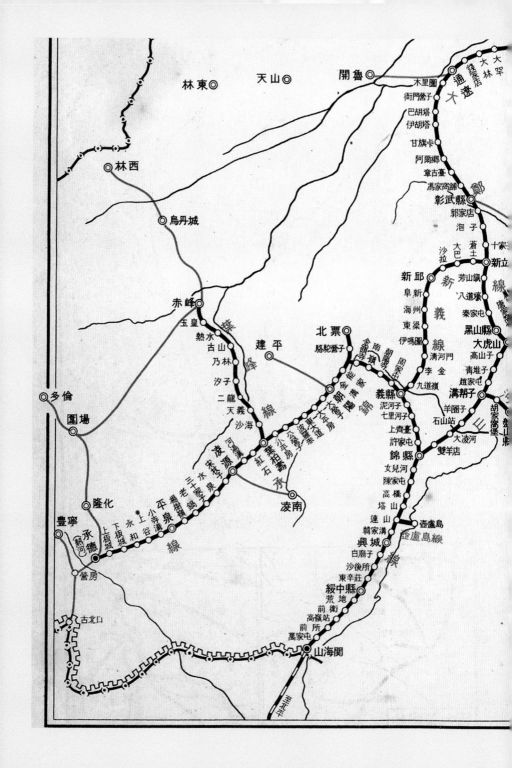

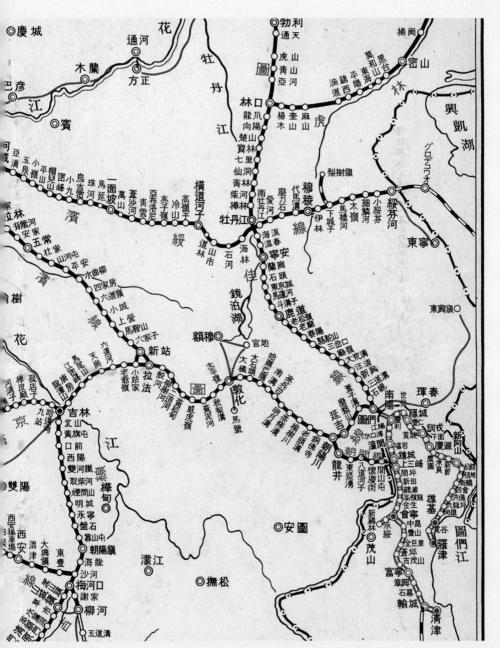

▲満鉄所管　鉄道図（3/4）　満洲国中部のエリアをしめす。京図線（新京〜図們間）は、吉長・吉敦両鉄路と満洲国鉄敦図線を一本化したもので、満鉄北鮮線を介し、日本海に面した北鮮3港（清津・雄基・羅津）と接続する日満連絡最短ルートの一部をなし、戦略的に重視された。吉長鉄路（長春〜吉林間）と吉敦鉄路（吉林〜敦化間）は、円借款で建設され、開通後は満鉄が経営を受託していた。満鉄北鮮線は、鮮鉄が大部分を建設し、1933年に満鉄に経営委託され、京図線・朝開線（朝陽川〜開山屯間）と直通運転を行なった。

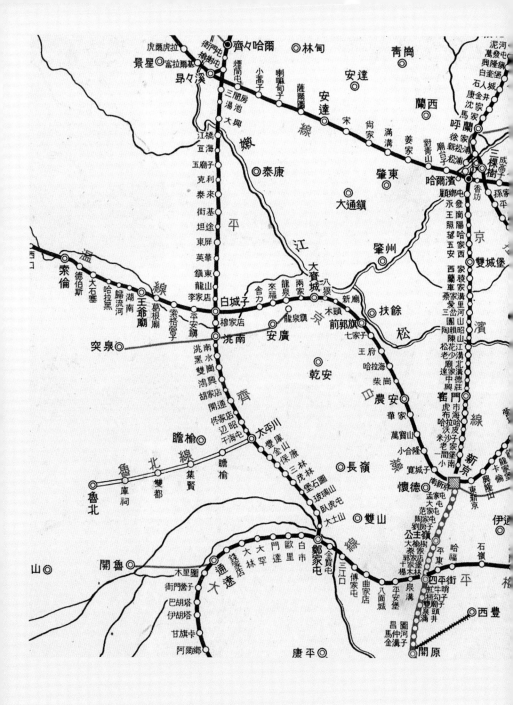

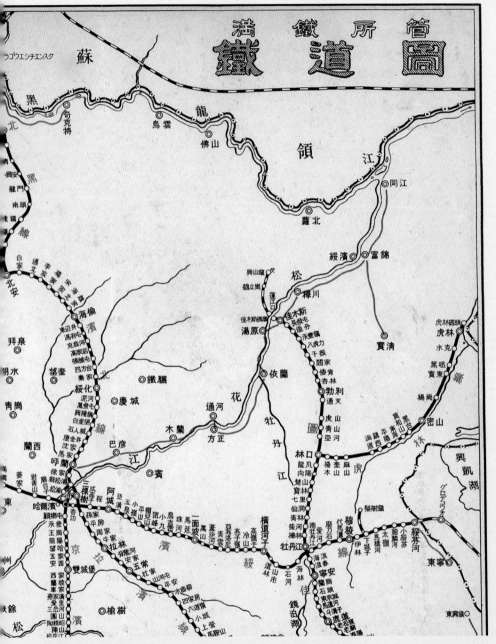

▲満鉄所管　鉄道図（4/4）ソ連と国境を接する満洲国北部のエリアをしめす。浜洲線（哈爾浜〜満洲里間）と浜綏線（哈爾浜〜綏芬河間）は、もと帝政ロシアの建設した東清鉄路本線で、北満を横断し、ウラジオストクに直行する戦略鉄道であった。京浜線（新京〜哈爾浜間）は、同じく東清鉄路南満支線の北半分で、南半分は日露戦争の結果、わが国が獲得し、満鉄本線となった。浜洲・浜綏・京浜３線は、1935年にソ連より満洲国に譲渡され、同年より1937年にかけ、ロシアゲージ（1524mm）より準軌（1435mm）に改築された。北黒線・図佳線・虎林線は、辺境開拓と国境防備のため、満洲国鉄が建設した。

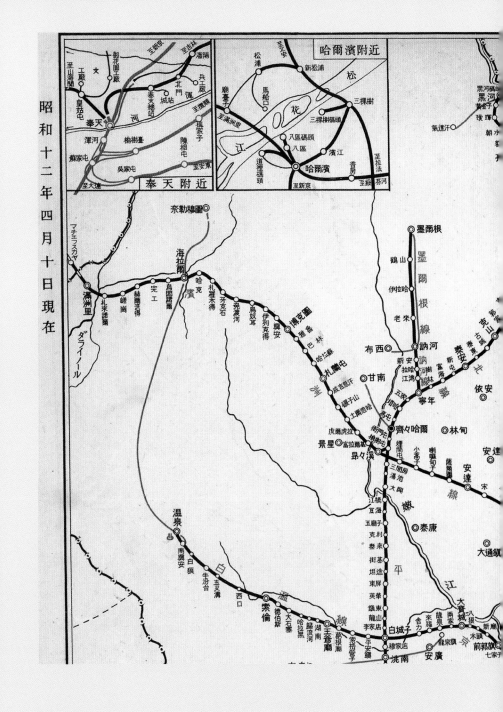

▶満州婦人（単色刷、発行元不詳、仕切線1/3）
満洲族の祖は12世紀に金王朝をおこした女真族
とされ、1616年に一族のヌルハチ（太祖）が満
洲の地に後金王朝をおこし、二代太宗が1636年
に国号を清と改め、1644年に首都を瀋陽（奉
天）より北京に移し、1662年に四代康熙帝（聖
祖）が明王朝を滅ぼして中国全土を手中にした。
写真は1900年代の満洲上流婦人で、やや面長の
端正な顔立ちに伝統的な民族衣装をまとってい
る。当時の満洲族は、男子はおおむね弁髪、女
子は中国本土（山海関以西）のような纏足（て
んそく）の風習はなく、厚底靴をはいていた。

19.　Manchu Woman.　　　人婦州満

◀満洲の花（手彩色、大連舩塚商店発
行、仕切線1/3）　1910年代の満洲上流
婦人で、上掲よりも若く、丸顔ながら
二重まぶたのすずしい目元で、ロシア
風の毛皮の防寒帽をつけ、刺繍で飾ら
れた厚底靴をはいている。衣装は上掲
と大差ないが、満洲独特の濃藍色（デ
ィープ・インディゴ）に染められてお
り、特急「あじあ」牽引機パシ+形機
関車（登場時）の塗色に通ずるものが
ある。

THE MANCHURIAN BEAUTIES, NO. 3.　　　花の洲満

◀〈近代満洲麗女集　B編より　〉（多色刷、TOKYO DESIGN PRINTING発行、仕切線1/2）　1920年代に制作のシリーズ絵葉書の一葉で、人口で圧倒的な漢民族との同化が進み、衣装もチャイナドレスとなり、足元もハイヒールと洋風化している。背景は奉天の西塔で、満洲の代表的風景の一つといえるであろう。

▶麗はしの人々（多色刷、KAIGAKENKYUKAI発行、仕切線1/2）　1930年代に制作の女性モデル8名によるシリーズ絵葉書の一葉で、水着姿も含まれているが、こちらのお方がもっとも美しい。毛皮のコートに皮手袋、ハンドバッグと、一見すっかり洋風化しているが、コートの下はチャイナドレスと思われ、そちらのお姿もぜひ拝見したかったものである。

▶▼哈爾浜の俤（多色刷、4枚組、発行元不詳、宛名面白紙）「ハルピンのおもかげ」と題した組物の絵葉書であるが、宛名面には郵便葉書の書式がなく、もっぱらたとう（外袋）に封入のまま、第四種郵便としての投函を意図したもののようで、制作年代は1930年代後半と思われ、洗練された白系露人女性をモデルとし、哈爾浜市周辺で撮影されている。ここでは、同市郊外の草原と松花江のヨットハーバーにくつろぐ2点を選んでみた。

写真で行く満洲鉄道の旅

年号対照表

皇紀	西暦	元号	中国／満洲国
2561	1901	明治34	光緒27
2562	1902	明治35	光緒28
2563	1903	明治36	光緒29
2564	1904	明治37	光緒30
2565	1905	明治38	光緒31
2566	1906	明治39	光緒32
2567	1907	明治40	光緒33
2568	1908	明治41	光緒34
2569	1909	明治42	宣統元
2570	1910	明治43	宣統2
2571	1911	明治44	宣統3
2572	1912	明治45／大正元	民国元
2573	1913	大正2	民国2
2574	1914	大正3	民国3
2575	1915	大正4	民国4
2576	1916	大正5	民国5
2577	1917	大正6	民国6
2578	1918	大正7	民国7
2579	1919	大正8	民国8
2580	1920	大正9	民国9
2581	1921	大正10	民国10
2582	1922	大正11	民国11
2583	1923	大正12	民国12
2584	1924	大正13	民国13
2585	1925	大正14	民国14
2586	1926	大正15／昭和元	民国15
2587	1927	昭和2	民国16
2588	1928	昭和3	民国17
2589	1929	昭和4	民国18
2590	1930	昭和5	民国19
2591	1931	昭和6	民国20
2592	1932	昭和7	大同元
2593	1933	昭和8	大同2
2594	1934	昭和9	大同3／康徳元
2595	1935	昭和10	康徳2
2596	1936	昭和11	康徳3
2597	1937	昭和12	康徳4
2598	1938	昭和13	康徳5
2599	1939	昭和14	康徳6
2600	1940	昭和15	康徳7
2601	1941	昭和16	康徳8
2602	1942	昭和17	康徳9
2603	1943	昭和18	康徳10
2604	1944	昭和19	康徳11
2605	1945	昭和20	康徳12

【注記】
・本書に掲載の原画（写真・絵葉書など）の制作時期は1904～1940年である。
・本書の内容は歴史に関するものであるため、地域名・事件名などは原則的に当時の本邦における呼称によった。〈例〉「満洲国」「支那事変」
・キャプションタイトルは原画の記載内容により、新書体にて表記した。また、無題のものは著者が適宜命名し、〈 〉内に表記した。
・形式称号は、1937年以前の事項に関しては末尾大文字で記載した。〈例〉1934年に製造のパシナ形970は、1938年以降に関しては末尾小文字で、1938年の形式称号改正でパシナ1となった。
・本書に掲載の原画は著者および提供者の所蔵である。無断転載および複写は厳禁する。

第1部・満鉄本線の旅

INNER SIGHT OF DINING CARRIAGE,
STREAM-LINE ASIA-GO.
あじあの豪華なる食堂車

▲あじあの豪華なる食堂車（単色刷、大正写真工芸所発行、仕切線
1/2）　特急「あじあ」は、満鉄のほこる優等列車で、1934年11月１日よ
り営業運転に入り、満鉄本線（連長線→連京線）大連〜新京間701.4km
を８時間半で結び、翌年９月１日には運転区間を大連〜ハルピン間
943.4kmに延長した。客車は二重窓、空調完備で、食堂車には白系露人
ウェイトレスも乗務していた。写真は手前より2番目のテーブルにピン
トが合わされ、通路寄りの若い女性に目が行く画面構成で、同席の男性
２名は父親と婚約者の設定と思われる。

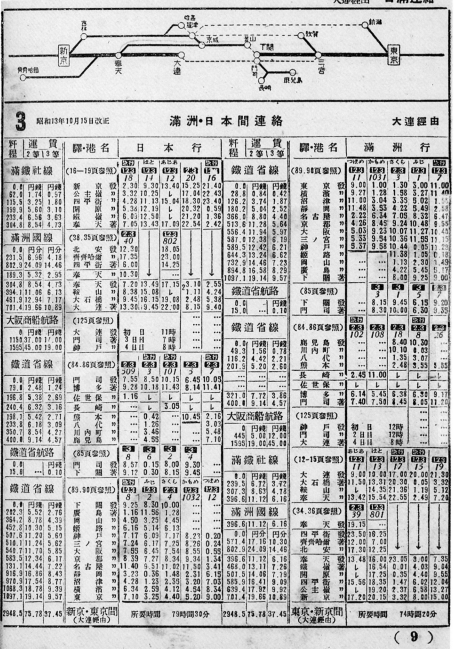

▲3　満洲・日本間連絡　大連経由　1938.10.15改正　（満洲支那汽車時間表　満鉄鉄道総局　昭和14年3月）

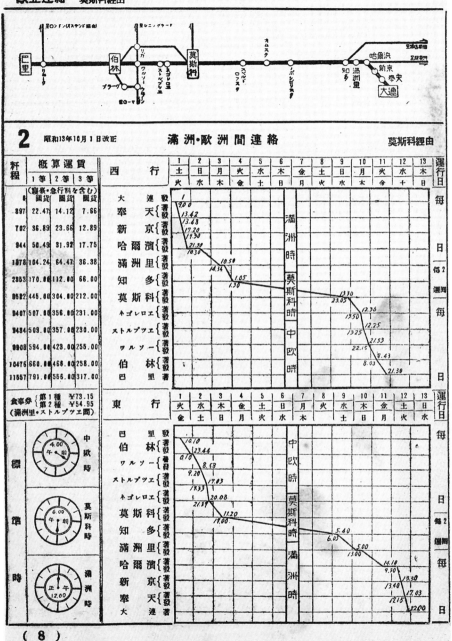

2　昭和13年10月1日改正　　　滿洲・歐洲間連絡　　　莫斯科經由

(8)

▲2　満洲・欧洲間連絡　莫斯科経由　1938.10.1改正　（満洲支那汽車時間表　満鉄鉄道総局　昭和14年3月）

1926年1月に埠頭事務所を増築し、1930年7月に大連湾対岸の甘井子（かんせいし）に石炭積み出し専用埠頭を完成させた。写真は1930年、北防波堤内側附近の船上より南方を望んだ光景で、初夏の夕方の撮影と思われ、画面右手より第三・第二・第一埠頭で、第二埠頭では2基の走行クレーンがはたらき、船客待合所になかばかくれた2本マスト・2本煙突の商船は、大連汽船上海航路の大連丸もしくは奉天丸（第三船長春丸は1930年8月竣工）である。画面左手ではジャンクが異国情緒をかもし、遠景は油房（豆油精製工場）の集中する寺児溝で、豆油タンクが並んでいる。

▲〈船上より望む大連港〉（写真印画） 大連は門司より海路614カイリ、遼東半島の先端部、北緯38度56分・東経121度36分に位置する不凍港で、帝政ロシアの極東経営の根拠地として「ダーリニー」（遠方）と命名され、日露戦争中の1904年5月28日に日本軍が占領し、翌年2月11日（紀元節）に正式に「大連」と命名された。満鉄は同市を満洲の表玄関と位置づけて港湾施設の拡充につとめ、第一・第二埠頭を改修し、1920年3月に第三埠頭、同年10月にレンガ・石材混造7階建の埠頭事務所を新築し、1924年10月に第二埠頭（通称大桟橋）に鉄筋コンクリート2階建の船客待合所を新築し、

THE MAGNIFICENT VIEW OF ENTERING
PORT OF THE LINER, BAICAL MARU.
親壮の港入、丸るかいば船期定 (連 大)

▲**定期船ばいかる丸、入港の壮観** (単色刷、大正写真工芸所発行、仕切線1/2)　第二埠頭に接近する大阪商船ばいかる丸 (5,243総トン、1921年竣工)。1930年頃の撮影と思われ、すでに舳綱 (へづな) が岸壁に結ばれ、船尾を接岸すべくタグボートが右舷へと向かっている。同商船の大連航路は神戸を初日正午出港、2日目に門司寄港、4日目の午前8時大連着のスケジュールであった。

▼**大連埠頭** (単色刷、大連小林又七支店発行、仕切線1/2)　第二埠頭における大阪商船ほんこん丸 (6,364総トン、1899年竣工)。1914年に東洋汽船より購入され、1924年より大連航路に就航した。写真は1925年頃、水上警察署の望楼より撮影したものと思われ、画面左手の船客待合所 (湯本三郎設計) は、中央通路両側に各種売店、和洋中食堂、両替所、球戯室などをもうけていた。

頭埠連大
WHARVES. DAIREN.

ADJACENT VIEW FROM FRONT PORTAL
OF WAITING HOUSE, DAIREN WHARVES.
大連埠頭大玄関より埠頭事務所附近の雑観

▲大連埠頭大玄関より埠頭事務所附近の雑観 (単色刷、発行元不詳、仕切線1/2) 下船した旅行者が初めてまのあたりにする大連市内の光景で、1930年頃の撮影と思われ、人物の諸相が興味ぶかい。画面左端は埠頭事務所 (満鉄建築課・横井謙介設計) で、市街電車が左手奥の埠頭橋 (跨線橋) により埠頭引込線をまたいで市街中心と往来し、右手遠方が埠頭手荷物扱所である。

▼山縣通に巍然たる税関本館 (単色刷、大正写真工芸所発行、仕切線1/2) 山縣通は東広場と大広場をむすぶメインストリートで、三井物産・三菱商事・大阪商船・大連汽船などが軒をつらねる一大オフィス街でもあった。大連税関 (中国海関) は1914年、埠頭寄りに建てられ、設計は建築家・岡田時太郎、ゴシック様式、レンガ造2階建で、東南の角に正面玄関と双塔を有していた。

THE HEAD HOUSE OF CUSTOMS AT THE DAIREN WHARF.
山縣通に巍然たる税関本館 (大連)

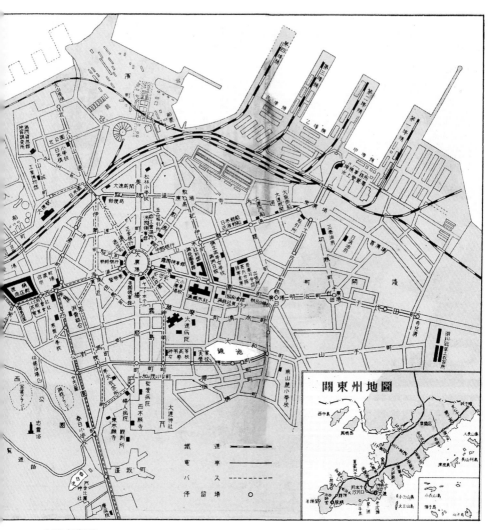

鐵　　道　━━━━
電　　車　━━━━
バ　　ス　-------
停　留　場　　○

関東州地圖

▲大連市街図（多色刷、満鉄鉄道部営業課発行、1935年版『大連』リーフレット）　大連は露治時代より輸出入関税を撤廃した自由港で、満鉄の港湾整備によって全満随一の商港に発展し、満洲国建国後は輸出港より輸入港となった。本図では第一～第三埠頭が完成し、第四埠頭は先端部が工事中である。埠頭より市街を抜ける線路は、当初の満鉄本線にくわえ、埋立地に市内をバイパスする貨物専用の入船線（1932年10月開通）がもうけられている。市街は露人技師サハロフの基本計画になり、パリを手本とした放射式を満鉄が手直ししたもので、大広場を中心として10条の放射路をもうけ、日本橋をへて満鉄本線北側の露西亜町へいたる放射路を大山通、以下時計回りに奥町・敷島町・山縣通・東公園町・薩摩町・播磨町・越後町・西通・駿河町と名付けた。放射路同士の交点は円形もしくは半円形の広場とし、日本橋の北詰に北広場、南詰に南広場、南広場と埠頭の中間に敷島広場、埠頭近くに東広場、東広場の東方より南方にかけて円弧上に宝広場・千代田広場・朝日広場、大広場の西に西広場をもうけた。西公園町の西方に流れる西青泥窪河（シーチンニーワ、本図に非表示）が地形的に東西市街の境界、常盤橋をわたった西側の小崗子一帯が満人街、伏見台より鉄道工場のある沙河口にかけて民政署・満鉄関係の住宅街となっていた。

028

大連市街圖

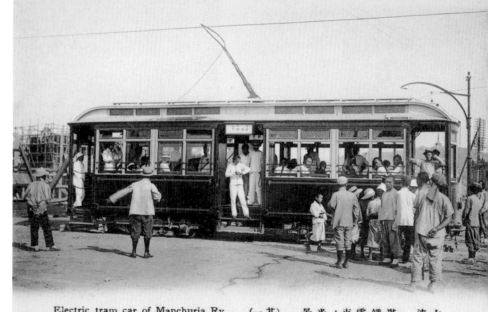

Electric tram car of Manchuria Ry.　　（其一）　　大連　滿鐵電車ノ光景

d electric car at electric sarden,Tarien　　大連電氣遊園地前ノ花電車

Electric tramcar of Manchuria Ry. (二其) 景光ノ車電鐵滿　連大

▲大連　満鉄電車ノ光景　其二 (単色刷、大連大原商店発行、仕切線1/3)
開業当時の客車は木製車体、モニター屋根、ビューゲル集電、マキシマム・
トラクション・ラジアル台車で、レール面に直接作動するブレーキシューを
そなえ、英国製22両（定員特等16名・並等32名）、日本車両製8両（同16名・
40名）、沙河口工場製20両（同16名・24名）が1913年度までに就役した。軌間
は1435mm、軌条は市内80ポンド／ヤード（40kg/m）、市外60ポンド／ヤード
（30kg/m）、枕木は市内コンクリート製、市外木製で、市内の軌道敷は内地
のような花崗岩の敷石をもちいず、コンクリートで塗り固め、開業直前にお
とずれた夏目漱石も『満韓ところどころ』で本件に言及している。

前ページ▲大連　満鉄電車ノ光景　其一 (単色刷、大連大原商
店発行、仕切線1/3)　満鉄が開設した市街電車（大連電気鉄道）
で、1909年9月より表1（P033参照）の9系統が逐次営業を開始した。写
真は方向幕に「市場　常盤橋ユキ」が表示されていることより、埠
頭～常盤橋～小崗子市場の「1系統」で、撮影地点は常盤橋附近と
思われる。当初より運転手・車掌とも中国人をあて、運賃は特・並
2等級制、6銭・4銭としたが、しだいに並等に乗客が集中したため、
翌年より特等を1銭値下げし、1923年5月にはモノクラス制に改めた。
写真は開業直後の撮影と思われる。

▶大連電気遊園地前ノ花電車 (単色刷、大連大原商店発行、仕切線
1/3)　開業時の祝賀電車と思われ、車体を花で飾り、前頭に日章旗と黄龍
旗（清国国旗）を交叉し、屋根上の万国旗の中には旭日旗と大極旗（韓国
国旗）も見える。同園は満鉄が市民に娯楽を提供するため、電気事業の一
環として市街を一望する伏見台に造成したもので、画面左手が入口階段と
養禽舎、画面奥が小崗子方面である。同所はカーブがきつく、1919年頃に
線路をやや海側に移設し、線形を改良した。

●大連電車

Flow

▲大連電鉄　運転系統図（多色刷、満鉄発行、1924年版『大連案内』リーフレット）　開業より15年経過し、路線の延長にともなう改廃が見られる。図中「浜町発電所」が当初の大連発電所、「天ノ川発電所」が1922年に運転開始の第二発電所で、満鉄大連医院は本院が露西亜町にあり、薩摩町の新館は未完成（1925年竣工、翌年移転開業）である。なお本図公刊後、沙河口神社前〜満鉄沙河口工場間と播磨町〜朝日広場（表忠碑広場）間が開通するいっぽう、市内バス路線の整備にともなって播磨町〜奥町監部通間と西公園町〜幼稚園間が廃止された。

次ページ▼南満洲鉄道株式会社　電車々庫（単色刷、大連精版会社発行、仕切線1/2）　敷島広場に面した長門町の電車庫で、面積373坪（1,231m²）、収容能力屋内20両・屋外留置線56両、1909年7月竣工、撮影時期は1918年頃と思われる。大連電鉄は、1916年度より複線化・停留所整備・車両増補・貨物輸送拡充につとめ、客車は電動貨車の改造、1922年度より「安全電車」と称する鋼製ボギー車28両の新造などにより、1925年度末には合計99両に増加した。

表1　大連電鉄　開業当初の路線系統

系統	区間	経由	キロ程	備考
1	埠頭〜小崗子市場	常盤橋	5.3	
2	埠頭〜逢阪町		5.0	
3	伏見台〜電気遊園		0.9	
4	南広場〜停車場		0.4	
5	長門町〜沙河口終点	常盤橋・小崗子	7.2	
6	長門町〜星ヶ浦	常盤橋・小崗子	11.1	
7	逢阪町〜老虎灘		5.0	
8	日本橋〜露西亜町埠頭		0.8	
9	常盤橋〜大広場〜常盤橋 （左右循環）	西公園町・近江町・奥町・監部通・信濃町	3.9	右回り （左回り3.6km）
合計			39.6	

表2　大連電鉄　昭和4年当時の路線系統

系統	区間	経由	備考
1	寺児溝〜西崗子	東公園町・大広場・常盤橋	
2	敷島広場〜春日町	日本橋（南広場）	
3	埠頭〜水源地	大広場・伏見町	
4	埠頭〜水源地	日本橋（南広場）・西崗子	
5	中央公園〜港橋	薩摩町・朝日広場	
6	水源地〜星ヶ浦		夏期は常盤橋まで延長
7	敷島広場〜老虎灘	大広場・常盤橋・逢阪町	汐見橋終点
8	日本橋〜露西亜町波止場		

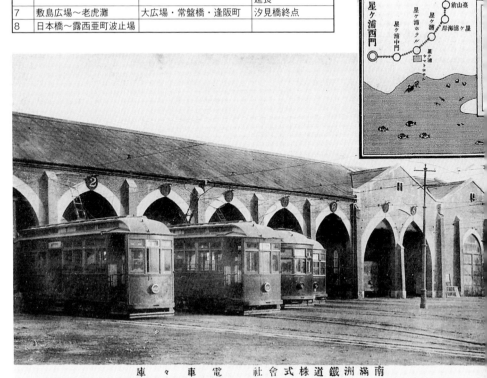

撮影兼発行旅順要塞司令部許可済 其一 大連大和ホテル屋上ヨリ見ルタ大連市街
THE WHOLE VIEW OF DAIREN CITY NO. 1

▲大連大和ホテル屋上ヨリ見タル大連市街　其一／其二（単色刷、２枚つながり、発行元不詳、仕切線1/2）　以下４葉は大広場を中心とした同市街のパノラマ写真で、1932年頃の撮影と思われ、大広場に面して画面右端より大連市役所・民政署（1919年竣工）、東公園町（電車道）、露国領事館跡地（1935年に東洋拓殖大連支店が竣工）、山縣通、中国銀行大連支行（1910年竣工）、敷島町、大連商業会議所、奥町、横浜正金銀行大連支店（1909年竣工）で、大広場をめぐる電車は時計回りの一方通行（単線）、左下は関東都督府初代総督・陸軍大将大島義昌の銅像である。

撮影兼発行旅順要塞司令部許可済 其三 大連大和ホテル屋上ヨリ見ルタ大連市街
THE WHOLE VIEW OF DAIREN CITY NO. 3

▼**大連大和ホテル屋上ヨリ見タル大連市街　其三／其四** (単色刷、2枚つながり、発行元不詳、仕切線1/2)　画面右端より大山通、関東逓信局 (1917年竣工)、駿河町、朝鮮銀行大連支店 (1920年竣工)、西通 (電車通り)、大連警察署 (旧大連民政署、1908年竣工)、越後町、英国領事館 (1914年竣工) である。逓信局の遠方が遼東ホテル (1930年竣工)、朝鮮銀行の遠方が幾久屋百貨店・大成館ビル・浪速ホテル、警察署の遠方が大連日本基督教会、左手遠方の高台が伏見台で、小村公園 (旧電気遊園) がある。なお、大連・旅順一帯は要塞地帯のため、かかる都市美も一般人は撮影禁止であった。

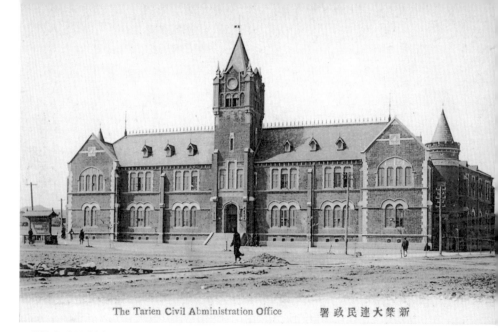

The Tarien Civil Abministration Office　新築大連民政署

▲**新築大連民生署**（単色刷、大連大原商店発行、仕切線1/3）　大広場に面して建てられた最初の建物で、1908年3月に竣工した。設計は関東都督府技師・前田松韻、チューダー・ゴシック様式、レンガ造2階建、中央に時計塔、両翼に切妻破風と尖塔を有し、正面をほぼ北東に向けていた。写真は竣工直後の撮影と思われ、正面玄関に「大連民生署」の看板が見え、時計は09：08をさしている。

▼**大連市街の中心大広場と市役所　後方は東洋一を誇る大連病院**（単色刷、大連市役所発行、仕切線1/2）　大連は1915年に市制を導入し、前田松韻の後任・松室重光の設計によって市役所を新築し、1919年に竣工した。社寺建築の意匠を多くとり入れ、中央の塔は京都祇園祭の山車（だし）がヒントとされる。バックの満鉄大連医院は1925年竣工で、写真は1930年頃の撮影と思われる。

THE GRAND SIGHT OF DAIREN CITY OFFICE, BEHIND THE MOST COMPLETE DAIREN HOSPITAL IN FAR EAST, DAIREN.　大連市中心大広場と市役所は後方は東洋一大連る誇れ大連病院

The Yokohama Specie Bank, Tarien　　行銀金正濱横連大

▲**大連横浜正金銀行**（単色刷、大連大原商店発行、仕切線1/3）　大広場に面して建てられた2番目の建物で、同行大連支店として、建築家・妻木頼黄が内地で基本設計、満鉄技師・太田毅が大連で詳細設計を行ない、ルネッサンス様式、中央と両翼にバロック様式のドームをのせ、レンガ造2階建、化粧タイル貼、1909年12月に竣工した。写真は竣工直前の撮影と思われる。

▼**大連の大清銀行**（南満洲写真大観）　同行は、外国銀行の進出に対抗して1905年に設立された清国官営銀行で、1912年の中華民国成立により、中国銀行と改名した。大連支店は清国人設計、ルネッサンス様式、レンガ造2階（一部3階）建、延べ床面積1,762m²、中央の塔屋にフランス風のマンサール屋根、両翼の双塔に八角ドームをのせ、1910年6月に竣工した。

▲**大連ヤマトホテル**（南満洲鉄道沿線写真帖）　満鉄は、太田毅の設計により、大広場に面して大連ヤマトホテルの新館を1909年6月に起工した。ネオ・ルネサンス様式、主構造鉄骨、床鉄筋コンクリート、レンガ幕壁式、地上4階一部地下、建坪649坪（2,145m²）、客室115、宿泊定員175名、工費70万円余を投じ、1914年3月に竣工した。写真は1915年夏頃の撮影と思われる。

▼**大連ヤマトホテル食堂**（南満洲鉄道沿線写真帖）　同ホテルは全満随一の高級ホテルで、蒸気・温水・温気暖房、エレベーターなど当時の最新設備をそなえ、調度品多数を欧米より輸入した。食堂は300名収容の宴会大食堂のほか、普通食堂と別食堂をもうけ、写真は宴会大食堂で、天井のくし形明り窓はプルマン食堂車（小著『満洲鉄道写真集』第二十九図参照）に通じるものがある。

▲大連ヤマトホテル屋上庭園（其一）（南満洲鉄道沿線写真帖）　同ホテルは左右を播磨町と薩摩町の2本の放射路にはさまれ、平面形は台形の「日」で、左右に中庭を有し、応接室、球戯室、読書室、理髪室、酒場をもうけ、関連サービスとして馬車部、洗濯部のほか、専属楽団をかかえていた。写真は屋上庭園の一角にもうけられた屋上レストランで、1915年より夏季のみ営業した。

▼大連大和ホテル玄関ヨリ朝鮮銀行、警察署ヲ望ム（単色刷、KAIGAKENKYUKAI発行、仕切線1/2）右下に「昭和十年七月四日旅順要塞司令部許可済」の注記が見られることより、1935年の初夏、北北西に面した同ホテルの影が大広場中心に向く正午少し前に撮影されたカットで、車寄せ屋根の唐草模様や警察署の尖塔の配置ともども、カメラアイの確かさが感じられる。

▲**大連浪花町通り**（単色刷、大連舩塚商店発行、仕切線1/3）　浪速町は、奥町・大山通・伊勢町・信濃町の4
放射路をつなぐ横糸に相当し、のちに市内随一の繁華街となった。写真は1908年頃の撮影と思われ、画面手前
が浪速町伊勢町交差点、奥が大山通方面で、まだ空地が目につく。

▼**大連第一の繁華街浪速通りの盛観**（単色刷、大正写真工芸所発行、仕切線1/2）　上掲より信濃町寄りに
1区画下がったカメラポジションで、撮影時期は1935年頃と思われ、町並みが一変している。手前のY字路は
左が浪速通、右が磐城町で、街路灯の横桁中央に図案化された「浪」の字が交差点中心に向けてかかげられ、
浪速通伊勢町交差点手前の五つ目は裏返しとなっている。

OYAMA STREET, DALNY.

大連大山通リ

▲**大連大山通リ** (単色刷、TOKYO DESIGN PRINTING発行、仕切線1/3) 大山通の北部、吉野町との交差点附近より日本橋方面を望んだ光景で、1920年頃の撮影と思われ、街路樹のアカシアもほどよく成長している。画面右端の尖塔を有する2階建は朝鮮銀行大連支店旧店舗、2軒目のマンサール屋根の2階建は三越呉服店大連出張所（中村與資平設計、1919年竣工）である。

▼**異彩を放つ大建築、大連郵便局と三越百貨店** (単色刷、大正写真工芸所発行、仕切線1/2) 三越百貨店は、宗像主一の設計になる、鉄筋コンクリート・レンガ幕壁式、3階建の新店舗を1927年に起工し、1929年に竣工した。隣接の4階建は同年竣工の大連中央郵便局（関東庁土木課・臼井健三設計）、遠景は露西亜町で、路面はマカダム舗装を固めるコールタールで黒光りしている。

DAIREN POST-OFFICE AND MITSUKOSHI DEPARTMENT STORE, DAIREN.

異彩を放つ大建築、大連郵便局と三越百貨店 （大連）

A

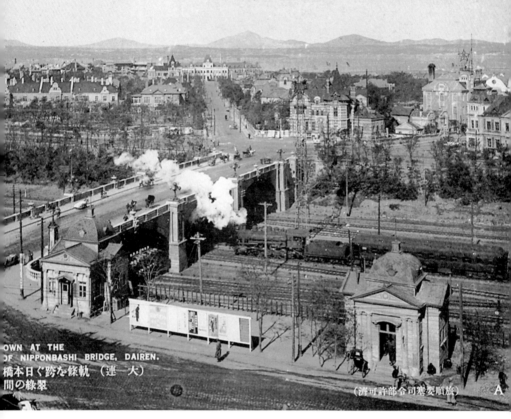

OWN AT THE
OF NIPPONBASHI BRIDGE, DAIREN.
軌条を跨ぐ日本橋（大一連）
翠緑の間

（大連許可部会司基要順旅）　A

▲軌条を跨ぐ日本橋を距てゝ翠緑の間に美しきロシヤ街を望む
（単色刷、大正写真工芸所発行、仕切線1/2）　大連中央郵便局の屋上より北西の
露西亜町方面を俯瞰したシーンで、1935年頃の撮影と思われ、空気が澄みわた
り、きわめてクリアーな画像である。画面手前の日本橋南詰が南広場、右下へ
延びる道路が監部通、橋のたもとが日本橋交番、右手のほぼ同型の建物は公衆
便所のようである。大連駅は左手画面外、構内で入換中の機関車はエト形
（1919年ボールドウィン製）で、タイヤフランジが陽光にかがやいており、次
位は三等車ハ₅形である。日本橋北詰が北広場、正面が日本橋図書館（1907〜
26年大連倶楽部）、右手が北大山通、左手が児玉通、突き当りが満洲資源館
（1909〜14年は大連ヤマトホテル）で、バックに大連湾をへだてて日露古戦
場の金州南山や遼東半島最高峰の大和尚山（標高640m）も見える。

▼**大連一の美橋　帝都を偲ぶ日本橋**（単色刷、発行元不詳、仕切線1/2）　日本橋図書館の２階より南東を望んだシーンで、1930年頃の撮影と思われ、画面左手の４階建が大連中央郵便局、大山通をはさんだ反対側の２階建が日本橋ホテル、バックが遼東ホテルで、突き当たりに満鉄大連医院がかすんで見え、郵便局外壁の時計は16：40をさしている。なお、満洲における「日本橋」は大連のほか、旅順と長春（新京）のものが著名であるが、いずれも中露が形成した旧市街と日本が計画した新市街との境界に位置しており、ことに大連日本橋は、関東都督府民政部がすべての建築物に優先して着工した鉄骨石造橋であることより、その重要性がうかがえよう。なお、満鉄本線は同橋直下を起点としていたが、関東州の道路の起点は前出の大広場中心であった。

THE NIHON BRIDGE AT DAIREN　大連日本橋

▲大連日本橋（単色刷、発行元不詳、仕切線1/3）　1909年頃の日本橋の近影で、橋上の清国人は弁髪である。画面左端の無蓋車はム1384で、土砂運搬用に低い側板と交換したものと思われ、容積表記はLENGTH 32' 10"×INSIDE WIDTH 9' 0"×HEIGHT 1' 8"（10.01m×2.74m×0.51m）、荷重／自重表記はCAP 60000LBS／WT25000LBS（27.22トン／11.34トン）となっている。

▼大連日本橋の夜景（単色刷、発行元不詳、仕切線1/3）　上掲と同一アングルによる夜景で、バックの大連倶楽部（左）と満鉄瓦斯作業所（右）にはイルミネーションがほどこされ、後者正面のイルミネーションが日章旗の交叉に見えることと、日本橋の各アーチのキーストーン（要石）上方に台形のペナントが吊られていることより、1915年11月の大正天皇即位奉祝行事の一環と思われる。

Nihonbashi Bridge Dairen　大連日本橋の夜景

The Tarien club　　　　大連倶樂部

▲**大連倶楽部**（単色刷、大連大原商店発行、仕切線1/3）　東清鉄路汽船の本社社屋として建てられ、ドイツ風ハーフ・ティンバー様式、レンガ造2階建、1902年に竣工し、日露戦争中は大連軍政署、ついで第六十三連隊本部にもちいられ、1907年に欧米人主体の大連倶楽部となった。写真は1912年頃の撮影と思われ、右手の満鉄幹部社宅は2階にバルコニーをもうけている。

▼**大連満鉄電気営業所**（単色刷、大連大原商店発行、仕切線1/3）　東清鉄路汽船の本社別棟として建てられ、日露戦争中は野戦鉄道提理部が「日本橋事務所」として使用し、満鉄に移管され、鉄道関係の現業部門が入居した。電灯営業所の入居は1909年1月、写真は1912年頃の撮影と思われ、正面の三角破風下に"DENKI"の電飾文字が見える。のちに満鉄瓦斯作業所となった。

The Manchuria Ry. electricity business Office, Tarien　大連満鐵電氣營業所

Kodamacho street, Tarien　　　　大　連　児玉町　通

▲**大連　児玉町通**（単色刷、大連大原商店発行、仕切線1/3）　日本橋以北の台地上は、露治時代に官衙区として計画され、東清鉄路関係の社宅が多く建てられたが、日露戦争後は満鉄幹部の社宅街となった。写真は北広場より見た児玉町通で、1912年頃の撮影と思われ、画面左端に大連駅方面をしめす「火車站」の立看板が見え、突き当りが大連ヤマトホテル（二代、1909年5月～1914年8月）である。

▼**大連露西亜町**（単色刷、大連舩塚商店発行、仕切線1/3）　上掲と逆方向より見た児玉町通で、大連ヤマトホテル（二代）となる前、満鉄本社であった1907年4月～1909年2月に社屋3階より撮影されたものと思われ、画面左端の車寄せの付いた平屋建が大連ヤマトホテル（初代）、右手の尖塔を有するレンガ造の大建築が満鉄総裁社宅（もと大連市長サハロフ公邸、1900年竣工）である。

(5) RUSSIAN STREET AT DALNIY.　　　　大　連　露　西　亜　町

Toyo Hotel, Kodama machi, Tailien.　　ルテホ洋東町玉児市連大

▲**大連市児玉町東洋ホテル**（手彩色、十字堂発行、仕切線なし）　露治時代に児玉通の中ほどに西面して建てられ、日露戦争中は日本陸軍が接収し、野戦病院の一部としてもちいた。内部が複雑で出口がわかりにくいのと、旅順攻略戦の負傷兵が多く絶命したため、「化物屋敷」の異名が付いた。写真は1906年頃の撮影と思われ、アール・ヌーヴォー様式とマンサール屋根に特徴がある。

▼**大連露西亜町**（単色刷、大連舩塚商店発行、仕切線1/3）　前出の児玉通より西側に1区画入った裏通りで、画面左手が児玉町、右手が山城町、突き当たりの掘割が大連駅構内である。道の両側はもと東清鉄路社宅、撮影当時は満鉄幹部社宅で、撮影時期は1907年冬頃と思われ、各戸のデザインは同一でなく、少しずつ変化を持たせる設計配慮がうかがえる。

町亜西露連大

FUSHIMIDAI FROM TOKIWABASHI (DALNY)　　む望を台見伏りよ橋盤常園公西連大

▲**大連西公園常盤橋より伏見台を望む**（単色刷、大連北野商店発行、仕切線1/3）　市街東西の境界をなす西青泥窪河に架かる常盤橋は、はじめ木橋であったが、関東都督府民政部が前出の日本橋に続いて鉄骨石造アーチ橋を架設した。写真は市街電車開通前の1908年頃の撮影と思われ、バックの双八角ドームの建築は満鉄農事試験場、右手遠方は後出の大連演劇場である。

▼**最も壮観なる常盤橋と其の附近**（単色刷、大正写真工芸所発行、仕切線1/2）　1920年代初頭の好況と大連市街の西方への発展にともない、上掲の常盤橋（二代）も西通の拡幅とともに架け替えられた。写真は1930年頃の撮影と思われ、欄干柱に「大正十一年十一月竣工」の刻印が見てとれ、画面右手の4階建は、1926年に満鉄より独立した満洲電気株式会社の「瓦斯電気ビル」である。

THE GRAND SIGHT OF TOKIWA BRIDGE
AND ITS NEIGHBOUR HOOD, DAIREN.
近附の其と橋盤常るな麗壮ら最　（連　大）

B

▲グレート大連の新名所　東洋一を誇る大連連鎖商店街の全容（単色刷、NIKWADO発行、仕切線1/2）　常盤橋たもとに敷地29,500m²を造成し、8街区16棟、鉄筋コンクリート造、1階店舗・2～3階住居の200店舗を収容したチェーンストアが1930年に竣工した。写真は「瓦斯電気ビル」の屋上より撮影されたもので、拡幅された常盤橋の状況がわかり、画面左手奥は後出の電気遊園である。

▼連鎖街より常盤橋方面を望む（単色刷、大正写真工芸所発行、仕切線1/2）　大連新駅が開業して4年後、1941年春頃の撮影と思われ、画面左手が連鎖商店街で、右手には1937年に移転開業した地上5階地下1階、延べ床面積2,227.3坪（7,350m²）の三越百貨店大連支店や、大連都市交通、満洲電業大連支店、南満洲瓦斯、天満屋ホテルなどが林立し、新たな繁華街となった。

▲**大連演劇場**（写真印画、発行元不詳）　清国の豪商・紀鳳台が露治時代に築造した、レンガ造3階建（一部5階建）の大劇場で、唐風の屋根をのせ、外壁はレリーフを多用し、極彩色に塗られていた。写真は1905年頃の撮影と思われ、日露戦争中に放置されて荒廃した状況であるが、のちに関東都督府民政部が修復し、外壁装飾を簡素化し、公会堂として一般市民に開放した。

▼**大連　支那劇場**（単色刷、大連天野満書堂発行、仕切線1/3）　中国伝統の歌舞演劇を上演する劇場（茶園）には、小崗子の慶福茶園、近江町の大観茶園、奥町の天福茶園があった。天福茶園は洋中折衷様式、レンガ造3階建で、写真は1912年頃、建屋の左右を増築し、「餘善茶園」と改名後の撮影である。

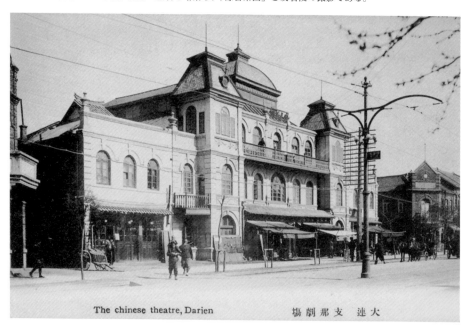

The chinese theatre, Darien　　　　大連　支那劇場

Theater Tarien　　　　　　　大　連　歌舞伎座

▲**大連 歌舞伎座**（単色刷、発行元不詳、仕切線1/3）　敷島町の中ほどに建てられた、市内初の本格的な日本劇場で、岡田時太郎設計、ルネッサンス折衷様式、収容人員1,000名、演劇をはじめ多目的に使用され、「外観は帝都二流の劇場に譲らず、ただ俳優の技、三府（東京・京都・大阪）に比して常に遜色多きをうらみとなすのみ」と冷評された。写真は1912年頃の撮影と思われる。

▼**大連劇場**（単色刷、大連天野満書堂発行、仕切線1/3）　西広場と常盤橋の中間の若狭町に1922年に竣工・開館した大劇場で、ネオ・ロマネスク様式、収容人員1,100名、大連歌劇協会や歌劇団のほか、文芸関係団体に広く使用され、観劇人の社交場ともなり、着かざった紳士淑女が多数出入りした。写真は1925年頃の撮影と思われる。

VIEW OF A THEATRE AT DAIREN.
大　連　劇　場

MERRYGOROUND FLECTRIC PARK, DAIRNE　ドンラーゴーリーメ内園遊氣電連大

▲**大連電気遊園内メリーゴーランド**（単色刷、発行元不詳、仕切線1/3）　電気遊園は1909年9月、伏見台に開園し、敷地面積25,042坪（82,781m²）、花壇や禽獣舎のほか、電力を応用した温室・演芸館・射的場・ボウリング場などをもうけ、映画を上映した。写真のメリーゴーラウンドは木馬が内外3列48頭で、1918年に内地で最初に常設された浅草木馬館（18頭）よりもはるかに大型であった。

次ページ▲大連市伏見台電気公園登瀛閣（単色刷、発行元不詳、仕切線1/3）　登瀛閣（とうえいかく）は、同園内にあった市内随一の北京料理店で、「瀛」は東方海中にある神仙の住む山「瀛洲」の意であろう。写真は1912年頃の撮影と思われ、バックの台地下には満鉄本線や後出の満鉄窯業試験工場が見える。なお、同園はのちに園内の小村寿太郎像にちなんで「小村公園」と改称された。

◀**星ヶ浦全景**（南満洲鉄道沿線写真帖）　星ヶ浦は大広場より南西に約8km、黄海に面した海浜約110万m²を満鉄が開発したリゾート地で、1909年に貸別荘風5棟・同和風3棟、翌年に本館が竣工し、大連ヤマトホテルの出張所として開業した。1911年には星ヶ浦ヤマトホテルとして独立し、別館も竣工した。1913年には別荘洋風4棟を増築し、1915年にはゴルフ場を整備した。写真は1915年頃の撮影で、画面中央がヤマトホテル、前面のビーチは「曙の浜」、岬が「霞ヶ丘」、右手が庶民的な「黄昏の浜」で、海水浴客でにぎわった。同ホテルは1929年に新館、翌年に分館を築造し、貸別荘も1932年には42棟に拡充された。

大連市伏見台電氣公園登瀛閣

▲大連市街全景（単色刷、３枚つながり中の２枚、発行元不詳、レターカード）　伏見台の電気遊園用地より北東方面を望んだシーンで、1908年頃の撮影と思われ、大連発電所の大煙突がひときわ高く、かたわらに日本橋が見え、画面右手が新市街、左手が露西亜町で、給水塔（関東庁所管）は当初の木造より、表現派様式の鉄筋コンクリート造に建て替えられている。その手前が大連駅本屋、やや左手が大連機関庫で、東清鉄路が築造した木造４線の扇形庫、野戦鉄道提理部が完成させたレンガ造５線の扇形庫、満鉄本線をはさんで八角形の給水塔と木造２線の矩形庫（1907年12月竣工）が見え、Ｅ（ダブ）形やH₁（ソリイ）形が並んでいる。小著『満洲鉄道発達史』P060上下の写真は、この矩形庫より東方一帯を夕刻に海側より撮影したもので、プレートガーダーの下は西青泥窪河と判明した。

大連露西亜町の全景並に停車場の遠望
Roshiyamachi of Station, at Dairen.

前ページ▼大連露西亜町の全景並に停車場の遠望 （単色刷、発行元不詳、仕切線1/2） 電気遊園北端より望んだ大連駅構内で、機関庫は1918年に発電所附近に移転し、画面手前は市街地向けの貯炭場、駅は第三ホーム（1926年竣工）が見えないことより、撮影時期は1925年頃と思われる。新駅舎は右手の緑地を造成し、1935年に着工、1937年に竣工し、新市街とのアクセスを大いに改善した。

▼規模宏大なる大連駅より日本橋を望む （単色刷、大正写真工芸所発行、仕切線1/2） 同駅第三ホームにおけるシーンで、時刻が10：25、客車側面のサボ（サインボード）が「長春行」（右書）と読めることより、新京と改名前の1932年夏頃、列車は10：30発の長春行普通旅客15ℓと思われる。

NIPPON BRIDGE SEEN FROM PLATFORM
OF DAIREN STATION, DAIREN.

む望を橋本日りよ驛連大るな模宏模規 （連 大）

（洲可許部令司憲要暇娯）　B

（行發店商野北）　SOUTH MANCHUR A RAIL-WAY TRAIN.　（一其）　景の行進車列道鐵洲滿南

満　南

▲**南満洲鉄道列車進行の景（其一）**（単色刷、北野商店発行、仕切線1/2）　下り旅客列車の大連駅発車シーンで、機関車はF₂（テホサ）形700（1912年ベイヤー・ピーコック製）、編成は次位より鮮魚輸送用の貨物車車掌車ブ形（有蓋車改造）、手荷物車郵便車テユ形、一二等車イロ形、その他で、撮影時期は1914年頃と思われ、右手遠方に大連発電所の大煙突が見える。F₂形は、H₃（ソリサ）形（1910年ベイヤー・ピーコック製）に続く2形式目の英国製で、米国製が両数で圧倒的な満鉄機関車中に異彩をはなっていた。

次ページ▲満鉄窯業課菱苦礦撰別場（単色刷、発行元不詳、仕切線1/2）　市内西北部に満鉄がもうけた窯業試験工場で、組織上は中央試験所に属し、域内産出の菱苦土（マグネサイト）を原料とした耐火煉瓦や、硅石を原料とした陶磁器・ガラス製品を生産し、満洲内はもとより、世界各地に販路を広げた。写真は1918年頃、西方より撮影されたもので、遠景は伏見台の電気遊園である。

◀**南満州鉄道列車**（単色刷、北野発行、仕切線1/2）　満鉄本線の下り列車は、大連駅発車後すぐに右にカーブし、上掲の窯業試験工場のかたわらを過ぎて、旅順支線分岐駅・周水子へと向かう。写真は1914年頃の撮影と思われ、機関車はF₂（テホサ）形704（1912年ベイヤー・ピーコック製）、編成は次位より貨物車車掌車ブ形、手荷物車郵便車テユ形、一二等車イロ形、三等車（三扉）ハ形2両、三等手荷物車ハテ形で、右手遠方の台地上が小崗子である。

滿鐵窯業課菱苦礦撰別塲

(仔發ヒ北)　　THE TRAIN OF THE S. M. R. CO.,　　車列道鐵州

◀**白玉山表忠塔及納骨祠**（単色刷、旅順要塞戦紀念品陳列館発行、仕切線1/3）　旅順は遼東半島の先端に位置し、黄海と渤海をへだてる直隷海峡をにらむ要塞都市で、帝政ロシア海軍太平洋艦隊（旅順艦隊）の根拠地でもあったため、同地の帰趨は日露戦争の勝敗を左右し、1905年1月2日の開城にいたるまで、両軍死力をつくして戦った激戦地であった。写真は小川一真撮影、陸地測量部版権所有になり、1909年11月、白玉山頂の表忠塔竣工時に撮影されたものと思われ、峰続きに旅順攻囲戦における日本軍の戦病歿20,696柱の遺骨をおさめた納骨祠が建ち、画面手前の旅順西港では蒸気動力の浚渫船が作業中で、左手の海岸近くに旅順駅の尖塔と、大連方面に向けて発車した上り列車の白煙が見える。

次ページ▼旅順の停車場（南満洲写真大観）　ホーム側より見たシーンで、1910年頃の撮影と思われ、ホームに集札口と垣根がもうけられ、垣根にそって街路樹が植えられている。似たアングルの小著『写真に見る満洲鉄道』P056下と比べると、駅本屋改札口の前で二分されていたホーム上屋がひと続きとなり、結合部に明かり取り窓がもうけられているのがわかる。

▼旅順停車場（単色刷、小川写真館発行、仕切線1/3）　東清鉄路時代の同駅の本屋は、小著『写真に見る満洲鉄道』P056上画面左手の平屋建、半切妻屋根で、ハーフ・ティンバー様式の本屋は、露人技師の設計によって満鉄が新築したものである。写真は1907年12月、準軌開業時の撮影と思われ、中央の尖塔やホーム上屋に万国旗が飾られ、弁髪の清国人が見物におとずれている。

（行發館眞寫川小）　　THE STATION PORT ARTHUR.　　場車停順旅

THE WAR MONUMENT, MT. HAKUGYOKU, PORT ARTHUR. 表忠塔及納骨祠

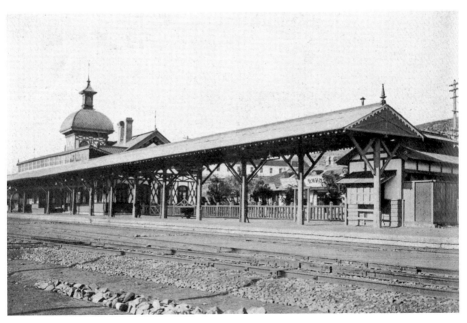

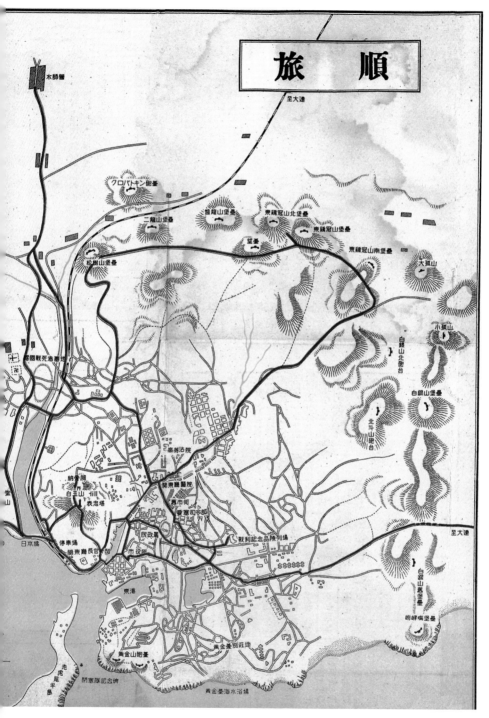

旅　順

水師營

至大連

クロパトキン砲臺

盤龍山堡壘

二龍山堡壘

東鷄冠山北堡壘

東鷄冠山南堡壘

堡壘

大孤山

松樹山堡壘

小孤山

白銀山北衛台

露國戦死者墓地

白銀山堡壘

北斗山砲台

嘉靜浴院

鎮守閣
白玉山
表忠塔

關東醫院

關東都督府
春市街
關東軍司令部

民政署

停車場
關東廳官舍
市役所

戦利記念品陳列場

白銀山尾堡壘

露港

日本橋

防蔽嘴堡壘

至大連

黄金山砲臺

黄金臺別莊地

老虎半島

閉塞隊記念碑

黄金臺海水浴場

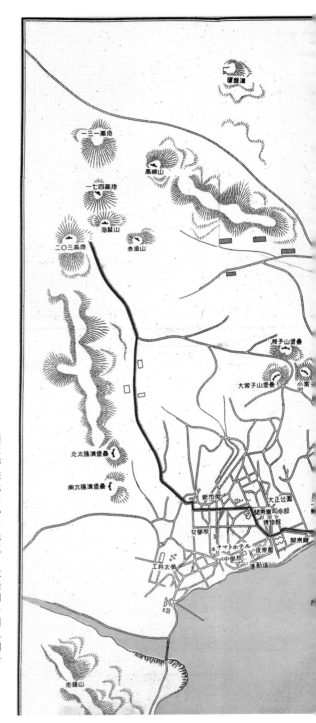

▶ **旅順**（多色刷、満鉄発行、1931年版
『旅順』リーフレット）　中央の龍河をは
さみ、東側が旧市街（商業区）、西側が
新市街（官衙区）で、南側は広水面の旅
順港、港口は東西より高地がせまり、北
側は市街中央の白玉山（標高130m）を
扇のかなめとし、半円状の山地にとりか
こまれた天然の要害であった。帝政ロシ
アは一帯を高度に要塞化し、北側の山地
を陸正面とし、東側より西側にかけて反
時計回りに白銀山・東鶏冠山・盤龍山・
二龍山・松樹山・椅子山・小案子山・大
案子山・北太陽溝・南太陽溝に砲台と堡
塁を配備し、港口は東側の黄金山と西側
の鶏冠山・老鉄山を海正面とし、砲台を
配備した。北東正面の最高峰・望台は標
高185m、二〇三高地は北西にやや離れ
た独立峰で、港内を一望できる射撃観測
点として重視され、日露両軍が激しい争
奪戦をくり広げた。

▲**旅順海軍要港部**（南満洲鉄道沿線写真帖）　日露戦争中の1905年1月、日本海軍は旧市街に旅順口鎮守府を設置し、黄海方面の占領地の海岸・海面警護を担当させ、翌年10月に旅順鎮守府と改名し、関東州の海岸・海面警護を担当させた。写真は1914年4月に要港部に降格後の撮影と思われ、庁舎は露治時代にロシアが築造した2階建、ベランダ・コロニアル折衷様式であった。

▼**旅順鎮守府長官々舎**（単色刷、旅順阪本書店発行、仕切線1/3）　同鎮守府の初代長官は海軍中将柴山矢八で、1906年2月の退任まで港内に沈座したロシア軍艦の浮揚、港口の閉塞船の撤去、機雷の除去に尽力し、後任の海軍中将三須宗太郎に引きついだ。写真は1907年頃の撮影と思われ、長官官舎はロシアの築造になる、ベランダ・コロニアル折衷様式のしょうしゃな建築である。

OFFICIAL RESIDENCE OF CHIEF OF NAVAL STATION, PORT ARTHUR.　舍々官長府守鎮順旅（輯十第）

旅 順 民 政 署　The Ryojun Civil Administration office.

▲**旅順民政署**（単色刷、発行元不詳、仕切線1/2）　日露戦争の結果、関東州はわが国の租借地となり、1906年
9月に大連、旅順、金州に民政署が置かれ、地方行政を担当した。旅順民政署は旧市街の丘の上、レンガ造平
屋建の小学校校舎（1904年竣工）を利用したもので、のちに2階部分を増築した。写真は1920年頃の撮影と思
われ、2階部分の意匠が簡略化されているのが見てとれる。

▼**旅順　高等法院**（単色刷、大連天野満書堂発行、仕切線1/3）　租借地で日本の司法権を施行するため、白玉
山東麓の一戸町にあったレンガ造平屋建のロシア兵舎を改築し、行政より独立した同法院を創設した。改築設
計は前田松韻で、ネオ・クラシック様式、正面部分を破風付き2階建とし、車寄せにドリス式オーダー6本を
もうけた。写真は1912年頃の撮影と思われる。

Supreme Court, Port Arthur　　　院法等高　順旅

VOL. 2. (6) RED CROSS HOSPITAL, PORT ARTHUR. 關東州旅順赤十字病院

▲**関東州旅順赤十字病院**（単色刷、旅順阪本書店発行、仕切線1/3）　旅順の旧市街は、白玉山の東麓を流れる教場溝河の両岸に発達し、同病院は右岸（西岸）の鮫島町にロシア皇后によって創設され、日露戦争後は日本赤十字社（皇后陛下が名誉総裁）が経営した。本館はロシアン・ビザンチン様式の重厚な建築で、写真は正面玄関に車寄せが付く前の1907年頃の撮影と思われる。

▼**旅順　都督府官邸**（単色刷、大連天野満書堂発行、仕切線1/3）　関東都督府官邸は白玉山南麓の傾斜地に建ち、窓下は東に旧市街、南に旅順港口、南西は西港をへだてて遼東半島最南端の老鉄山を望む好立地を占めていた。2階中央は外階段とバルコニーを有する大広間で、盛大なパーティーの開催も可能であった。写真は1912年頃の撮影と思われる。

The Official residence of Kwantung Governor General, Port Arthur　旅順　都督府官邸

NO. 12. WHOLE VIEW OF PAIYUSHAN. 院病戍衛軍陸は面前麓山 景全山玉白順旅

▲旅順白玉山全景　山麓前面は陸軍衛戍病院（単色刷、大連舩塚商店発行、仕切線1/3）　関東都督府の所在地・旅順には、満洲駐箚師団の歩兵1個連隊が駐屯した。衛戍（えいじゅ）病院は陸軍病院の旧称で、傷病兵の療養に好適な白玉山東麓の乃木町に建っていた。写真は山頂の表忠塔が工事中（工期1907年6月～1909年11月）であることより、1908年頃の撮影と思われる。

▼旅順乃木町勧商場（単色刷、旅順阪本書店発行、仕切線1/3）　乃木町の坂下、教場溝河に架かる迎橋（むかえばし）附近に建ち、正面玄関の破風に「旅順勧商場」と"THE PORT ARTHUR BAZAAR"を併記していた。写真は1912年頃の撮影と思われる。ちなみに「ポート・アーサー」は、アヘン戦争時に英海軍中尉アーサーの指揮するフリゲート艦が寄港したことにちなんだものである。

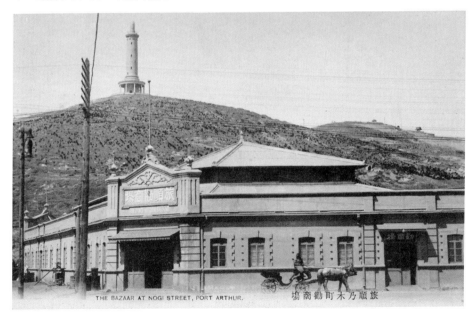

THE BAZAAR AT NOGI STREET, PORT ARTHUR. 　場商勧町木乃順旅

PAIYUSHAN FROM NIHON BRIDGE, PORT ARTHUR.　　望遠山玉白りょ橋本日順旅　(第 A 柳)

▲**旅順日本橋より白玉山遠望**（単色刷、旅順阪本商店発行、仕切線1/3）　白玉山西麓を南流する龍河は、18世紀頃に黄海警備の兵船が溯上し、上流の水師営に停泊した。旅順日本橋は関東都督府民政部が架設したスルートラス桁の道路橋で、新旧両市街の境界をしめしていた。写真は1910年頃の撮影と思われ、水面の反射光が桁下を照らす好カットで、画面右奥に旅順駅が見える。

▼**旅順新市街に於ける関東都督府陸軍部**（単色刷、小川写真店発行、仕切線1/3）　関東都督府陸軍部は、関東州と満鉄附属地の守備を担当し、旅順新市街のほぼ中央、旧ロシア軍司令部庁舎に入居した。当初の編制は独立守備隊6個大隊を隷下、内地より2年交代で派遣される駐剳1個師団を指揮下とし、1919年に関東軍として独立した。写真は1908年頃の撮影と思われる。

（行發店眞寫川小）　　旅順新市街に於ける關東都督府陸軍部
THE WAR OFFICE IN THE ANDQUTARES NEW STREET RYOGEN.

▲**関東都督府**（南満洲鉄道案内）　関東州の行政を統括する関東都督府民政部は、旅順西港に面した海岸寄りにロシアが築造したホテルを改修して入居した。地上2階地下1階、中央に尖塔、正面玄関左右に連続アーチ支持のバルコニーをもうけ、夏は海風を入れて涼しく、冬は裏手の山地が北風をさえぎり、執務に好適であった。写真は1916年頃の撮影と思われる。

▼**旅順民政長官々舎**（単色刷、旅順阪本書店発行、仕切線1/3）　新市街は緩斜面を造成し、放射・格子混成の街路を画定したため、当初は緑に乏しく、おもむきに欠けていたが、同官舎は後藤新平が関東都督府顧問に在任中、前田松韻の設計によって改修し、内装も善美をつくしたものとなった。写真は1910年頃の撮影と思われ、もともと2軒の独立家屋をひと続きとしたように見える。

OFFICIAL RESIDENCE OF THE CHIEF OF CIVIL ADMIST., PORT ARTHUR.　旅順民政長官々舎（第四組）

旅 順 博 物 館
（委 寒 司 令 部 御 検 閲 済）　MUSEUM PORT ARTHUR.

The Kwantō-totokufu Middle School.　關 東 都 督 府 中 學 校

▶旅順博物館 （単色刷、発行元不詳、仕切線1/2） 旅順博物館は、前出の関東都督府陸軍部の海側に北面し、もとロシア陸軍将校集会所として計画された未成建築を同民政部が松室重光の設計によって改修し、1918年に関東都督府博物館として開館した。陳列品は満洲・蒙古・中国本土の考古史料・民族史料・工芸品・動植物・鉱物が主体で、大谷光瑞探検隊の寄贈品も収蔵されていた。

前ページ▼関東都督府中学校 （単色刷、東京印刷株式会社発行、仕切線1/3） 1909年3月に勅令により設置された満洲初の旧制中学（5年制）で、同年5月に関東都督をまねいて開校し、同年10月に中村町の仮校舎より、もと独人商店を改修した大迫町の本校舎に移転した。写真は同年の撮影と思われ、アール・ヌーヴォー様式、レンガ造2階建の校舎と、同3階建の寄宿舎2棟をもうけていた。

▼旅順新市街元魯国海兵団長サ七十三間 （単色刷、小川写真店発行、仕切線1/3） もとロシア海兵団の営舎として、新市街西端に建てられたレンガ造3階建の大建築で、関東都督府民政部によって旅順工科学堂として開設された。奉天医科大学とともに満洲の最高学府で、機械工学、電気工学、採鉱学、冶金学の4科をもうけ、多くの人材を輩出した。写真は1908年頃の撮影と思われる。

〈行象寫眞喜川小〉THE FORMER RUSSIAN NAVAL BARRACK AT PORT ARTHUR. 間三十七サ長團兵海國魯元街市新順旅

THE HIGASHIKEIKANZAN NORTHERN BATTERY, PORT-ARTHUR.

東鶏冠山北堡塁（順旅）

十二月二十八日逢に胸墻堡破に倚り領占したしのでる。
二百十二問日有を少ずる心と多大の犠牲を撥て堅固なるに面に東北順堡要塞の同撃最も永堅堡で我が軍

（済可許部司令塞要順旅）

▲旅順東鶏冠山北堡塁（単色刷、大正写真工芸所発行、仕切線1/2）　北東正面に帝政ロシアが築造した永久堡塁で、望台より撮影したものと思われ、外壕をめぐらした同堡塁の全容がわかる。画面やや左手の一角が、地下坑道を掘りすすんで11月26日に爆破したカポニエール（外壕に侵入した敵兵を掃射する外岸穹窖—きゅうこう）で、翌月18日に本体パラペット（胸墻—きょうしょう）を爆破、占領した。

▼旅順東鶏冠山北砲台　露軍作戦会議中砲弾のためコンドルテンコ少将戦死せし処　（単色刷、大連舩塚商店発行、仕切線1/3）　上掲の画面やや右手の小型掩兵部で、1906年頃の撮影と思われ、無数の弾痕がなまなましい。コンドラチェンコ少将は日露開戦直前より要塞築城を精力的に指揮したが、12月12日、当所でわが28cm砲弾により戦死し、ロシア軍の士気も急速に低下した。

THE NORTH BATTARY OF TUNGKIKWANSHAN
（東鶏冠山北砲台　露軍作戦会議中砲弾のためコンドルテンコ少将戦死せし処）

◀旅順東鶏冠山北砲台掩兵穹窖内部（単色刷、旅順阪本書店発行、仕切線1/3）　前ページ上、画面中央の細長い掩兵部の内面で、アーチ天井を有し、ぶ厚いベトン（仏語でコンクリートの意）で固められ、鉄桁を架け渡して2階の床を敷き、将兵が起居した。写真は1906年頃の撮影と思われる。

▼旅順東鶏冠山北砲台（単色刷、旅順阪本商店発行、仕切線1/3）上掲の掩兵部の外観で、タイトルは「北堡塁」が正しく、山頂につらなる東鶏冠山第一〜第四砲台を敵歩兵より守るため、東鶏冠山第一・第二・北の3堡塁が中腹にもうけられた。写真は1906年頃の撮影と思われ、画面右奥の大孤山方面より飛来したわが28cm砲弾の命中痕や、外壕の深さと急斜面がわかる。

（大連大原商店發行）THE 203 H GH-LAND.　　　旅順二〇三高地全景

▲旅順二〇三高地全景（単色刷、大連大原商店発行、仕切線1/3）　同高地は標高203m（公刊戦史付図では208m）、旅順北西をかこむ山地中の最高峰で、山頂より東西両港を見下ろせ、観測所をもうければ港内の艦船を残らず間接射撃できるため、1904年9月より12月にかけ、日露両軍が激しい争奪戦をくり広げた。写真は南東の新市街方面より写したもので、1906年頃の撮影と思われる。

▼日露戦役紀念（五）二百三高地砲台破壊の一部（単色刷、大連舩塚商店発行、仕切線1/3）　旅順の占領を目的とした乃木第三軍に対し、旅順艦隊の撃滅を目的とする大本営と海軍は同高地の攻略を強く要請したため、第三軍は11月28日の攻撃開始より12月5日の占領まで激戦を続け、敵味方双方に多大の死傷者を出した。写真はその言語に絶する惨状をものがたっている。

SCENE ON 203 METRE HILL.　　　日露戦役紀念（五）二百三高地砲台破壊の一部

爾靈山嶮豈難攀　男子功名期克艱
鐵血覆山山形改　萬人齊仰爾靈山
碑乃木將軍之詩

◀旅順二〇三高地標識碑（単色刷、TOKYO DESIGN PRINTING発行、仕切線1/3）同高地は北東と南西にツインピークを有し、本葉は日露戦争後に北東ピークに建てられた碑で、小銃弾をかたどり、陸軍大将乃木希典による「爾霊山」（にれいさん）の銘がしるされた。大将の詠んだ「爾霊山険なれども豈（あに）攀（よ）じ難からんや　男子功名克艱（こくかん）を期す　鉄血山を覆いて山形改まる　万人斉（ひと）しく仰ぐ爾霊山」の漢詩はつとに有名である。なお、陸軍少尉乃木保典（希典の次子）も11月30日、南山坡山（ナマコ山）との伝令任務中、当地で敵弾により戦死した。

▼旅順二百三高地の頂上我軍重砲兵大隊観測所の位置（単色刷、旅順阪本書店発行、仕切線1/3）同高地占領後、わが軍はただちに28cm榴弾砲の間接射撃により、12月9日までに港内の敵艦を沈座せしめた。写真は南西ピークに建てられた記念碑で、同砲弾をもちい、台座には「日本軍重砲兵観測所之位置」としるされた。碑の背後は塹壕、遠景は渤海で、旅順港は左手画面外にある。

碑識標地高三〇二順旅

A MONUMENT ON 203 METRE HILL,

旅順二百三高地上頂我軍重砲兵大隊観測側所の位置（二刷）

FORMER OBSERVATORY ON 203 HILL,

The Military Museum. a Collection of Trophies at Port Arthur. No. 3
旅順陳列場前庭ニ於ケル日軍二十八珊砲

▲旅順陳列場前庭ニ於ケル日軍二十八珊砲（単色刷、旅順市川谷商店発行、仕切線1/2）　旅順要塞記念品陳列場は旧市街東端にあり、陳列品は5室に分かれ、第1室被服・糧食類、第2室工兵・砲兵武器、第3室露軍遺棄兵器、第4室各堡塁模型、第5室戦闘写真であった。写真は屋外展示のわが28cm榴弾砲（大阪砲兵工廠製）の砲身で、同砲は旅順攻囲戦で合計18門使用された。

▼旅順東鶏冠山砲台の備砲廿八珊当時白玉山北端に据付けらる（単色刷、旅順阪本書店発行、仕切線1/3）　上掲のわが28cm榴弾砲は螺旋式尾栓の伊式砲、対するロシア軍の28cm臼砲は鎖栓式尾栓（抜去済）が横移動する克式（クルップ）砲であった。絵葉書はタイトルに「東鶏冠山」とあるが、台座碑文にあるように、海正面の老虎尾半島の鶏冠山にすえ付けられていたものである。

A CANNON OF TUNGKIKUANSHAN (NOW ON PAIYUSHAN).
旅順東鶏冠山砲臺の備砲廿八珊當時白玉山北端に据付けらる（第二級）

▶旅順白玉山ニ於ケル陸海軍表忠塔 （単色刷、
旅順小川写真店発行、仕切線1/3） 白玉山はもと西
官山と称したが、李鴻章の意見により、南側の黄
金山に対応して改名された。同塔は戦争後に乃
木・東郷両大将の主唱のもと、国民の献金によっ
て山頂に建てられた円柱塔で、塔高215フィート
（65.5m）、乃木の故郷・徳山産の花崗岩を主用し、
内部に243段のらせん階段をもうけ、夜間は頂部に
点灯した。写真は1909年11月の竣工時の撮影と思
われる。

塔忠表軍海陸ルケ於ニ山玉白順旅

MONUMENTAL TOWER AT TOP PEIYUSHAN.

▼旅順白玉山入日の景 （単色刷、旅順阪本
書店発行、仕切線1/3） 古戦場に陽が落ちる、
象徴的な光景で、見る者にある種の感慨をい
だかせてやまない。写真はスカイラインの形
と太陽の位置より、1909年末頃、前出の衛戍
病院附近より撮影したものと思われる。

THE SUN-SET ON PAIYUSHAN. 景の日入山玉白順旅

◀水師営会見所（写真印画、発行元不詳）　水師営は旅順北方約5kmの小集落で、1905年1月2日、日露両軍の委員が旅順開城規約を議定し、同月5日、第三軍司令官・乃木大将と旅順要塞司令官・ステッセリ中将が会見した。日露戦争後に旅順民政署は会見所となった民家を買収し、戦跡として一般の観覧に供し、前庭には1916年に満洲戦蹟保存会の手により、都督府三代長官・中村覚（在任1914～17年）の揮毫による石碑が建てられた。画面左手は唱歌「水師営の会見」にも歌われた、中将が愛馬をつないだとされる棗（なつめ）の木である。

次ページ▼水師営支那小学校（単色刷、北野商店発行、仕切線1/2）　水師営会見所は、1910年4月より一時期、小学堂（清国人小学校）にもちいられた。写真は同年頃の撮影と思われ、門柱の看板には「水師営小学堂」としるされている。なお、旅順戦跡の多くは第二次大戦後に手が加えられており、同会見所や二〇三高地中腹の「乃木保典（乃木大将の次男）君戦死之所」の石碑など、レプリカも多いので注意が必要である。

▼〈水師営会見後の両軍首脳〉（写真印画、発行元不詳）　日露双方の司令官と幕僚たちで、画面左手より（前列）参謀ネベルスコウユ中尉、参謀津野田是重大尉、（中列）参謀長レイス大佐、乃木大将、ステッセリ中将、参謀長伊地知幸介少将、（後列）川上外務書記官、参謀安原啓太郎大尉、参謀マルチェンコ中尉、副官松平大尉、管理部長渡辺満太郎少佐である。会見にさいし、敗軍の将士の名誉を重んじて帯剣を許したのは明治天皇の指示（電報）によるものであるが、乃木の武士道精神の発露として全世界の賞賛をあびた。

（北野商店發行）　THE CHINESE PRIMARY SCHOOL, SUISHIEI.　水師營支那小學校

間　　勤車は特に示したるものの他は3等車のみ　　（滿鐵 連京線）

驛名	新京行	三棵樹行	三棵樹行（急行）	瓦房店行	城子疃行	大石橋行	三棵樹行（急行）	奉天行（急行）	城子疃行	瓦房店行	瓦房店行	大石橋行	三棵樹行	大石橋行	奉天行	奉天行	大石橋行	奉天行〔準急〕	城子疃行
	食 2・3 寝	食 2・3 寝	食 1・2・3 寝				食 1・2・3 寝	食 1・2・3					食 2・3 寝					食	
	2・3 23	2・3 19	1・2・3 15	勤 133	勤 689	勤 101	1・2・3 17	1・2・3 1017	勤 687	3 51	勤 125	勤 131	2・3 21	勤 145	勤 109	勤 107	勤 135	2・3 25	混3 685
大連	22.30	21.30	20.00	18.25	17.35	17.10	17.00	16.45	16.10	15.50	15.00	13.45	12.40	…	…	…	…	10.30	11.00
沙河口	22.40	21.40	20.08	18.34	17.44	17.18	17.07	16.53	16.19	15.58	15.09	13.54	12.49	…	…	…		10.38	11.11
周水子 着	22.49	21.49	20.15	18.43	17.53	17.26	ㇾ	ㇾ	16.28	16.06	15.17	14.03	12.58	…	…	…	〔準急〕	10.45	11.20
周水子 発	22.51	21.51	20.16	18.44	17.54	17.27	ㇾ	〔※不定期運轉〕	16.29	16.08	15.18	14.04	12.59	…	…	…		10.46	11.21
南關嶺	23.02	22.02	ㇾ	18.54	18.04	17.36	ㇾ		16.39	16.17	15.28	14.14	13.09	…	…	…		10.55	11.33
鹽島	ㇾ	ㇾ	ㇾ	19.02	ㇾ	17.45	ㇾ		ㇾ	16.26	ㇾ	14.24	ㇾ	…	…	…	…	ㇾ	ㇾ
大房身	23.20	22.20	ㇾ	19.10	18.20	17.55	ㇾ		16.57	16.33	15.45	14.32	13.25	…	…	…	…	11.09	11.51
金州 着	23.28	22.28	20.40	19.17	18.27	18.01	17.33		17.04	16.39	15.52	14.39	13.32	…	…	…	…	11.15	11.59
金州 発	23.29	22.29	20.41	19.19	18.33	18.02	17.33		17.10	16.41	15.54	14.41	13.33	…	…	…	…	11.16	12.10
二十里臺	23.53	22.53	ㇾ	19.40	城子疃著 21.32	18.20	ㇾ		城子疃著 20.07	17.00	16.13	15.02	13.54	…	…	…	…	11.33	城子疃著 16.25
三十里堡	0.10	23.10	ㇾ	19.54		18.32	ㇾ	ㇾ		17.14	16.27	15.16	14.10	…	…	…	…	11.48	
石河	0.27	23.27	ㇾ	20.09		18.47	ㇾ	ㇾ		17.28	16.42	15.31	14.25	…	…	…	…	ㇾ	
普蘭店	0.43	23.43	21.28	20.23		19.01	18.13	17.59		17.42	16.55	15.46	14.39	…	…	…	…	12.13	
田家	1.08	0.08	ㇾ	20.45	…	19.21	ㇾ	ㇾ	…	18.01	17.15	16.08	15.01	…	…	…	…	ㇾ	…
瓦房店 着	1.26	0.26	21.57	21.01	…	19.36	18.38	18.24	…	18.16	17.30	16.24	15.17	…	…	…	…	12.45	…
瓦房店 発	1.30	0.30	21.59	…	…	19.40	18.40	18.26	…	…	…	16.30	15.20	…	…	…	13.45	12.48	…
王家	1.41	ㇾ	急行	…	…	19.50	急行	急行	…	…	…	16.41	15.32	…	…	…	13.56	ㇾ	…
得利寺	1.56	ㇾ	ㇾ	…	…	20.02	ㇾ	ㇾ	…	…	…	16.55	15.48	…	…	…	14.10	ㇾ	…
松樹	2.07	1.06	ㇾ	…	…	20.12	ㇾ	ㇾ	…	…	…	17.06	16.00	…	…	…	14.21	13.19	…
萬家嶺	2.31	1.32	ㇾ	…	…	20.36	ㇾ	ㇾ	…	…	…	17.31	16.26	…	…	…	14.43	13.37	…
許家屯	2.48	ㇾ	ㇾ	…	…	20.51	ㇾ	ㇾ	…	…	…	17.47	16.44	…	…	…	14.59	ㇾ	…
九寨	3.00	ㇾ	ㇾ	…	…	21.01	ㇾ	ㇾ	…	…	…	17.58	16.56	…	…	…	15.10	ㇾ	…
梨山	ㇾ	ㇾ	ㇾ	…	…	ㇾ	ㇾ	ㇾ	…	…	…	18.06	ㇾ	…	…	…	15.17	ㇾ	…
熊岳城 着	3.13	2.11	23.09	…	…	21.14	19.40	19.27	…	…	…	18.12	17.09	…	…	…	15.22	14.11	…
熊岳城 発	3.16	2.14	23.11	…	…	21.15	19.41	19.28	…	…	…	18.14	17.12	…	…	…	15.24	14.14	…
蘆家屯	3.30	ㇾ	ㇾ	…	…	21.27	ㇾ	ㇾ	…	…	…	18.27	17.26	…	…	…	15.37	14.25	奉天行 2・3 57
沙崗	3.44	ㇾ	ㇾ	…	…	21.40	ㇾ	ㇾ	…	…	…	18.40	17.41	…	…	…	15.50	14.37	
蓋平	3.58	2.54	ㇾ	…	…	21.52	20.05	ㇾ	…	…	…	18.53	17.56	17.45	…	…	16.03	14.49	
白旗	ㇾ	ㇾ	ㇾ	…	…	ㇾ	ㇾ	ㇾ	…	…	…	19.04	ㇾ	17.56	…	…	16.14	ㇾ	
太平山	4.21	3.18	ㇾ	…	…	22.12	ㇾ	ㇾ	…	…	…	19.16	18.20	18.08	…	…	16.26	15.07	
大石橋 着	4.34	3.32	0.05	…	…	22.25	20.30	20.15	…	…	…	19.28	18.34	18.20	…	…	16.38	15.18	
大石橋 発	4.42	3.40	0.11	…	…	…	20.35	20.20	…	…	…	…	18.41	…	17.50	16.15	…	15.25	13.50
分水	4.55	ㇾ	ㇾ	…	…	…	ㇾ	ㇾ	…	…	…	…	18.54	…	18.01	16.26	…	ㇾ	14.02
他山	5.08	ㇾ	ㇾ	…	…	…	ㇾ	ㇾ	…	…	…	…	19.07	…	18.12	16.37	…	ㇾ	14.14
海城	5.28	4.22	0.43	…	…	…	21.04	20.49	…	…	…	…	19.27	…	18.29	16.54	…	16.04	14.32
南臺	5.41	ㇾ	ㇾ	…	…	…	ㇾ	ㇾ	…	…	…	…	19.40	…	18.40	17.05	…	16.14	14.44
甘泉鋪	ㇾ	ㇾ	ㇾ	…	…	…	ㇾ	ㇾ	…	…	…	…	ㇾ	…	18.47	17.12	…	ㇾ	14.51
湯崗子 着	5.57	4.51	1.03	…	…	…	21.22	21.07	…	…	…	…	19.56	…	18.55	17.20	…	16.27	14.58
湯崗子 発	5.58	4.52	1.04	…	…	…	21.23	21.08	…	…	…	…	19.57	…	18.56	17.21	…	16.28	14.59
千山	6.12	ㇾ	ㇾ	…	…	…	ㇾ	ㇾ	…	…	…	…	20.11	…	19.07	17.32	…	ㇾ	15.11
鞍山 着	6.20	5.12	1.19	…	…	…	21.36	21.21	…	…	…	…	20.19	…	19.14	17.39	…	16.46	15.19
鞍山 発	6.22	5.14	1.20	…	…	…	21.37	21.22	…	…	…	…	20.21	…	19.16	17.41	…	16.48	15.21
立山	6.31	ㇾ	ㇾ	…	…	…	ㇾ	ㇾ	…	…	…	…	20.30	…	19.24	17.49	…	16.56	15.30
首山	6.43	ㇾ	ㇾ	…	…	…	ㇾ	ㇾ	…	…	…	…	20.42	…	19.34	17.59	…	17.06	15.42
遼陽 着	6.55	5.44	1.44	…	…	…	21.58	21.43	…	…	…	…	20.54	…	19.45	18.10	…	17.17	15.54
遼陽 発	6.58	5.49	1.46	…	…	…	21.59	21.44	…	…	…	…	20.57	…	19.47	18.12	…	17.20	15.57
太子河	ㇾ	ㇾ	ㇾ	…	…	…	ㇾ	ㇾ	…	…	…	…	ㇾ	…	ㇾ	18.19	…	ㇾ	16.05
張臺子	7.13	6.07	ㇾ	…	…	…	ㇾ	ㇾ	…	…	…	…	21.12	…	20.03	18.28	…	17.34	16.12
煙臺	7.25	6.20	ㇾ	…	…	…	ㇾ	ㇾ	…	…	…	…	21.24	…	20.14	18.39	…	17.45	16.24
十里河	7.36	6.31	ㇾ	…	…	…	ㇾ	ㇾ	…	…	…	…	21.35	…	20.24	18.49	…	ㇾ	16.35
沙河	7.47	6.43	ㇾ	…	…	…	ㇾ	ㇾ	…	…	…	…	21.46	…	20.35	19.00	…	ㇾ	16.46
蘇家屯 着	7.58	6.55	2.30	…	…	…	22.37	22.22	…	…	…	…	21.57	…	20.45	19.10	…	18.14	16.57
蘇家屯 発	8.01	6.58	2.33	…	…	…	22.40	22.25	…	…	…	…	22.00	…	20.47	19.12	…	18.17	17.00
渾河 着	8.11	7.08	ㇾ	…	…	…	ㇾ	ㇾ	…	…	…	…	22.10	…	20.56	19.22	…	18.25	17.10
渾河 発	8.12	7.09	ㇾ	…	…	…	ㇾ	ㇾ	…	…	…	…	22.11	…	20.57	19.23	…	18.26	17.11
奉天	8.22	7.20	2.49	…	…	…	22.55	22.40	…	…	…	…	22.21	…	21.07	19.32	…	18.35	17.21
奉天	8.40	7.35	3.00	…	…	…	23.05	…	…	…	…	…	22.40	…	…	…	…	…	…
四平街	13.14	12.04	6.02	…	…	…	1.47	…	…	…	…	…	3.20	…	…	…	…	…	…
新京	16.20	15.00	8.00	…	…	…	3.32	…	…	…	…	…	6.18	…	…	…	…	…	…
哈爾濱		20.45	12.45	…	…	…	8.00	…	…	…	…	…	12.05	…	…	…	…	…	…
濱江	…	21.13	13.05	…	…	…	8.21	…	…	…	…	…	12.23	…	…	…	…	…	…
三棵樹	…	21.25	13.15	…	…	…	8.30	…	…	…	…	…	12.35	…	…	…	…	…	…

瓦房店、松樹、熊岳城、沙崗、蓋平、大石橋、海城、湯崗子、鞍山、首山、遼陽、煙臺、蘇家屯、渾河、奉天

6　昭和113年12月17日改訂　　　　　　　　　　　　　　　大　連　・　奉　天

自 大 連			驛 行　先 車　番　號 名	奉天行	海城行	新京行	大石橋行	城子疃行	奉天行	松樹行	瓦房店行	大石橋行	金州行	哈爾濱行	瓦房店行	新京行
粁 程	運 1等 2等	賃 3等		勤 111	勤 143	12.3 29	勤 137	混合 683	12.3 27	勤 121	勤 103	勤 139	12.3 53	11	勤 123	123 13
0.0	円錢	円錢 円錢	ⅱ┬犬大　　連口｛發〃著	…	…	…	…	7.55	5.10	5.50	6.45	…	7.05	9.00	9.10	10.00
4.0	0.18	0.12 0.07	┌┬沙　河口〃	…	…	…	…	8.05	5.19	5.59	6.54	…	7.13	L	3.19	10.07
								8.14	5.25	6.07	7.02	…	7.21	L	9.27	L
8.9	0.40	0.26 0.14	┌┬周水子｛發著	…	…	…	…	8.16	5.26	6.08	7.03	…	7.22	L	9.28	L
15.5	0.71	0.45 0.25	┬南關嶺島嶺〃	…	…	…	…	8.27	L	6.18	7.13	…	7.31	L	9.38	L
23.2	1.06	0.68 0.38	壟大房身〃	…	…	…	…	L	L	L	L	…	L	L	9.47	L
27.7	1.24	0.79 0.44		…	…	…	…	8.45	L	6.35	7.28	…	7.46	L	9.55	L
32.5	1.46	0.93 0.52	┌┬金　　州｛發著	…	…	…	…	8.53	5.50	6.42	7.35	…	7.52	L	10.02	10.31
46.4	2.07	1.32 0.73	二十里臺〃	…	…	…	…	9.00	5.51	6.44	7.37	城子疃著	…	L	10.03	10.31
55.8	2.47	1.57 0.87	三十里堡〃	…	…	…	…	…	…	7.03	7.56		…	L	10.22	L
66.1	2.95	1.88 1.04	普蘭店〃	…	…	…	…	…	…	6.20	7.17	8.10	…	L	10.58	L
77.2	3.44	2.19 1.21	ⅱ┬普蘭河店〃	…	…	…	…	…	…	L	7.32	8.25	…	L	11.13	L
94.1	4.18	2.66 1.48	城家〃	…	…	…	…	…	…	6.42	7.45	8.38	…	L	11.26	11.11
								…	…	7.11	8.05	8.58	…	L	11.46	L
105.0	4.62	2.94 1.63	┌┬瓦房店｛發著	…	…	6.20	…	…	…	7.15	8.20	9.13	…	L	12.01	11.39
112.7	4.98	3.17 1.76	王得家〃	…	…	6.31	…	…	…	7.15	8.23	…	9.20	圓圓		11.41
124.1	5.50	3.50 1.94	┬許家屯〃	…	…	6.45	…	…	…	7.25	8.34	…	9.31			急行
130.7	5.77	3.67 2.04	┬熊岳樹嶺〃	…	…	6.56	…	…	…	7.37	8.47	…	9.45	L		圓圓
146.9	6.47	4.12 2.28	┬許家屯山〃	…	…	7.18	…	…	…	7.46	8.56	8.56	9.56	L		L
160.5	7.09	4.51 2.50	┬九梨〃	…	…	7.34	…	…	…	8.05	…	…	10.18	L		L
168.0	7.40	4.71 2.61		…	…	7.45	…	…	…	8.19	…	…	10.34	L		L
173.9	7.66	4.88 2.70		…	…	7.53	…	…	…	8.29	…	…	10.45	L		L
				…	…	7.59	…	…	…	8.39	…	…	10.52	L		12.42
178.2	7.88	5.02 2.78	◢┬┬熊岳城｛發著	…	…	8.01	…	…	…	8.42	…	…	10.57	L		12.43
188.2	8.32	5.30 2.93	┬蓋沙崗家〃	…	…	8.14	…	…	…	8.53	…	奉天行勤 105	11.16	L		L
199.0	8.76	5.58 3.09	┬益旗〃	…	…	8.27	…	…	…	9.05	…		11.29	L		L
209.6	9.24	5.88 3.26	┌┬白旗平〃	…	…	8.40	…	…	…	9.17	…		11.42	L		L
218.3	9.64	6.14 3.40	太平山〃	6.50		8.51	…	…	…	…	…	奉天行勤 55	12.06	L		L
223.3	10.08	6.42 3.54		發 7.12	…	9.15	…	…	…	9.35	…		12.18	L		13.31
								…	…	9.46	…		12.30	L		
239.5	10.56	6.72 3.72	┌┬大石橋｛發著	6.20	8.00	7.25	…	…	…	9.52	9.25	11.10	…	11.50		13.36
247.1	10.92	6.95 3.85	┬分倍海城〃	6.31	8.12	7.37	…	…	…	10.03	9.36	11.22	…			L
255.1	11.27	7.17 3.97	┬南甘〃	6.42	8.25	7.50	…	…	…	10.14	9.47	11.34	…			14.04
271.6	11.97	7.62 4.22	泉〃	6.59	8.42	8.09	…	…	…	10.31	10.03	11.52	…			L
280.7	12.37	7.87 4.36		7.10		8.22	…	…	…	10.41	10.14	12.04	…			L
285.6	12.59	8.01 4.44		7.19		L	…	…	…	10.21	L	…	…			14.22
292.8	12.90	8.21 4.55	◢┬湯崗子｛發著	7.25		8.37	…	…	…	10.55	10.29	12.19	…			L
302.2	13.34	8.49 4.70	┬千山〃	7.26		8.38	…	…	…	11.06	10.30	12.40	…			14.23
307.3	13.56	8.63 4.78	┌┬鞍山｛發著	7.37		8.51	…	…	…	11.07	10.41	12.52	…			14.35
				7.44		8.59	…	…	…	11.16	10.43	L	…			L
312.6	13.78	8.77 4.86	立山〃	7.46		9.02	…	…	奉天行勤 149	11.16	10.50	13.02	…			L
321.7	14.17	9.02 5.00	首山〃	7.54		9.11	…	…		11.24	10.58	13.11	…			L
				8.04		9.23	…	…		11.08	13.22	…				14.58
332.8	14.66	9.33 5.17	┌┬遼陽｛發著	8.15		9.35	…	…		11.45	11.19	13.34	…			14.59
339.0	14.92	9.50 5.26	太子河〃	8.17		9.38	…	…	9.10	11.48	11.21	13.45	…			L
345.2	15.23	9.69 5.37	┬張臺子〃	8.24		…	…	…	9.26	12.03	11.37	13.52	…			L
354.6	15.62	9.94 5.50	┬煙臺河〃	8.33		9.53	…	…	9.39	12.12	11.48	14.03	…			L
362.9	15.98	10.17 5.63	┬十里河〃	8.44		10.05	…	…	9.50	12.26	11.58	14.13	…			L
371.7	16.37	10.42 5.77		8.54		10.16	…	…	10.06	14.14	14.24	…				15.36
				9.15		10.38	…	…	10.14	12.47	12.19	14.35	…			L
381.0	16.77	10.67 5.91	┌┬蘇家屯｛發著	9.15		10.41	…	…	10.16	12.50	12.21	14.36	…			15.39
				9.26		10.51	…	…	10.26	12.58	12.30	14.47	…			L
388.0	17.08	10.87 6.02	┌┬渾河〃	9.27		10.52	…	…	10.27	12.59	12.31	14.48	…	13.47		L
396.6	17.47	11.12 6.16	┌┬奉天｛發著	9.37		10.57	…	…	10.37	13.08	12.41	14.55	…			15.54
396.6	17.47	11.12 6.16	奉四天街〃	…	…	11.20	…	…	…			13.48				16.00
385.5	16.79	11.05 …	平關〃	…	…	…	…	…	…			15.56				18.35
701.4	30.89	19.66 10.89	新濱江〃	…	…	18.48	…	…	…			17.20				20.15
943.4	42.58	27.18 15.22	┬哈〃	…	…	…	…	…	…			21.30				…
946.0	43.14	27.01 15.30	三棵樹〃	…	…	…	…	…	…							…
952.2	43.44	27.19 15.41		…	…	…	…	…	…							…

（12）　旅行記念スタンプ設置驛　大連（大連埠頭、甘井子埠頭）、沙河口、周水子、金州、三十里堡、普蘭店、
　　　　　　　　　　　　　　　併結列車　あじあ、ひかり

▲6　大連・奉天間　満鉄・連京線　1938.12.17改訂　（満洲支那汽車時間表　満鉄鉄道総局　昭和14年３月）

079

間　　動車は特に示したるものの他は3等車のみ　　（満鐵・連京線）

大連行	遼陽行	大石橋行	大連行	大石橋行	瓦房店行	大石橋行	大連行	蓋平行	大連行	大連行	大石橋行	大連行	瓦房店行	營口行	大石橋行	大連行	大連行	大連行	驛名
18	150	58	26	108	138	110	14	146	126	28	56	12	140	30	112	24	1018	20	

沙崗、熊岳城、松樹、瓦房店、普蘭店、三十里堡、金州、周水子、沙河口、大連（大連埠頭、甘井子埠頭）

080

9　昭和13年10月1日改正　　　　　奉 天 ・ 大 連

粁程	1等	2等	3等	驛名	大連行 52	大連行 54	大連行 勤134	大連行 123 16	大連行 勤682	大連行 勤132	大連行 勤684	大連行 勤122	大連行 勤102	瓦房店行 勤136	大石橋行 勤106	大石橋行 勤144	大連行 23 22
0.0	円錢	円錢	円錢	三棵樹 発	…	…	…	16.30	…	…	…	…	…	…	…	…	17.22
6.2	0.35	0.21	0.13	濱江 〃	…	…	…	16.42	…	…	…	…	…	…	…	…	17.40
8.8	0.45	0.27	0.17	哈爾新 〃	…	…	…	17.00	…	…	…	…	…	…	…	…	23.05
250.8	12.55	7.53	4.52	新京街 〃	…	…	…	21.40	…	…	…	…	…	…	…	…	2.03
366.2	17.66	10.78	6.32	四平 〃	…	…	…	23.40	…	…	…	…	…	…	…	…	
555.6	25.97	16.07	9.25	奉天 著	…	…	…	2.42	…	…	…	…	…	…	…	…	6.18
0.0	円錢	円錢	円錢	奉　天 {発/著	…	…	…	2.55	…	…	…	…	…	…	5.30 / 5.39	…	6.30 / 6.41
8.6	0.40	0.26	0.14	渾　河 {発/著	…	…	…	3.11	…	…	…	…	…	…	5.40 / 5.49	…	6.42 / 6.52
15.6	0.71	0.45	0.25	蘇家屯 {発/著	…	…	…	3.14	…	…	…	…	…	…	5.51 / 6.02	…	6.55 / 7.08
24.9	1.10	0.70	0.39	沙河	…	…	…	レ	…	…	…	…	…	…	6.12	…	7.19
33.7	1.50	0.96	0.53	十里河	…	…	…	レ	…	…	…	…	…	…	6.23	…	7.30
42.0	1.85	1.18	0.66	煙臺	…	…	…	レ	…	…	…	…	…	…	6.34	…	7.42
51.4	2.29	1.46	0.81	張臺子	…	…	…	レ	…	…	…	…	…	…	6.41	…	レ
57.6	2.56	1.63	0.90	太子河	…	…	…	3.56	…	…	…	…	…	…	6.49	…	7.57
64.3	2.86	1.82	1.01	遼　陽 {発/著	…	…	…	3.58 / 4.23	…	…	…	…	…	…	6.51 / 7.03	…	8.22 / 8.37
74.9	3.30	2.10	1.17	首山	…	…	…	レ	…	…	…	…	…	…	7.14	…	8.50
84.0	3.70	2.36	1.31	立山	…	…	…	4.23	…	…	…	…	…	…	7.22	…	8.59
89.3	3.96	2.52	1.40	鞍　山 {発/著	…	…	…	4.24	…	…	…	…	…	…	7.24 / 7.32	…	9.01 / 9.10
94.4	4.18	2.66	1.48	千山	…	…	…	4.39	…	…	…	…	…	…	7.43	…	9.25
103.6	4.58	2.92	1.62	湯崗子 {発/著	…	…	…	4.40	…	…	…	…	…	…	7.44 / 7.53	…	9.44
111.1	4.93	3.14	1.74	甘泉	…	…	…	レ	…	…	…	…	…	…	8.00	…	9.44
115.9	5.15	3.25	1.80	海城	…	…	…	5.02	…	…	…	…	…	…	8.12 / 8.50	9.10	9.57
125.0	5.50	3.50	1.94	牛莊	…	…	…	レ	…	…	…	…	…	…	8.39	9.23	10.31
141.5	6.25	3.98	2.21	牛家屯	…	…	…	レ	…	…	…	…	…	…	8.39	9.23	10.31
149.5	6.60	4.20	2.33	分水	…	…	…	5.37	…	…	…	…	…	…	8.47	9.32	10.41
157.1	6.96	4.43	2.45	大石橋 {発/著	…	…	…	5.38	…	5.45	…	7.00	8.20	…	…	…	10.49
166.3	7.44	4.74	2.62	太平	…	…	…	レ	…	5.59	…	7.12	8.34	…	…	…	11.04
178.3	7.88	5.02	2.78	白旗	…	…	…	レ	…	6.11	…	7.23	8.46	…	…	…	レ
187.0	8.23	5.24	2.90	沙岡	…	…	…	レ	…	6.22	…	7.33	8.57	…	…	…	11.26
197.6	8.72	5.55	3.07	蘆屯	…	…	…	レ	…	6.36	…	7.45	9.11	…	…	…	11.41
208.4	9.20	5.86	3.24	熊岳城 {発/著	…	…	…	6.32	…	6.50 / 7.02	…	7.58 / 8.08	9.25 / 9.37	…	…	…	11.56 / 12.08
218.4	9.64	6.14	3.40	梨	…	…	…	6.33	…	7.04	…	8.10	9.39	…	…	…	12.11
222.7	9.82	6.25	3.46	九家	…	…	…	レ	…	7.10	…	8.15	9.45	…	…	…	レ
228.9	10.08	6.42	3.55	許萬	…	…	…	レ	…	7.20	…	8.24	9.55	…	…	…	12.28
236.1	10.43	6.64	3.68	萬家	…	…	…	レ	…	7.30	…	8.34	10.05	…	…	…	12.39
250.3	11.05	7.03	3.90	松樹	…	…	…	レ	…	7.52	…	8.52	10.28	…	…	…	13.02
265.9	11.71	7.45	4.13	得利寺	…	…	…	レ	…	8.16	9.05	9.17	10.51	…	…	…	13.29
272.5	12.02	7.65	4.24	王	…	…	…	レ	…	8.26	9.15	9.26	11.01	…	…	…	13.42
283.9	12.50	7.96	4.41	得王	…	…	…	7.47	…	8.41	9.29	9.39	11.16	…	…	…	13.55
291.6	12.85	8.18	4.53	瓦房店 {発/著	6.20	…	7.20	7.50	…	8.52	9.39	9.48	11.27	大連行 混合686	…	…	14.06 / 14.09
302.5	13.38	8.49	4.70	李官	6.34	…	7.35	レ	…	9.00	…	10.35	10.49	城子	…	…	14.24
319.4	14.08	8.96	4.96	普蘭店	6.52	…	7.54	8.17	城子 9.34	…	11.07	10.03	…	…	…	14.43
330.5	14.57	9.27	5.14	石河	7.06	…	8.10	6.50	9.48	10.05	11.12	10.32	…	…	…	14.59
340.8	15.01	9.55	5.29	三十里堡	7.21	…	8.45	9.01	盛京発 10.05	10.09	11.36	10.45	…	…	…	15.32
350.2	15.45	9.83	5.45	三十里	7.35	…	9.01	9.02	10.15	10.21	11.51	10.57	…	14.20	…	15.50
364.1	16.06	10.22	5.66	金州 {発/著	7.51	…	9.19	9.02	10.15	10.39	11.01	11.12	…	…	…	15.51
368.9	16.24	10.32	5.72	大房身	7.52	8.10	9.21	9.20	10.26	10.39	11.03	12.10	11.13	14.30	…	15.51
373.4	16.46	10.48	5.80	南関嶺	8.00	8.18	9.30	9.28	10.29	10.50	11.12	12.18	11.21	14.39	…	16.00
381.1	16.81	10.70	5.93	周水子	8.16	8.24	9.37	レ	…	…	12.24	レ	…	…	…	レ
387.7	17.08	10.87	6.02	周水子 {発/著	8.25	8.34	9.47	9.28	10.59	11.17	11.22	12.44	11.47	15.09	…	16.27
392.6	17.30	11.01	6.10	沙河口	8.27	8.44	9.58	9.29	11.02	11.18	11.40	12.45	11.49	15.11	…	16.28
396.6	17.47	11.12	6.16	大連 著	8.41	8.58	10.13	9.41	11.11	11.33	11.55	13.00	12.03	15.30	…	16.43

（18）　　旅行記念スタンプ設置驛　奉天、渾河、蘇家屯、煙臺、遼陽、首山、鞍山、湯崗子、海城、大石橋、盖平、
　　　　併結列車　あじあ、ひかり

▲9　奉天・大連間　滿鐵・連京線　1938.10.1改正　（滿洲支那汽車時間表　滿鐵鐵道總局　昭和14年3月）

5.（松屋商店発行） 　 *Seimongai of Kinshujyo.* 　 金州城西門外

▲**金州城西門外**（単色刷、松屋商店発行、仕切線1/3）　金州は大連起点32.5kmの急行停車駅で、旧市街は駅の北方約2km、ほぼ正方形の城郭にかこまれ、四方の城門は半円形の甕城をめぐらし、防御力を高めていた。写真は1910年頃の撮影と思われ、城壁に夕陽の当たるシーンで、金州攻略後に乃木大将が「山川草木うたた荒涼　十里風なまぐさし新戦場　征馬すすまず人語らず　金州城外斜陽に立つ」と詠んだ心境もしのばれる。

▼**金州南山**（単色刷、松屋商店発行、仕切線1/3）　同山は標高116m、東西を大連湾と金州湾にはさまれた遼東半島最狭部（幅約4km）に位置し、制圧すれば旅順要塞を孤立させられるため、1904年5月に日露の激しい攻防戦がくり広げられ、乃木勝典少尉（乃木大将の長男）も同地で戦死した。写真は1910年頃の撮影で、画面右端が頂上の「戦跡塔」、手前が「鎮魂碑」である。

1.（松屋商店発行） 　 *View of Kinshu Nanzan.* 　 金州南山

▲**金州城の壁上より遙に大和尚山を望む**（単色刷、発行元不詳、仕切線1/2）　大和尚山は標高約660mで、金州平野の東側にそびえ、後出の千山や安奉沿線の鳳凰山と並ぶ満洲の名山とうたわれ、山麓は清流にそった平和な村里で、杏花の名所として知られた。のちに金州一帯は比較的温和な気候を生かし、リンゴなど果樹の名産地となった。写真は1930年頃の撮影と思われる。

▼**瓦房店の停車場**（南満洲写真大観）　満鉄本線は普蘭店（ふらんてん、大連起点77.2km）北方で関東州の州境を越えるため、南行列車は金州付近で税関検査があった。瓦房店（がぼうてん）は大連起点105.0km、東清鉄路時代は公主嶺・遼陽とともに南部線の三大要衝として重視され、大型機関庫や兵営もうけられた。写真は1911年頃、第1ホーム側より見た駅本屋と給水塔である。

（南満洲熊岳城温泉名勝）
眼界に遙を熊岳城の城壁を望む郊外の情景

▲眼界遙に熊岳城を望む郊外の情景（単色刷、大正写真工芸所発行、仕切線1/2）　満鉄本線下り（北行）列車は万家嶺（まんかれい、同146.3km）で遼東半島の脊梁山脈を越え、熊岳城（ゆうがくじょう、同178.2km）手前の熊岳河橋梁上より西方に城壁を望む。写真は1930年頃の撮影と思われ、前方が熊岳河の河床、遠景が熊岳城の城壁と楼門である。

▼温泉大プールに溌剌の夏を謳ふ街の人々（単色刷、大正写真工芸所発行、仕切線1/2）　熊岳城は急行も停車し、後出の湯崗子・五龍背と並ぶ満洲三大温泉地の一つで、駅東南約3kmの熊岳河河床より湯がわき出し、砂湯が名物の庶民的な湯治場として、夏期は林間学校も開かれた。写真は1930年頃の撮影と思われ、老若男女が温泉プールや河原湯で楽しむ平和な光景である。

（南満洲熊岳城温泉名勝）
温泉大プールに溌剌の夏を謳ふ街の人々

◀望児山喇嘛塔（単色刷、大連精版印刷所発行、仕切線1/2）　熊岳城一帯は渤海の浸食より残った奇岩が多く、最も有名な望児山は満鉄本線の東方約1km、山頂には白塔（ラマ塔）が建てられた。温泉客も浴衣がけでおとずれ、婦人は3人とも二百三高地髷（まげ）であることより、1910年代の撮影と思われる。仕官先より帰らぬ一人息子を待ちこがれて悶死した婦人の伝説は、同塔が遠目で女性に見えたところより派生したのかもしれない。

▼熊岳城望児山目鏡岩ニ於ケル児童一行（単色刷、満鉄発行、仕切線1/2）　望児山中腹にある、浸食より残された天然の石橋で、清国人は「果老仙境」と呼んでいた。写真は1912年頃の撮影と思われ、おとずれた林間学校の児童たちはみな浴衣がけ、はだしである。

行一童児ルケ於ニ岩鏡目山児望城岳熊

（鈴木写真館発行）　　　大石橋驛廣軌鐵道

▲**大石橋駅広軌鉄道**（単色刷、鈴木写真館発行、仕切線1/3）　単線時代の1908年頃、大石橋に近づく下り旅客29ㇸで、機関車はF₁（テホㇷ）形（1908年アルコ製）、編成は次位より車掌車カ形、有蓋車ヤ形6両、三等代用車（二等車改造）、二等車ロ形、手荷物郵便車テユ形で、ヤ形6両は大荷物を携行する苦力（清国人肉体労働者）用、画面左手は同駅の遠方信号機と思われる。

▼　〈**大石橋駅**〉（写真印画）　同駅は大連起点239.5km、営口支線を西方に分岐する鉄路の要衝で、特急「あじあ」以下全列車が停車した。写真は1910年頃の構内で、画面中央の平屋建が駅本屋、右手の2階建が構内食堂である。駅本屋は、改札口両脇に双頭破風を有する東清鉄路南部線特有のレンガ造平屋建で、前出の瓦房店や後出の営口と見比べるのも一興であろう。

(NO1) DAISEKIKYŌ STATION.　　　（其一）驛橋石大

▲**大石橋駅（其一）**（単色刷、発行元不詳、仕切線1/3）　小著『満洲鉄道発達史』P066下と同日の撮影と思われ、線路がロシアゲージ（5フィート＝1524mm）より準軌（4フィート8インチ半＝1435mm）に改築された以外、ほぼ東清鉄路時代のままで、枕木を組んだ各線ごとの狭いホームが特徴的なほか、ボール信号機の支柱も低い。

▼**大石橋駅（其二）**（単色刷、発行元不詳、仕切線1/3）　上掲よりやや上り方（大連方面）に後退したカメラポジションで、停車中の列車は、画面左手が営口より到着の上り列車、編成は後尾より車掌車カ形、三等代用車（二等車改造）、二等車ロ形で、中央が前ページ上の下り29ℓと思われる。構内食堂壁面の日陰より見て、撮影は本葉→上掲の順であろう。

(NO2) DAISEKIKYŌ STATION.　　　（其二）驛橋石大

四其　景全橋石大

▲大石橋全景　其四／其五（単色刷、発行元不詳、仕切線1/2）　1920年頃、市街地東方の盤龍山西斜面より撮影されたパノラマ写真の一部で、「其四」には扇形機関庫、「其五」には木立の向こうに駅構内食堂の2階部分と給水塔が見える。大石橋の附属地はほぼ矩形で、駅を中心とし、満鉄本線の東西両側に展開していたが、市街地の形成は駅本屋のある東側がメインであった。

WHOLE VIEWS OF DAISEKKYO CITY, PART I.
（一ノ其）　景全橋石大く輝に洲満南　（橋石大）

五其　景全橋石大

▼南満洲に輝く大石橋全景　其ノ一／其ノ二 (単色刷、大正写真工芸所発行、仕切線1/2)

1935年頃、上掲よりやや高度を上げての撮影で、市街地の発展がいちじるしい。冬期における撮影らしく、空気が澄みわたり、木々がすっかり落葉し、きわめて見晴らしがよく、画面手前の公園は、盤龍山中腹の大石橋神社を中心に造成され、山麓には遊覧鉄道らしき狭軌線路も敷かれている。

WHOLE VIEWS OF DAISEKKYO CITY, PART 2.
(其ノ二)　景全橋石大く輝に洲満南　(橋石大)

営 口 停 車 場　　S. M. R. Yingkou Station.

▲営口停車場（単色刷、杉田出版部発行、仕切線1/3）　営口は、南満随一の大河である遼河の左岸（南岸）に発達した河港で、沿岸貿易で栄え、大連に次ぐ港町であった。写真は東清鉄路が築造したレンガ造の初代営口駅で、遼河が東から西へとUターンする牛家屯にあり、駅本屋の玄関はほぼ東面し、画面奥が大石橋方面である。なお、準軌開業時の営口支線の列車編成は、大石橋発の下り列車が機関車・車掌車カ形・貨車9両・三等代用車・二等車ロ形・手荷物郵便車テユ形、営口発の上り列車が機関車・テユ形・貨車9両・ロ形・三等代用車・カ形を基本としており、本葉では組成前の客車がホームに停車中である。

次ページ▲営口停車場（単色刷、発行元不詳、仕切線1/3）　準軌開業直後の1908年6月頃、営口支線上り列車の発車シーンで、編成は画面奥の機関車寄りに車掌車カ形が組み込まれ、客車は3両と変則的である。車内より答礼する乗客が丸刈りで、姓名を染め抜いたのぼり旗も見えることより、居留民多数の見送りを受けつつ、入営地へと出発するシーンと思われる。

◀営口停車場及遼河埠頭の景（単色刷、大正発行、仕切線1/2）
営口市街は牛家屯より下流の遼河左岸（南岸）にそって東西に細長く延び、東側に新市街、西側に旧市街の「支那町」、対岸に清国が英国借款により建設した京奉鉄路河北線（溝帮子～河北間91.1km）の終点があった。1909年11月、営口駅は大石橋起点22.4kmの新市街に移転し、1914年より新駅にて埠頭事務を担当するとともに、河岸に港湾機能を整備した。新駅舎は1916年に類焼し、東海林大象の設計により再建された。写真は1923年頃の駅前風景で、ハーフ・ティンバー様式の駅本屋、仁丹の壁面広告、遠景に遼河の広水面、停泊する外航汽船、荷扱場や倉庫などの埠頭施設が見える。

●営口

EIKŌ STATION　　　　營口停車場

THE VIEW OF YINGKAW STATION AND THE PIER OF LIAHO.
營口停車場及遼河埠頭の景

營口大日本軍政署

▲営口大日本軍政署（単色刷、発行元不詳、仕切線なし）　営口軍政署は、日露戦争中の1904年7月にもうけられ、市街地の治安維持とインフラ整備に当たった。庁舎は数回の移転をへて、1906年頃に写真の建屋に入居した。レンガ造2階建、5連アーチで支えるバルコニーをそなえ、画面右手は旧市街のメインストリート、左手のベランダ・コロニアル様式の2階建は米国領事館の庁舎である。

▼営口居留民団（単色刷、発行、仕切線1/3）　営口は日露戦争以前より大連・安東とともに日本人の居住と営業が許され、約1万人の人口があった。居留民団事務所は新市街のメインストリート・南大街に北面して建てられ、設計は井田茂三郎、バロック折衷様式、レンガ造2階建で、1908年に竣工し、1923年より満鉄地方事務所（小著『写真に見る満洲鉄道』P222上参照）にもちいられた。

A MASS DWELLING OF EACH NATION, EIKO　営口居留民團

The Seiryu Bank, (Neu-chwang.)　　行　銀　隆　正　（口　營）

▲正隆銀行（単色刷、発行元不詳、仕切線1/2）　同行は1906年7月に設立された日露戦争後初の日清合弁企業で、安田財閥系、当初は営口に本店をもうけ、1911年に大連に移転し、営口を支店とした。店舗は角に円塔を建てた辰野式で、レンガ造2階建・要所石材使用、1906年に竣工した。写真は1910年頃の撮影と思われ、画面左端に後出の牛荘日本郵便局の一部が見える。

◀営口の水道タンク（南満洲写真大観）　営口水道電気株式会社は1909年8月に設立され、軍政署によって開設された営口地区の上水道・電力・電話・運輸事業を引き継いだ。同地は海に近く、地下水に塩分が混じるため、遼河上流より真水を引いたが、当初は業績不振で、1911年の満鉄の資本参加により好転し、1920年代に発電機や給水塔の増設を行なった。写真は当初の給水塔で、撮影時期は1911年頃と思われる。

Nyuchiyaton Manshyu　　　牛家屯頭頭撫積炭出しの光景　（満州営口）

▲牛家屯埠頭撫順炭積出しの光景（手彩色、発行元不詳、仕切線1/2）　牛家屯の初代営口駅は、新駅移転後に貨物取扱所となり、1926年に廃止された。写真は1920年頃の撮影と思われ、満鉄貨車より降ろした撫順炭を、多数の苦力が天秤棒を肩に中国汽船「涼州」に積み込み中である。

▼牛家屯石炭桟橋に於ける石炭積込の状況（単色刷、満洲国郵政明信片、大正写真工芸所発行、仕切線1/2）　同港は石炭輸出量が大連港の約1/10にすぎないため、積込を苦力にたよった。写真は1935年頃の撮影で、高架上の満鉄石炭車は手前より60トン積タサ形410（1924年製、コロ軸受）、50トン積タイ形（1910年製）、鋼製60トン積タシ形（1924年製）2両、少し離れてタイ形、50トン積タニ形（1910年製）、バックは大連汽船老虎丸で、船名は撫順炭礦の老虎台坑に由来していた。

COAL-SHIPPING OF NIU-CHIA-TUN WHARF, YINGKOU.
牛家屯石炭桟橋に於ける石炭積込の状況　（営口）

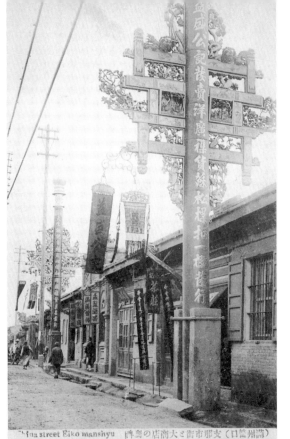

◀**支那市街と大商店の商牌**（単色刷、発行元不詳、仕切線1/3）　商牌は招牌とも書き、商店の軒先にかかげる客寄せの看板で、珍奇と誇大を好む中国人の民族性と合致し、また取扱商品の現物や模型をもちいることも多く、字の読めない者に対しても効果的であった。写真は1912年頃の旧市街における撮影と思われる。

"Ｃｈｉna street Eiko manshyu　酯島の店商大と街市那支（口營州滿）

▼**商買軒を連ねて賑はしき旧市街永世街通**（単色刷、大正写真工芸所発行、仕切線1/2）　写真は画面左手の商店が軒先に青天白日満地紅旗を交叉させていることより、満洲国建国以前の1931年頃の撮影と思われ、市街は人出が多く活気を呈しているが、車道は未舗装で水はけも悪く、中華民国主権下における公共インフラ整備の遅れを如実にしめしている。

THE BUSTLING VIEW OF EISEIGAI-DORI STREET WITH A ROW OF MANY STORES, YINGKOU.
商買軒を連ねて賑はしき旧市街永世街通　（口　營）

(行發堂光金)　STATION OF KAIJO AT CHINE　停 車 場　(城海)

▲停車場（単色刷、金光堂発行、仕切線1/3）　海城は大連起点271.6kmの急行停車駅で、絵葉書は宛名面に「満.海城（明治）43.9.5」の消印があることより、撮影時期は1909〜10年頃、画面中央は上り旅客列車で、機関車はF₁（テホ₁）形（1908年アルコ製）、編成は次位より三等車（三扉）ハ形3両、二等車ロ形、手荷物郵便車テユ形と思われ、左手は下り旅客列車（編成不詳）である。

▼海城駅正面　左方は給水タンク（単色刷、発行元不詳、仕切線1/2）　1930年頃の駅前風景で、駅本屋は煙突の増高以外、あまり変化が見られない。玄関を出て左手の給水塔は附属地の上水道用で、当初のレンガ造より鉄筋コンクリート造に改築されている。頂上の円筒部分は、タンク本体の凍結防止用ジャケットで、冬期は基部でストーブを焚き、煙突はタンク本体を貫通していた。

海城駅正面　左方は給水タンク

（弊館蔵真写館塚飯）　　　　池蓮ノ城海洲満

▲**満洲海城ノ蓮池**（単色刷、飯塚写真館発行、仕切線1/2）　海城はもと渤海に面し、遼河の沖積作用によって
海岸より遠ざかり、城郭は海城駅の東南に位置し、東西約1km、南北約1.5kmの矩形で、南西の海城河を天然
の壕としていた。絵葉書は1920年頃の撮影と思われ、東南の角に建つ魁星楼は六角二層（下層のみ方形）に見
えるが、1925年頃に修築され、八角三層（同）となった。

▼　〈**海城附近のロシア計画線**〉（満州十万分一図「海城」の一部　陸地測量部　昭和七年製版）　海城は中国本
土より朝鮮半島への最短ルート・朝鮮官道上に位置し、露治時代には満鮮国境方面への支線の分岐駅として計
画され、城北を迂回して65km以上の路盤も造成されていたが、日露開戦により放棄された。本図では城北を
半周し、沙河（海城河）の右岸（北岸）に沿って延びる築堤が見てとれる。

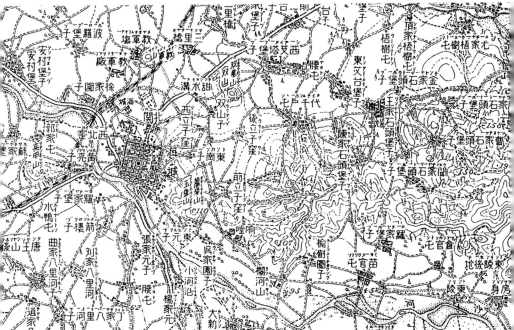

THE TAISUIKAKU BUILDINGS. TANGKANGTUZ
HOT SPRINGS. SOUTH MANCHURIA.
閣翠對 泉温子崗湯洲満南

▲南満洲湯崗子温泉　対翠閣（単色刷、南満洲湯崗子温泉株式会社発行、仕切線1/2）　湯崗子（とうこうし、大連起点292.8km）は東方に千山をながめ、唐代より温泉地として名高く、駅より並木道が続く田園風景の中に旅館が点在した。対翠閣は当地随一の高級旅館で、破風宮殿造、内部和洋折衷、室数29、応接室や理髪室をそなえていた。絵葉書は1925年頃の撮影と思われる。

▼南満洲湯崗子温泉　マッドバス（泥浴場）及熱泥採取ノ実況（単色刷、発行元不詳、仕切線1/2）当地の池中より湧出する温泉熱泥を利用したマッドバスは、北満在住のロシア人に医学的効果ありと好まれ、天津・青島・上海在住の欧米人にも評判が広がり、客が急増したため、建屋を新築し、設備をととのえ、春夏は指導の医師が常駐した。絵葉書は1930年頃の撮影と思われる。

THE MUD BATH, THE SCENERY GATHERING FOR MUD
FROM POND AND THE MUD BATH T. H. S. S. M.
況實ノ取採泥熱及（場浴泥）スバドツマ 泉温子崗湯洲満南

●千山

GRAND SIGHT OF MOUNT CHIEN-SHAN
CLOSED UP BY THE SNOW.
景雪の山千るた﨟白望一 （外郊山鞍）

▲一望白﨟たる千山の雪景 （単色刷、発行元不詳、仕切線1/2） 千山は湯崗子より次駅千山（旧名鞍山站、大連起点302.2km）にかけての満鉄本線東方に、千人台を最高峰とし、全山花崗岩の風化による奇峰がつらなり、渓谷美とあいまって、全満第一の名山として知られた。絵葉書は1930年頃の撮影と思われ、積雪とあいまって、水墨画（北画）のようなおもむきが感じられる。

▼満州千山無量観絶景 （単色刷、TOKYO DESIGN PRINTING発行、仕切線1/2） 千山は唐代より霊山として名高く、山内に五大禅寺と二十五院を有し、前者は龍泉寺、太安寺、香厳寺、中会寺、祖越寺で、後者は無量観を筆頭とし、同院内の巨岩には日清戦争に参加した黒龍江将軍・依克唐阿（いこくとうあ）の戦功にちなむ「攻鳳攻海攻成一簀」の文字がきざまれた。

INDESCRIBAELY FINE VIEW OF SENZAN.

景絶観量無山千州満

▲ **鞍山製鉄所**（世界地理風俗大系　第一巻　満洲、新光社発行）　鞍山（大連起点307.3km）～立山（同312.6km）間の満鉄本線西側には、1917年より4ヵ年計画で整備された、日中合弁の鞍山製鉄所（鞍山鉄鉱振興無限公司）の150万坪（約500万m²）におよぶ敷地が広がっていた。写真は1928年頃の撮影で、手前の満鉄本線をミカィ形の牽く下り貨物列車が進行している。

▼ **立山駅ホーム**（単色刷、立山大盛堂発行、仕切線1/2）　立山（りつざん）は地平駅であったが、鞍山製鉄所の本格稼働にともない、蘇家屯方面より到着する撫順（撫順支線）および本渓湖（安奉線）発の運炭列車に対応するため、1918年度に構内の模様替えが行なわれた。写真は同年頃の撮影で、上下本線、旅客ホーム、貨物ヤードが築堤上に移動し、旧線の撤去が進んでいる。

（行發堂盛大山立）　　　ムーホ驛山立

▲**鞍山近江屋旅館**（単色刷、大阪屋号発行、仕切線1/2）　同館は製鉄所視察やビジネスの上級宿泊客に対応するため、1921年に満鉄が経営者に建物資金として8万5千円を貸し付け、助成旅館として建てられものもので、洋式ホテルの機能をそなえた鞍山随一の宿泊施設であった。写真は1922年頃の撮影と思われ、セセッション様式を基本とし、ドーマー・ウィンドウをそなえたマンサール屋根にアール・ヌーヴォー調の大小5ヵ所の破風を立ち上げ、駅前に堂々たる外観をしめしていた。

▼**鞍山商店街**（単色刷、TOKYO DESIGN PRINTING発行、仕切線1/2）　鞍山市街のうち、満鉄本線北西側は北三条通が商店街で、レンガ造2階建の集合店舗兼住宅が築造された。写真は第三熔鉱炉が完成した1930年頃の撮影と思われ、製鉄所が最盛期をむかえる少し前の状況である。

SHUZANPO, LIAO YANG. 　場戦古ノ堡山首陽遼

▲**遼陽首山堡ノ古戦場** （単色刷、松浦写真館遼陽出張所発行、仕切線1/3）　首山（しゅざん）は比高約70m、首山駅（大連起点321.7km）の北東約2kmにそびえ、遼陽を見下ろす兵理上の要所で、1904年8〜9月の遼陽会戦で奥第二軍が占領し、のちに軍神とたたえられた橘中佐も同会戦で戦死した。写真は北東の遼陽附近より撮影されたもので、満鉄本線は画面右端を走っていた。

▼**遼陽ニ於ケル師団長閣下官舎　元クロパトキン将軍官舎** （単色刷、発行元不詳、仕切線1/3）　遼陽は東清鉄路南部線のほぼ中央に位置したため、ロシア陸軍の一大拠点となり、同官舎は日露戦争中にクロパトキン大将、ついで大山元帥と、双方の満洲軍総司令官にもちいられ、戦役後に満洲駐劄師団が置かれると師団長官舎となった。写真は1910年頃の撮影と思われ、遠景は後出の白塔である。

THE OFFICIAL HOUSE OF COMMANDER DIVISION AT LIAO-YAN. （舎官軍將ンキトパロク元）舎官下閣長團師ルケ於ニ陽遼

◀遼陽の白塔（南満洲鉄道沿線写真帖） 白塔は仏教建築の一種で、喇嘛（ラマ）塔とも称し、満洲各地に存在した。遼陽の白塔は12世紀、金の世宗の創建とされ、もと広祐寺に属し、磚（せん）造八角十三層、全高約75m、塔身の各面に仏龕（がん）を刻み、規模・容姿とも満洲一の名塔とうたわれたが、廃寺となり、境内は満鉄によって公園化された。写真は1914年頃の撮影と思われる。

▼遼陽停車場（単色刷、立井洋行発行、仕切線1/3） 遼陽は大連起点332.3kmの急行停車駅で、写真は夏の早朝らしく、駅前広場も人影が少ないが、同駅〜遼陽城間の満鉄所管の軽便鉄道（人車）の線路や、画面右端に東清鉄路の築造になる扇形機関庫の一部が見え、撮影時期は小著『満洲鉄道発達史』P071上より数年前の1915年頃と思われる。

Liao-yang Station.

行發行洋井立　場車停陽遼

BEAUTIFUL SCENE OF LIAO-YANG KUEI-HSING-LOU, LIAO-YANG.
観景の楼星魁城陽遼 ,粋の築建古々堂奐輪 （陽遼都古）

▲輪奐堂々古建築の粋、遼陽城魁星楼の景観（単色刷、大正写真工芸所発行、仕切線1/2）　遼陽城は東西約2.5km、南北約2 kmの矩形の城郭で、西側の大西門は駅の東南約2 km、東側は太子河を天然の壕とし、東南の角に建つ魁星楼は八角二層で、均整のとれた姿を外壕の水面に映していた。写真は修理後の1935年頃の撮影と思われ、外壕にそって楊柳の並ぶ好景観である。

▼遼陽城内支那街（単色刷、大正写真工芸所発行、仕切線1/2）　城内は蔬菜畑とブドウ畑が多く、西南部が商業地で、大西門より東へ延びる大十字街と、交差して大南門に通ずる大南門街が繁華街であった。写真は1930年頃、正午少し前、後者における撮影と思われ、画面右手の「萬成増金店」の英字看板には“MONEY EXCHANGERS／GOLD AND SILVER SMITHS”とある。

CHINESE STREET OF RYOYANG CASTLE.
街那支内城陽遼

▲**太子河の鉄橋**（南満洲鉄道沿線写真帖）　太子河は遼河の一支流で、同橋梁は後出の渾河・清河両橋梁に次ぐ満鉄本線第三の長大橋梁であった。写真は画面左手が満鉄架設の上り線、右手が東清鉄路架設の下り線、機関車はF_1（テホ$_1$）形、以下手荷物郵便車テユ形、一二等車イロ形、三等車（三扉）ハ形2両、三等代用車（二等車改造）、三等車（三扉）ハ形2両、三等手荷物車ハテ形と思われる。

▼〈**遼陽附近のロシア計画線**〉（学校教練用地図、発行元・発行年不詳、×0.7）　陸地測量部発行の五万分一地形図を編集した、軍事教練用の大判地図の一部で、太子河橋梁北詰より東方へ分岐する東清鉄路築造の路盤が注目され、前出の海城起点の支線にくわえ、複数ルートで満鮮国境方面に進出をはかっており、日露開戦が遅れるほどロシア有利となったことがうかがえる。

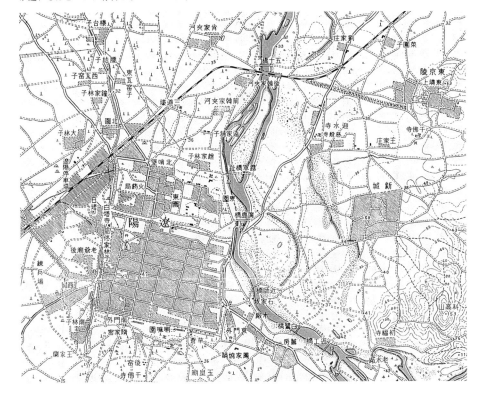

▲**煙台炭坑全景**（南満洲鉄道沿線写真帖）　煙台炭礦は、撫順炭田の南西約60kmに位置する小規模炭礦で、撫順の支礦として運営され、満鉄本線煙台（大連起点354.6km）より東方に分岐する煙台炭礦支線（延長15.6km）が通じていた。中世より採掘され、露治時代に東清鉄路に買収されたものを日露戦争中にわが軍が占領し、野戦鉄道提理部により採炭を開始し、1907年4月に満鉄に継承され、1910年より営業坑として出炭を開始した。写真は1914年頃の撮影と思われる。

▶**煙台煉炭工場**（写真印画）　同炭礦はすべて坑内掘りで、炭層は古生代上部石炭紀に属し、炭質は亜無煙炭、固定炭素約75％、揮発分約10％、発熱量7,500kcal/kg前後で、きわめて粉化しやすい欠点があったため、撫順産のピッチ10〜12％をくわえ、粉砕・加熱・加圧してマセック煉炭（豆炭）とし、年間約15万トンの製造能力を有していた。写真は画面右手奥が坑口、左手のレンガ造・切妻屋根の建屋が煉炭工場で、製品は傾斜路をベルトコンベアーでホッパー上に送られたものと思われ、30米トン（27.2メトリックトン）積無蓋車ムィ形4208が荷積みを待っている。

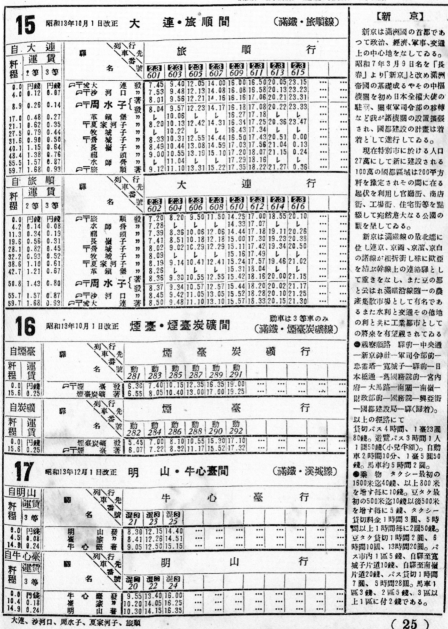

15　昭和13年10月1日改正　大　連・旅順間　（滿鐵・旅順線）

自.大 連 運賃		驛	列車先名番號行	旅 順 行							
粁程	2等 3等			2·3 601	2·3 603	2·3 605	2·3 607	2·3 609	2·3 611	2·3 613	2·3 615
0.0	円錢 円錢	┌┬渡大	連口 發〃	7.45 7.53	9.40 9.48	12.05 12.13	14.08 14.16	16.00 16.08	16.58 18.02	20.05 20.13	23.15 23.21	‥‥
4.0	0.12 0.07	┌┬沙 河	口著發		9.56	12.21		16.16	17.06	20.21	23.31	
8.9	0.26 0.14	└┬周 水 子 {	發〃著發	8.04	9.57	12.23	14.17	16.18	17.08	20.22	23.33	‥‥
17.8	0.48 0.27	鎮家河嶺	子子子〃〃〃		10.06		14.31		16.27 17.18	✓	✓	
21.1	0.62 0.35	夏家河子	〃	8.20	10.13	12.42	14.31	16.37	17.26	20.36	23.47	
27.5	0.79 0.44	牧城城嶺	〃〃〃		10.22	✓	✓	16.43	17.34	✓	✓	
31.6	0.90 0.50	長嶺子	〃	8.33	10.31	12.55	14.44	16.50	17.43	20.51	0.00	
40.1	1.15 0.64	福嶺城	〃	8.49	10.44	13.08	14.58	17.07	17.56	21.04	0.13	
48.4	1.38 0.76	水師	〃	9.00	10.55	13.19	15.10	17.20	18.07	21.15	0.24	
55.5	1.57 0.87	頭螢師	〃		11.04	✓		17.29	18.16	21.24		
59.7	1.68 0.93	└┬旅 順	著	9.12	11.13	13.31	15.23	17.38	18.22	21.22	0.36	

自.旅 順 運賃		驛	列車先名番號行	大 連 行							
粁程	2等 3等			2·3 602	2·3 604	2·3 606	2·3 608	2·3 610	2·3 612	2·3 614	2·3 616
0.0	円錢 円錢	┌┬旅 順	發〃	7.20 7.28	8.20	9.50	11.50	14.25	17.00	18.55	20.10	
4.2	0.14 0.08	頭螢師	〃		8.36	10.06	12.06	14.33 14.44	17.07 17.18	19.11	20.26	
11.3	0.34 0.19	福嶺城	〃	7.39	8.36	10.06	12.06	14.52	17.30	19.23	20.38	
19.6	0.56 0.31	長嶺子	〃	7.41	8.51	10.18	12.18	15.00	17.42	19.34	20.50	
28.1	0.82 0.45	城嶺子	〃	8.02	9.02	10.29	12.29	15.11	17.49	✓	✓	
32.2	0.93 0.52	牧城	〃	8.09	✓	✓		15.16	17.49	✓		
38.6	1.10 0.61	夏家河子	〃	8.19	9.14	10.41	12.41	15.24	17.59	19.46	21.02	
42.7	1.21 0.67	鎮家河嶺	〃			✓		15.31	18.04	✓		
50.8	1.43 0.80	└┬周 水 子	著發〃	8.37	9.30	10.56	12.57	15.44	18.20	20.02	21.17 21.15	
55.7	1.57 0.87	┌┬沙 河	口著發	8.45	9.42	11.05	13.05	15.52	18.28	20.10	21.21	
59.7	1.68 0.93	└┬渡大	連著	9.00	9.48	11.13	13.13	15.59	18.33	20.15	21.30	

16　昭和13年10月1日改正　煙臺・煙臺炭礦間　動車は3等車のみ　（滿鐵・煙臺炭礦線）

自煙臺 運賃		驛	列車先名番號行	煙 臺 炭 礦 行					
粁程				動 281	動 283	動 285	動 287	動 289	動 291
0.0	円錢	┌┬煙 臺	發〃	6.30	7.40	10.15	12.35	16.35	19.00	‥‥
15.6	0.25	└┬煙臺炭礦	著	6.55	8.05	10.40	13.00	17.00	19.25	‥‥

自炭礦 運賃		驛	列車先名番號行	煙 臺 行					
粁程				動 282	動 284	動 286	動 288	動 290	動 292
0.0	円錢	┌┬煙臺炭礦	發〃	5.45	7.00	8.10	10.55	15.30	17.10	‥‥
15.6	0.25	└┬煙 臺	著	6.07	7.26	8.35	11.17	15.52	17.32	‥‥

17　昭和13年12月1日改正　明　山・牛心臺間　（滿鐵・溪城線）

自明山 運賃		驛	列車先名番號行	牛 心 臺 行		
粁程	3等			混3 21	混3 23	混3 25
0.0	円錢	明　山	發〃	8.30	12.14	14.40
4.5	0.08	崔家	〃	8.41	12.26	14.52
14.9	0.24	牛 心 臺	著	9.05	12.50	15.15

自牛心臺 運賃		驛	列車先名番號行	明 山 行		
粁程	3等			混3 20	混3 22	混3 24
0.0	円錢	牛 心 臺	發〃	9.55	13.40	16.20
10.4	0.18	崔家	〃	10.20	14.05	16.45
14.9	0.24	明　山	著	10.30	14.15	16.55

大連、沙河口、周水子、夏家河子、旅順

【新　京】

新京は滿洲國の首都でもつて政治、經濟、軍事、交通上の中心地をなしてゐる。昭和7年3月9日名を「長春」より「新京」と改め滿洲帝國の基礎成るやその中樞機關を初め日本全權大使の駐劄、關東軍司令部の移傳など我が諸機關の設置擴張され、國都建設の計畫は着着として進行してゐる。

現在特別市に於ける人口27萬にして新に建設される100萬の國都區域は200平方粁を豫定されその間に在る起伏を利用し官廳街、商店街、工塲街、住宅街等を點綴して宛然危大なる公園の觀を呈してゐる。

新京は滿鐵線の最北端に位し連京、京圖、京濱、京白の諸線が相折衝し殊に歐亞を結ぶ幹線上の連絡驛として重きをなし、また豆の都と云はれ滿鐵沿線圈一の農産集散市塲として有名であるまた水利と交通その他の利と共に工業都市としての將來を有望視されてゐる

●觀察順路　驛前─中央通─新京神社─軍司令部前─忠靈塔─寬城子─驛前─日本橋通─舊國務院前─宮内府─大馬路─南關─南嶺─財政部前─國務院─興亞街─國都建設局─驛（歸着）。以上の經路にて貨切バス4時間、1臺23圓80錢。遊覽バス3時間1人1圓50錢（小兒半額）。自動車2時間10分、1臺5圓50錢。馬車約5時間2圓。

●乘物　タクシー最初の1600米迄40錢、以上800米を增す每に10錢。豆タク最初の500米迄10錢以後500米を增す每に5錢、タクシー貨切料金1時間3圓、5時間以上1時間每に2圓50錢。豆タク貸切1時間2圓、6時間10圓、13時間20圓。バス市内1區5錢、自驛至寬城子片道10錢、自驛至南嶺片道20錢、バス貸切1時間7圓、5時間28圓。馬車1區5錢、2區5錢、3區に以上1區に付2錢である。

（　25　）

満　洲　満鐵・撫順線・營口線・連絡船

自奉天

粁程	運貫 2等	運貫 3等	驛	列車番號 行先 名	撫　　　　　順　　　　　行										勤
					641	643	645	647	649	651	653	655	657	659	271
0.0	円錢	円錢	奉　天 發著		8.05	9.30	12.15	13.55	16.05	17.20	18.40	20.00	22.05	23.20	6.40	…	…	…
8.6	0.26	0.14	渾　河 發著		8.14	9.35	12.24	14.04	16.14	17.29	18.49	20.09	22.14	23.29	6.51			
12.7	0.37	0.21	渾　河		8.16	9.41	12.26	14.05	16.15	17.30	18.51	20.12	22.16	23.31	6.52			
19.0	0.54	0.30	淩家相井		8.23	9.48	12.33	14.12	16.22	17.37	18.58	20.17	22.23	23.38	7.10			
26.3	0.76	0.42	孤子屯子		8.31	9.56	12.41	14.19	16.30	17.45	19.06	20.25	22.31	23.46				
33.8	0.90	0.53	牛　心		レ	10.04	レ	レ	16.38	レ	レ	レ	レ	レ				
41.0	1.15	0.64	李石屯		8.47	10.12	12.57	14.37	16.46	18.01	19.22	20.41	22.47	0.02				
53.9	1.52	0.84	大　官		8.56	10.21	13.06	14.46	16.55	18.10	19.31	20.50	22.56	0.11				
56.8	1.60	0.89	撫　順 著		9.18	10.41	13.23	15.03	17.12	18.27	19.48	21.07	23.13	0.28				

自撫順

粁程	運貫 2等	運貫 3等	驛	列車番號 行先 名	奉　　　　　天　　　　　行										勤
					642	644	646	648	650	652	654	656	658	660	272
0.0	円錢	円錢	撫　順 發著		5.30	7.35	9.45	11.20	14.15	14.54	17.45	19.00	20.20	21.40	…	…	…
2.9	0.09	0.05	大　官		レ	7.41	9.50	レ	レ	15.45	レ	レ	レ	レ				
15.8	0.45	0.25	李石屯		5.48	7.57	10.03	11.40	14.37	15.58	18.07	19.18	20.33	21.58				
23.0	0.65	0.36	牛　心		5.56	8.05	10.11	11.48	14.45	16.06	18.15	19.26	20.46	22.06				
30.5	0.87	0.49	孤子屯子		レ	8.14	10.19	レ	14.54	16.14	レ	レ	レ	レ				
37.8	1.07	0.59	淩家相井		6.11	8.22	10.26	12.03	15.00	16.21	18.30	19.41	21.01	22.21	7.35			
44.1	1.26	0.70	渾　河		6.19	8.30	10.34	12.11	15.08	16.29	18.38	19.49	21.09	22.29	7.45			
					6.25	8.36	10.40	12.17	15.14	16.35	18.44	19.55	21.15	22.35	7.53			
48.2	1.38	0.76	渾　河 發著		6.26	8.38	10.41	12.18	15.16	16.36	18.46	19.56	21.16	22.38	7.55			
56.8	1.60	0.89	奉　天 著		6.35	8.47	10.50	12.27	15.25	16.45	18.55	20.05	21.25	22.47	8.06			

自大石橋

粁程	運貫 2等	運貫 3等	驛	列車番號 行先 名	營　　　　口　　　　行												
					621	勤241	勤243	623	625	勤245	627	勤247	629	631	勤249	勤251	勤253	30
0.0	円錢	円錢	新京 發		…	…	…	…	…	…	…	…	…	…	…	…	10.30
115.5	3.25	1.80	四平街		16.17												13.13
304.8	8.54	4.73	奉　天		18.19												18.06
461.9	12.94	7.17	大石橋 著														21.24
0.0	円錢	円錢	大石橋 發		0.25	2.50	4.39	5.55	8.05	9.05	11.25	12.10	13.55	18.10	17.30	19.10	21.40
12.0	0.34	0.19	老　邊		レ	3.13	レ	レ	8.18	10.09	11.28	12.29	レ	16.28	17.44	19.29	21.04	レ
22.4	0.65	0.36	營　口 著		0.48	3.13	5.02	6.16	8.29	10.21	11.39	12.41	14.16	16.39	17.56	19.41	21.16	22.01

自營口

粁程	運貫 2等	運貫 3等	驛	列車番號 行先 名	大　　　　石　　　　橋　　　　行												
					622	勤242	勤244	29	624	勤246	248	626	勤250	268	630	勤252	254	勤256	632
0.0	円錢	円錢	營　口 發		2.03	3.50	5.10	6.50	9.10	10.30	11.00	12.15	12.05	14.50	17.30	18.07	19.50	21.30	23.15
10.4	0.31	0.18	老　邊		レ	レ	レ	レ	9.22	10.44	11.30	12.27	13.08	レ	17.45	レ	20.03	21.54	レ
22.4	0.65	0.36	大石橋 著		2.25	4.15	5.32	7.12	9.35	10.57	11.44	12.40	13.21	15.07	17.58	18.32	20.17	22.08	23.37
0.0	円錢	円錢	大石橋 發著		…	…	…	7.25	…									
157.1	4.43	2.47	奉　天		12.13			11.02										
346.4	9.72	5.38	四平街		14.15			15.37										
461.9	12.94	7.17	新　京					18.48										

河港名	營　　口　　行								河港名	河　　北　　行							
	1	3	5	7	9	11	13	15		2	4	6	8	10	12	14	16
河北 河南 發著 營口	自11月10日 至4月上旬 冬季結氷の爲運航休止								營口 河南 發著 河北	自11月10日 至4月上旬 冬季結氷の爲運航休止							

運　賃…河北・營口間　　大人　2等2角　3等1角　　小人　2等1角　3等5分

（24）

旅行記念スタンプ設置驛　奉天、撫順、大石橋、營口、

▲12　奉天・撫順間　満鉄・撫順線　1938.12.17改正／13　大石橋・営口間　満鉄・営口線 1939.2.1改訂／他　（満洲支那汽車時間表　満鉄鉄道総局　昭和14年3月）

● 撫順駅

千金寨及広軌列車

▲**千金寨駅及広軌列車**（単色刷、発行元不詳、仕切線1/3）　炭礦で有名な撫順へは、満鉄本線蘇家屯より東方に支線が分岐し、当初は終点の永安橋を撫順、撫順を千金寨と称し、準軌改築は1908年5月に完成した。写真は同年頃、E（ダブ）形437（1907年アルコ製）が逆向で牽引する蘇家屯方面行混合列車で、編成は車掌車カ形、貨車12両、二等車ロ形、手荷物郵便車テユ形が定数であった。

▼**撫順停車場**（単色刷、能文堂書店発行、仕切線1/3）　千金寨（蘇家屯起点52.9km）の駅本屋は、フリー・クラシック様式、レンガ造、要所石材使用、1910年に竣工し、1913年8月に駅名を撫順と改めた。写真は改称直後の撮影と思われ、列車到着を待つ人々がつめかけており、画面右端は千金寨の新市街で、駅前広場をはさみ、満鉄が築造したレンガ造3階建の集合店舗兼住宅が見える。

（能ノ堂書店発行）　RAILWAY STATION, FUSHUN.　撫順停車場

▲**撫順停車場**（単色刷、発行元不詳、仕切線1/2）　撫順駅は露天堀の拡張にともない、永安台西麓に移転とな
り、1924年11月、旅客専用の仮駅舎が竣工した。写真は1925年頃の奉天行旅客列車で、牽引機はF₁（テホ₁）形
619（1908年アルコ製）、以下三等手荷物車ハテ₃形、二三等車ロハ₂形、三等車ハ₅形（二等車ロ１形改造）、ハテ
₃形と思われ、乗車待ちの二等客がホームに並んでいる。

▼**撫順ノ停車場**（単色刷、KAIGAKENKYUKAI発行、仕切線1/2）　撫順（永安台）仮駅の正面玄関側で、木造
平屋建、屋根は青色セメント瓦葺、内外壁とも塗壁、仮駅とはいいつつも欧風の好ましい建築で、同時期に築
造された沙河口駅（小著『写真に見る満洲鉄道』P053下参照）と類似の設計である。撮影時期は1930年頃、正面
の時計は10：13をさしている。

FUSHUN IS A INTERNATIONAL COAL-MINE AND
A BUSY MANUFACTURING DISTRICT IN THE EAST.

撫順ノ停車場　（撫順）

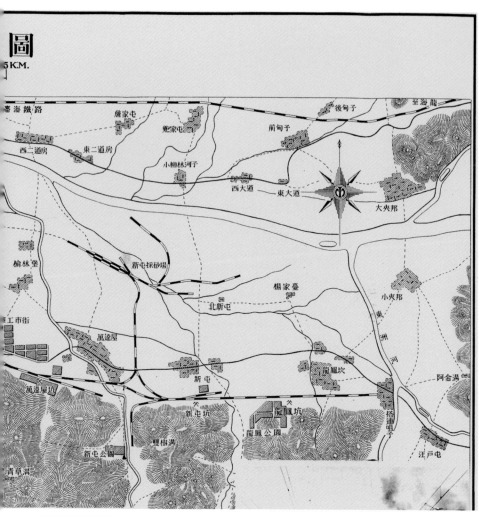

▲撫順炭礦附近図（単色刷、満鉄発行、『撫順炭礦概要』パンフレット）　同市は北緯41度52分、東経123度54分に位置し、炭田は西流する渾河の左岸（南岸）、東側を東州河、西側を古城子河、南側を千山台の丘陵にはさまれた東西約17km・南北約４kmの細長い断層地形中に広がり、炭層は新生代第三紀に属し、南より北に向かって約30度傾斜し、走向は東西で、西が浅く東が深いため、西側は露天掘り、東側は坑内掘りが主体となり、出炭量は両者ほぼ拮抗していた。1907年に満鉄が継承した当時は千金寨・楊柏堡・老虎台３坑のみで、1911年に大山・東郷、1915年に万達屋・古城子露天堀、1918年に龍鳳、1920年に新屯・古城子第二露天堀の各坑が営業出炭を開始した。炭質は長焰瀝青炭で、固定炭素約50％、揮発分約40％、発熱量7,000kcal/kg前後、硫黄分が少なく、灰の溶融点が高いため、機関車・製鉄・窯業用に好まれた。満鉄は千金寨の市街化を進めたが、直下に大規模な炭層の存在が確認されたため、古城子第二露天堀の拡張を決定し、1919～31年にかけ、渾河左岸に近い永安台一帯に全市街を移転した。1934年頃に発行の本図では、千山台北方にあった撫順（千金寨）駅が同露天堀の拡張によって消滅し、撫順（永安台）駅が開業し、大官屯に貨物専用駅および操車場がもうけられ、1930年より稼働の製油工場（頁岩原油製造）も見える。なお、当初は「撫順炭坑」と称し、1918年６月より「撫順炭礦」に改められた。

撫順炭礦附近

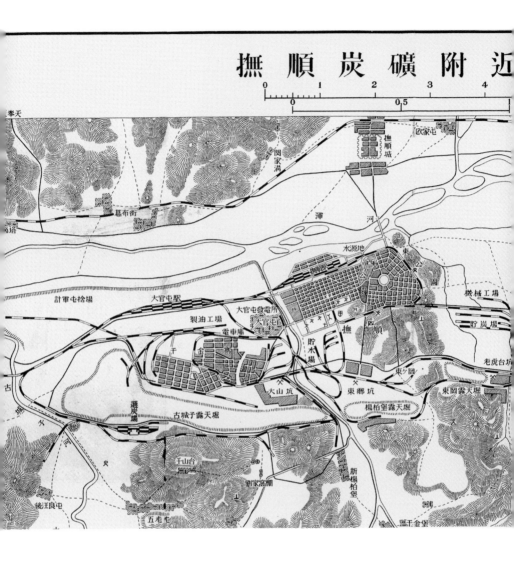

● 撫順炭礦

113

◀〈撫順炭坑事務所伊藤公到着〉（写真印画、275mm×213mm、台紙貼付）　1909年10月24日、公爵伊藤博文はハルピンへの途次、撫順炭坑を視察に訪れた。写真は同事務所2階より撮影された到着シーンで、正門を通る2人目が伊藤公と思われる。画面中央の客車は一等車イ形103、右側同104、左側二等車ロ形（車番不詳）、列車の遠方は、画面左手より倶楽部（1908年竣工）、銀行（同）、郵便局（同）、倶楽部遠方のステップ・ゲーブル破風が炭坑医院（同）、電柱の陰が築造中の坑務社宅（1911年竣工）、バックが小学校（1908年竣工）、正門前の緑地が見附公園、遠景が大和公園と公会堂（1910年竣工）、右手が炭坑ホテル（1910年夏竣工）、画面右端が幹部社宅（建築工事中）である。伊藤公は2日後の26日、ハルピンで凶弾に斃れるが、この時は誰一人としてその運命を知る者はない。

次ページ▼撫順炭坑事務所前電車停留所（単色刷、田中博報堂書店発行、仕切線1/3）　満鉄は出炭量増大にともなう同炭坑内の客貨輸送のため、直流1,200Vによる鉄道電化を計画し、1914年10月より炭坑管理のもとに運転を開始した。電車は電動客車と付随車の2種を米国より、電気機関車は50トン形（搬砂用）・40トン形（運炭用）・25トン形（入換用）の3種を米独より購入した。写真は画面左手が電動客車、右手が50トン形機関車牽引の貨物列車で、いずれもカウ・キャッチャー（排牛器）付、撮影時期は電化開業直後と思われる。

▼撫順郵便局及銀行　倶楽部（単色刷、発行元不詳、仕切線1/2）　見附公園の北西隅より南に向かって見たシーンで、画面右手より英国風ハーフ・ティンバー様式をとり入れた郵便局、銀行、倶楽部、バックの丘陵は千山台、公園の道路は未舗装で、画面右端のレンガ塀は坑長社宅（小著『写真に見る満洲鉄道』P210上参照）であることより、撮影時期は1911年頃と思われる。

POST OFFICE AND BANK AT BUZYUN.　撫順郵便局及銀行　倶楽部

（行發店書賣實中田） View of office-room, Coal-mine, Fushun. 撫順炭坑事務所前電車停留所

其二　撫順炭礦東郷採炭所全景

▲撫順炭礦東郷採炭所全景　其二／其三（単色刷、３枚つながり中の２枚、発行元不詳、仕切線1/2）　同採炭所の選炭場一帯を俯瞰したシーンで、1920年頃の撮影と思われ、停留所に老虎台方面（画面左手）より電車が到着し、編成は右端より付随車（運転台付）、電動車、三等代用車で、三等代用車は旅順支線準軌開業時の有蓋車ヤ形改造車を撫順炭礦に移管したものと思われ、遠景は楊柏堡採炭所である。老虎台方面に向かうのは40トン形電気機関車の牽く空車回送列車で、編成は次位より50トン積石炭車タ二形、30トン積無蓋車ムイ形、50トン積タイ形、タ二形、タイ形、右にカーブして丘を上ってゆくのは楊柏堡方面への線路で、かたわらに坑道を支える坑木の積込用ステージが見える。

THE MENBER'S HOUSE OF FU-SHUN COAL.
撫順東郷炭礦社宅

TOGO　PIT

三 其　　景全所炭採郷東礦炭順撫

前ページ▼撫順東郷炭礦社宅（単色刷、大正写真工芸所発行、仕切線1/2）　東郷採炭所は撫順
（千金寨）駅より東に約3km、西隣の大山採炭所に並ぶ坑内掘りの拠点であった。写真は同所の
竪坑の巻櫓（まきやぐら、0.56トン積炭車8函を4段ケージに2函ずつ載せて昇降する）上より社
宅街を俯瞰撮影したもので、遠景の渾河対岸には撫順城と千金寨開発以前の撫順旧市街がある。

▼撫順東郷採炭所巻櫓より千金寨の遠望（単色刷、大正写真工芸所発行、仕切線1/2）　前
ページ下に隣接のシーンで、正面の巻櫓が坑内への入気竪坑をかねた炭車昇降用、カメラの位置が
排気竪坑をかねた坑夫昇降用で、おりしも2両編成の電車が千金寨方面に向かいつつある。

VIEW OF THE SENKINSAI, FU-SHUN.
望遠の寨金千りよ櫓巻所炭採郷東順撫

◆**撫順炭礦第二露天堀回転採砂機** (単色刷、大正写真工芸所発行、仕切線1/2)　撫順の露天掘りは1914年に古城子坑で開始されたが、ほどなく厚い岩盤に当たったため、1917年に隣接の千金寨坑を露天掘りに変更して「古城子第二露天堀」と改名し、ここに開発を集中した。炭層は表土（平均13m厚）と頁岩（緑色頁岩と褐色油母頁岩）でおおわれ、前者の剥離作業を剥土、後者を剥岩と称し、剥土はエキスカベーター（バケットコンベアー式採砂機）、もしくは150−B型蒸気ショベル（回転採砂機）によった。写真は1925年頃の剥土状況で、蒸気ショベルで約10m上のフテ形ダンプカー（米キルボーン製、センターヒンジ横転式、容積20立方ヤード＝15.29m³）に積み込む「上段積込」を行なっており、機関車は満鉄より移管されたプレ形63、ダンプカー用空気圧縮機を右側に追加装備し、画面左端は奉天機関区撫順分区の矩形庫（1926年11月移転廃止）である。

表3　撫順炭礦古城子採炭所ショベル一覧　（台数は1936年度末時点）

用途	型式	動力	能力 m³／日	台数	製造年	製造所	備考
剥土	150−B	蒸気	950	1	1920頃		
剥岩	103−C	電気		1	1920頃		回転範囲180度
	120−B	電気	2,200	8	1928頃	米ビサイラス	同レベル積込用
				3	1932	神戸製鋼所	（短ブーム）
	150−B	電気		1	1928頃		
	200−B	電気	2,500	2	1928頃	米ビサイラス	上段積込用
				1	1934	神戸製鋼所	（長ブーム）
採炭	モデルV	電気		2	1928頃	独メンク	
	30−B	電気		1	1926	米ビサイラス	
	50−B	電気	500	8	1926	米ビサイラス	
				2	1930頃	神戸製鋼所	
合計				30			

THE VIEW OF FUSHUN COLLIERY.
撫順古城子炭礦採炭所（露天露）の一部

VIEW OF FU-SHUN COAL.

撫順炭礦第二露天堀回轉採砂機

▲**撫順炭礦古城子採炭所（露天堀）の一部**（単色刷、
大正写真工芸所発行、仕切線1/2）　剝土によって現われた頁岩層
は発破でゆるめられ、120−B型もしくは200−B型電動ショベルで
剝岩され、ダンプカーで製油工場（褐色油母頁岩）もしくは捨
場（緑色頁岩）に運ばれた。電動ショベルは、車上の電動発電
機（225馬力もしくは300馬力）で交流2,200Vを直流230Vに変
え、ホイスト・スイング・スラスト3基のモーターを駆動した。
写真は1930年頃の剝岩後の採炭作業で、小型の30−B型もしく
は50−B型電動ショベルで同一作業面の炭車に積み込む「同レ
ベル積込」が行なわれ、炭車は鋼製船底型、2.5トンもしくは4
トン積で、水平軌道を人力で移動し、斜面をロープで巻き上げ
られた。地平ではダブ形が空荷のダンプカー8両を推進中で、
遠方にパシ₊形が駐機している。

THE DIRECT STREET TO THE FU-SHUN STATION, FU-SHUN.
観美のり通前駅るた然整　（順撫）

▲整然たる駅前通りの美観 （単色刷、大正写真工芸所発行、仕切線 1/2）　1934年11月、永安台の仮駅舎に隣接し、セセッション（ゼツェッシオン）様式の新駅舎が竣工し、役目を終えた仮駅舎は解体された。写真は新駅舎開業直後、正午頃の撮影と思われ、正面の大通りが中央大街（幅27m）、手前が三条通との交差点で、1区画向こうの二条通との交差点左右は、旅館筑紫館とジャパン・ツーリスト・ビューローである。

次ページ▲洋館櫛比せる四条通の盛観 （単色刷、大正写真工芸所発行、仕切線1/2）　撫順（永安台）は格子状街路が基本で、街路名は線路にそった横道を一条通・二条通・三条通、中央大街と並行の縦道を東西のそれぞれ一番町・二番町・三番町、駅前広場より左右40度の放射路をそれぞれ永安大街・千金大街と呼んでいた。写真は東四条通・東二番町・永安大街（幅22m）3者の交差点で、1930年頃の撮影と思われ、画面奥へと延びるのが撫順随一の商店街・東四条通、荷馬車の来た道が永安大街、駅は右手画面外で、東七条小学校へ登校する日本人児童の姿も見える。戦前に撫順を視察した英国業者は、自国植民地と比較して「石炭を掘るためにこんな文化都市を建設していたら、コストが高くつきすぎて商売にならない」と洩らしたとのことである。

◀撫順駅前の弊店 （単色刷、松田商店発行、仕切線1/2）　撫順（永安台）駅前、中央大街と西一条通の角地に店を構えていた「松田みやげ店」の店頭風景で、店主一家と従業員が勢ぞろいしており、和服姿の女性従業員にまじって、中央の1人だけ洋装で腰の位置がまるで違う若い女性は、白系露人女給（ウェイトレス）と思われる。ちなみに当地の名産品は石炭細工、琥珀細工、翡翠細工などであった。

● 撫順新市街（永安台）

THE BUSTLING VIEW OF SHIJO-DORI, THE MAIN STREET BORDERED WITH GREAT BUILDINGS OF FOREIGN STYLE, FUSHUN.

（撫順）洋館櫛比せる四條通の盛観

THE COMPLETE VIEW OF FU-SHUN CITY, FU-SHUN.
活気に満ちて撫順市街の展望　（撫順）

▲**活気に満てる撫順市街の展望**（単色刷、大正写真工芸所発行、仕切線1/2）　新市街南端に新築移転の満鉄撫順医院の屋上より北西方向を俯瞰したシーンで、次ページ上の写真と同じく1935年頃の撮影と思われ、画面手前の炭礦電車終点のある大通りが中央大街、直交するのが東七条通で、炭坑社宅と個人商店が混在し、遠くにかすむは1921年に稼働開始の第三発電所である。

▼**満鉄撫順医院南分館**（印画紙、発行元不詳、仕切線1/2）　新築移転の満鉄撫順医院は、中央大街に面して北より本館（1928年竣工）、華人病棟（1927年竣工）、南大街をはさんで伝染病棟（1929年竣工）が建てられた。写真は1929年頃、炭礦事務所の屋上より南東方向を俯瞰したシーンで、画面中央が伝染病棟、左手が中央大街、左奥が南大街で、華人病棟と本館は左手画面外にある。

満鉄撫順医院南分館

THE OFFICE OF THE COAL MINE. FUSHUN.
炭礦事務所全景　（撫順）

▲炭礦事務所全景（単色刷、大正写真工芸所発行、仕切線1/2）　新築移転の炭礦事務所は、中央大街をはさんで満鉄撫順医院と対面して建てられ、1925年3月に着工し、床面の形に敷いた石炭を一晩中燃やして凍土を溶かし、10日間繰り返して基礎を掘り、同年11月に竣工した。写真は敷地内のポプラ並木の成長具合より見て1935年頃の撮影と思われ、画面手前は炭礦電車線路である。

▼炭礦事務所屋上よりの展望（新市街の一部）（単色刷、大正写真工芸所発行、仕切線1/2）　炭礦事務所の屋上より北東方向を俯瞰したシーンで、1928年頃の撮影と思われ、女子事務員はそろって三つ編み・スカート・革靴・和装コートのいでたち、画面右端は撫順医院本館、電車停留所の両脇が売店兼待合所、中央やや左手のセセッション様式の3階建・陸屋根は撫順高等女学校である。

THE COMMANDING VIEW OF THE CITY STREETS FROM ON THE ROOF OF THE COAL MINE OFFICE. FUSHUN.
炭礦事務所屋上よりの展望（新市街の一部）

▲**蘇家屯の停車場**（南満洲写真大観）　蘇家屯（そかとん、大連起点381.0km）は、東方に前出の撫順支線を分岐し、また後出の安奉線も1919年12月以降は渾河分岐（撫順支線撫安経由）より同駅分岐となったため、同駅を中心としたK字状の経路が生まれ、満鉄本線の一大ジャンクションとなった。写真は本格的に発展する前の1911年頃の撮影と思われ、駅本屋と第二ホーム待合室はアール・ヌーヴォー様式、レンガ造で、第二ホーム待合室の破風には「蘇家屯」（右書）と"SU-CHIA-TUN"の文字が見える。

次ページ▲奉天郊外、渾河鉄橋（単色刷、大正写真工芸所発行、仕切線1/2）　複線橋梁は径間105フィートのスルートラス桁23連により、1920年11月に開通した。写真は複線橋梁の南詰より北方を望んだもので、新旧橋梁の路面高さの差がわかり、トラスの右遠方には、奉天市内千代田公園わきの給水塔が小さく見えている。

◀**渾河の鉄橋**（単色刷、山陽堂発行、仕切線1/2）　渾河（こんが）は遼河の一支流で、同橋梁は渾河（大連起点388.0km）～奉天（同396.6km）間にかかる、径間105フィート（32.0m）のデッキトラス桁23連、満鉄本線随一の長大橋梁であった。撫順炭の輸送路となった大連～蘇家屯間381.0kmは1909年10月に複線化が完成したが、以北は単線のままで、蘇家屯～奉天間は線路容量の限界に達したため、満鉄は1915年6月、複線橋梁の橋脚基礎工事に着手した。写真はオープン・ケーソン工法により、鉄筋コンクリート製の中空橋脚に載荷し、河床に沈置する状況で、橋上はE（ダブ）形の牽く午後の上り旅客列車、編成は次位より小荷物用有蓋車、三等手荷物車ハテ形、二等車ロ形、ハテ形と思われる。

THE KONKA IRON BRIDGE IN THE SUBURB OF MUKDEN.

奉天（奉天）郊外、渾河鐵河橋

（山陽堂發行）　　　IRON BRIDGE KON RIVER.　　　河の鐵橋

lively and
city at Manshukoku.

巨大な姿を

WAY OUT　FOR DAIREN

S. M. R. Mukden Station.

奉天驛ホーム

満鐵本線の奉天は、北平に通ずる奉山線、朝鮮に出る安奉線、吉林に行く奉吉線等の起点として、南満洲に於ける交通經濟上の中心地である

●奉天駅

▶**巨大な姿を**（単色刷、KAIGAKENKYUKAI発行、仕切線1/2）
奉天より内地宛に投函された絵葉書で、消印は「奉天中央　（康徳）7.7.27」で1940年にあたる。画像は奉天駅第一ホームに到着したハルビン発上り12ℓ「あじあ」、牽引機はパシナ9（もと978、1934年川崎車両製）で、同駅で機関車を付け替え、大連に向かう。編成は次位より手荷物郵便車テユ8形、三等車ハ8形2両、食堂車シ8形、二等車ロ8形、展望一等車テンイ8形で、撮影時期は機関車が改番後の1938～39と思われる。

前ページ▼**奉天駅ホーム**（単色刷、満鉄発行、仕切線1/2）　同駅第一ホームの情景で、階上待合室着工前の1930～33の撮影と思われ、乗降客でにぎわう中にも、軍刀をさげた憲兵らしき姿が緊迫感をかもし出しており、画面左手が駅本屋の北隅で、画面外の集札口に続いている。

▼**満鉄の超特急牽引機関車**（単色刷、交友社発行、仕切線1/2）　奉天駅第一ホームより発車する上り12ℓ「あじあ」で、牽引機はパシナ形974（1934年川崎車両製）、見つめる男の子が汽笛の音に耳をふさぐ様子がほほえましい。なお、キャプションに「昭和9年10月1日」とあるが、正しくは同年11月1日の運転開始で、また「500瓲の流線形列車を牽引」は、機関車を含む総重量が約500トンの意であろう。

〔満鉄の超特急牽引機関車〕　南満洲鐵道が昭和9年10月1日から満鐵本線の列車スピードアップ斷行に當り、超特急「あじあ」號列車牽引用として内地に於て製作した流線形P7形機關車であります。500瓲の流線形列車を牽引して満洲の曠野を時速120粁で快走する雄姿は實に壯観であります。

EN STATION, MUKDEN.
奉天乗降（天　奉）

A

▲乗降客に賑ふ奉天駅の盛観（単色刷、大正写真工芸所発行、仕切線1/2）　奉天の駅本屋は、満鉄本社建築係の太田毅の設計になり、満鉄全体でも一二をきそう名建築とされ、1909年に起工、1910年7月に竣工した。構内設備は年を追うごとに拡充され、1918年に駅本屋に隣接の三等待合所、1925年には第三ホームを新設した。写真は第一〜第四ホームを連絡する階上待合室（1934年12月竣工）がもうけられていることより、1935年春頃の撮影と思われ、画面右端の旧三等待合所は手荷物扱所となっている。1928年頃に撮影の小著『写真に見る満洲鉄道』P106〜107や、1936年頃に撮影の小著『満洲鉄道発達史』P082〜083上と見比べるのも一興であろう。

B

▼奉天駅降車口より浪速通りを望む（単色刷、大正写真工芸所発行、仕切線1/2）　タイトルに「降車口」とあるが、車寄せの屋根形状より、同駅正面玄関前より望んだ駅前風景で、1935年頃の撮影と思われ、一部シルエット化した人物の位置やポーズが絶妙なカットである。対面の大建築は、画面右手が満鉄奉天貸事務所（1912年竣工）、浪速通りをはさんだ左手がもと支那旅館「悦楽桟」で、撮影当時は「瀋陽分館」となっており、宮島通をはさんだ駅寄りのもと第一旅館が「悦楽旅館」となっている。屋外広告は右手よりキリンビール、グリコ、サッポロビール、菊正宗、ジャパンツーリストビューロー、明治チョコレートなどで、降り立った旅行者に一瞬内地かと錯覚させるものがあろう。

THE BUSTLING VIEW OF
親咲の驛天奉ふ賑

NANIWA-DORI STREET LOOKING FROM MUKDEN STATION, MUKDEN.
む望を通速浪りよ口車降驛天奉（天奉）

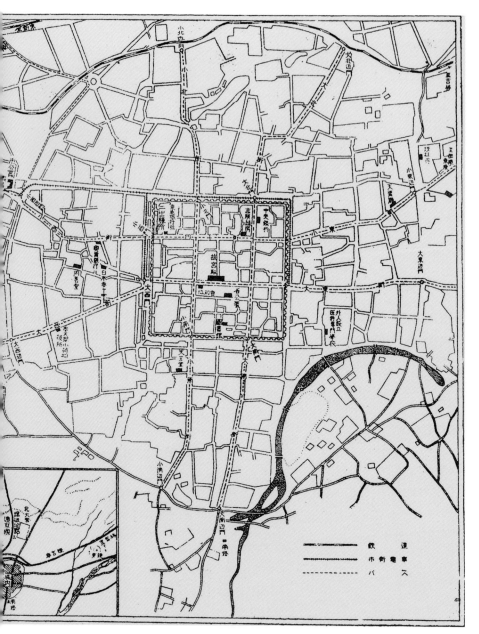

奉天駅をほぼ中心とした東西約2km・南北約4kmの略長方形の附属地と、旧市街との間に形成された
清国主権下の商埠地で、附属地は格子状街路を基本とし、駅前広場正面の大通りを瀋陽大街（→千代田
通）、これと左40度の放射路を昭徳大街（→浪速通）と名付けた。右40度の放射路はのちに平安通と名付
けられ、浪速通と平安通の要所に円形の大広場と平安広場をもうけた。駅前より旧市街へは、鉄路大街
（→宮島通）・十間房・小西辺門を経由して大西門にいたる鉄道馬車（1924年より路面電車）が有力な交
通手段で、小西辺門外には京奉鉄路（→北寧鉄路→満洲国鉄奉山線）の遼寧総站が存在したが、構内配
線が頭端型で、スイッチバック解消のため、皇姑屯寄りに通過型の奉天総站（→北奉天）がもうけられ、
本図では跡地が空白となっている。

▲**奉天市街図**（単色刷、満鉄鉄道総局営業局発行、1937年版『奉天』パンフレット）　同市は北緯41度47分、東経123度26分に位置し、市域は西流する渾河右岸（北岸）の平野部に展開し、旧市街南東部の小河沿は渾河の旧河道が取り残された河跡湖である。図の右半分が旧市街（奉天城）で、清の太祖と太宗が起居した宮殿を中心に、東西約1.2km・南北約1.4kmの磚造城壁でかこまれた部分が内城、その外周の東西約4km・南北約5kmの不整楕円形の土壁が辺城で、内城は東より時計回りに小東・大東・大南・小南・大西・小西・小北・大北の8門を有し、対辺の門どうしを結ぶ井桁状の大通りを「四平街」と総称し、4ヵ所の交差点中央には鐘楼・鼓楼をもうけていた。辺城は内城同様、東より時計回りに小東辺・大東辺・大南辺・小南辺・大西辺・小西辺・小北辺・大北辺の8門を有していた。図の左半分は、満鉄本線

▲奉天新道路ヨリ停車場ヲ望ム（単色刷、安原洋行発行、仕切線1/3）　浪速通より駅前広場をへだてて奉天駅本屋を望んだシーンで、道路の中心線が中央ドームに向いていることがわかる。写真は1917年頃の撮影と思われ、画面左手が満鉄奉天貸事務所、フリー・クラシック様式、レンガ造3階建で、駅正面の千代田通をはさみ、同事務所と左右対称的に満鉄奉天共同事務所が建てられ、奉天駅本屋と合わせ、フリー・クラシック様式の3点セットで駅前景観を統一した。一方で満鉄は、附属地への中国人の進出を奨励したため、浪速通北側より宮島通にかけて支那旅館が建ち並び、画面右手は「悦楽桟」で、中華伝統様式、レンガ造2階建、屋上に八角楼をのせ、宮島通に面してほぼ同一様式の「天泰桟」が隣接していた。なお、「悦楽桟」は1921年頃、レンガ造3階（一部6階）建に建て替えられた。

次ページ▲中心街浪速通りより奉天駅を望む（単色刷、大正写真工芸所発行、仕切線1/2）　鉄筋コンクリート4階建の満蒙百貨店（1932年竣工）の屋上より、奉天駅方面を俯瞰したシーンで、1936年頃の撮影と思われる。全幅15間（約27m）の浪速通に面した画面右手の細長いレンガ造2階建が奉天郵便局（松室重光設計、1915年竣工）、隣接の三角地に立つ不整六角形のレンガ造2階建が浪速通交番、対面が鉄筋コンクリート5階（一部6階）建の七福屋百貨店（1935年竣工）で、駅本屋はその陰にかくれ、ごく一部しか見えない。

◀新市街の中心、中央広場（三十七八年役記念碑）（単色刷、大正写真工芸所発行、仕切線1/2）　東洋拓殖奉天支店（3階建）の屋上より大広場を俯瞰したシーンで、中心に建つのは明治三十七八年戦役記念碑で、正面を奉天駅に向け、背面には「大正五年十月　満洲戦蹟保存会」の陰刻が見える。画面左端は奉天ヤマトホテル（1929年4月竣工）、右端は横浜正金銀行奉天支店（1925年竣工）で、満蒙百貨店ビルが見えないことより、1930年頃の撮影と思われる。

● **奉天市街**

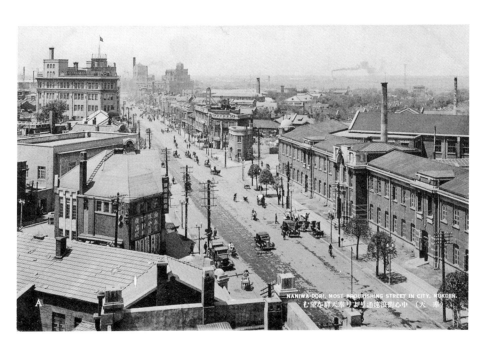

NANIWA-DORI, MOST FLOURISHING STREET IN CITY, MUKDEN.

（奉　天）　中心街浪速通り奉天第一賑わ望む

THE GREAT SQUARE, THE CENTRE
OF THE NEW CITY, MUKDEN.

（奉　天）　新市街の中心、中央廣場
（三七八年役記念碑）

The Lobby, The Yamato Hotel, Mukden.
Owned and Operated by the South Manchuria Ry.

▲満鉄直営　奉天ヤマトホテル　玄関広間（単色刷、発行元不詳、仕切線1/2）　同ホテルは1910年10月に奉天駅の本屋内に開業したが、1926年11月に小野木横井共同事務所の設計により、ネオ・ルネッサンス様式、鉄筋コンクリート・レンガ幕壁式、外壁白タイル貼、地上4階地下1階、延べ床面積8,872m²の新館を起工し、工費180万円で、1929年4月に竣工し、翌月に移転開業した。写真は同年頃のロビーで、シャンデリアや調度品がオリエンタル・ムードをただよわせている。

▼満鉄直営　奉天ヤマトホテル　支那風待合室（単色刷、発行元不詳、仕切線1/2）　同ホテルは客室71（全室バスルーム付）、宿泊収容人員90名で、開業後も設備の改良を続け、10年目の1938年度は延べ宿泊客21,624名、食事客208,909名であった。写真は中華風のレセプション・ルームである。

The Reception Room, The Yamato Hotel, Mukden.
Owned and Operated by the South Manchuria Ry.

満鉄直営　奉天ヤマトホテル　大廣間
The Lounge, The Yamato Hotel, Mukden,
Owned and Operated by the South Manchuria Ry.

▲満鉄直営　奉天ヤマトホテル　大広間（単色刷、発行元不詳、仕切線1/2）　同ホテルは大小宴会場・バー・球戯室・読書室・理髪室をそなえ、写真は２階奥に位置する大宴会場で、収容人員500名、舞台と室内楽団用の屋内バルコニー（中２階）をもうけ、国際的な社交場として利用された。欧米の賓客も多く、1932年来満のリットン卿を団長とする国際連盟調査団も同ホテルに宿泊した。

▼満洲の野に威重を示す奉天警察署と正金銀行（単色刷、大正写真工芸所発行、仕切線1/2）　ヤマトホテルのチェックアウトをすませた宿泊客が玄関先よりながめるシーンで、画面左手が前出の横浜正金銀行奉天支店、中央がセセッション様式の奉天警察署（1929年竣工）、右手に奉天三井ビル（松田軍平設計、1937年竣工）が見えないことより、1933年頃の撮影と思われる。

VIEWS OF MUKDEN POLICE STATION AND
THE SPECIE BANK MUKDEN BRANCH, MUKDEN.
（奉　天）満洲の野に威重を示す奉天警察署と正金銀行

A

奉天千代田通りの賑ひ
FLOURISHING CHIYODA STREET. (MUKDEN)

▲**奉天千代田通りの賑ひ**（単色刷、発行元不詳、仕切線1/2）　全幅20間（約36m）の千代田通と富士町の交差点より奉天駅方面を望んだシーンで、撮影時期は1933年頃と思われ、画面右手が満洲中央銀行奉天千代田支行（もと東三省官銀號）で、ネオ・クラシック様式、レンガ造3階建、要所にイオニア式オーダーを配しており、駅寄りに隣接の三角破風は中国銀行（1932年竣工）である。

▼**奉天平安広場**（単色刷、発行元不詳、仕切線1/2）　平安広場は、平安通と青葉町の交差点にもうけられた小ぶりの円形広場で、写真は1933年頃の撮影と思われ、画面中央が南満洲瓦斯奉天支店、ネオ・ロマネスク様式、レンガ造3階（一部4階）建、通称「ガスビル」で、「ガスビルグリル」の広告塔が建ち、青葉町をはさんだ左手が七福屋支店で、「森永ミルクチョコレート」の広告が見える。

奉天平安廣場
PINGAN SQUARE. (MUKDEN)

KASUGA-CHO, MOST LIVELY COMMERCIAL STREET, MUKDEN.
商況活発殷盛を極むる春日町（奉 天）

▲**商況活発殷盛を極むる春日町**（単色刷、大正写真工芸所発行、仕切線1/2）　満鉄本線に並行した附属地の町名は、南側を若松・紅梅・弥生・桜・青葉・藤浪・稲葉・葵・萩・桂・紅葉・常盤・竹園・雪見、北側を宮島・橋立・松島・江島・春日・住吉・琴平・八幡・富士・浅間・新高・白根・筑波・信濃としていた。春日町は「奉天銀座」とも呼ばれた同市随一の繁華街で、写真は1935年頃の撮影と思われる。

▼**千日通りの華かなる街景**（単色刷、大正写真工芸所発行、仕切線1/2）　満鉄附属地の街路は、千代田通を中心に南側を南一条・南二条、北側を北一条・北二条とし、千日通は北一条通の別名で、上掲の春日町と直交し、画面奥に前出の満鉄貸事務所の尖塔が見える。門型街路灯のデザインは力学的にも美的にも秀逸で、左右の商店外壁に固定され、支柱を省略しているのに注目したい。

THE THRONGED STREET VIEW OF SENNICHI-DORI, MUKDEN.
千日通りの華かなる街景（奉 天）

(奉天 山陽堂發行)　　MUKDEN CHANESE ROAD.　　奉天　支那市街

▲奉天　支那市街（単色刷、奉天山陽堂発行、仕切線1/2）　奉天駅より旧市街街へは、西塔大街（十間房）経由で小西辺門まで約4.5km、さらに内城までは約2kmで、1907年に日清合弁の馬車鉄道（瀋陽馬車公司）が開通した。写真は1920年頃、奉天駅行の鉄道馬車で、小西辺門の飾りアーチの4個の円板には右書きで「陪都重鎮」としるされ、副都（首都は北京）の要衝をしめしていた。

▼西塔の前を走る電車（単色刷、大正写真工芸所発行、仕切線1/2）　1925年10月、馬車鉄道は電化され、奉天駅～小西辺門間は日本、小西辺門～大西門間は中国の経営となった。写真は十間房を旧市街方面に向かう市街電車で、中欧風の好ましいスタイルを有し、バックは延寿寺のラマ塔「西塔」で、撮影時期は1925年頃と思われ、道路は商埠地（張作霖支配下）のため未舗装である。

THE ELECTRIC CAR RUNNING
TO AND FRO IN FRONT OF THE SEITO.
西塔の前を走る電車　（奉天支那街）

（東亞書籍藥局發貴）

奉 天 鼓 楼

▲**奉天鼓楼** （単色刷、東亜書籍薬発行、仕切線1/3）　四平街の交差点中央に建つ鼓楼で、1908年頃の撮影と思われ、城内随一の繁華街にもかかわらず、電柱が見当たらず、まだ近代文明の恩恵に浴してないことがわかる。塔型の招牌は電灯・電話線の障害となるため、軒飾式に改められた。

▼**殷盛を極むる四平街の活況** （単色刷、大正写真工芸所発行、仕切線1/2）　張作霖は1916年に盛京将軍となって奉天の実権をにぎると、旧市街の再開発に着手し、1923年より道路の拡幅を始めた。四平街の交差点中央にあった鐘楼・鼓楼は撤去されて自動車交通が普及し、四平街の中でも特に繁華な小西門と小東門を結ぶ大通りには3〜4階建の大商店が軒を並べ、「四平街」といえばこの一帯をさすようになった。写真は1930年頃の撮影と思われ、上掲とは全く違う街に見える。

THE GRAND VIEW OF SSUPING STREET, MUKDEN.

況活の街平四るむ極を盛殷　（天奉）

B

（山陽堂書店発行）　Famous Places at Heten.　館陽瀋天奉

▲**奉天瀋陽館**（単色刷、山陽堂書店発行、仕切線1/3）　瀋陽館は満鉄助成旅館で、レンガ造2階建、玄関わきに八角ドームを有し、1931年勃発の満洲事変では、東洋拓殖奉天支店に司令部を置いた関東軍の将校宿舎にもちいられ、男装の麗人・川島芳子の定宿でもあった。写真は1914年頃の撮影と思われ、画面左手が北三条通、右手が琴平町、手前が浪速通のK字状交差点である。

▼**元張学良邸たりし国立奉天図書館の壮観**（単色刷、大正写真工芸所発行、仕切線1/2）　大南門内に1914年に建てられた張作霖・学良父子の公邸兼私邸で、中華バロック様式、レンガ造3階建、外壁に青レンガを多用したことより「大青楼」と呼ばれた。満洲事変のさいに接収され、満洲国建国後に国立奉天図書館に改装された。写真は1935年頃の撮影で、手前は唐風の山水庭園である。

GOVERNMENTAL LIBRARY, FORMER CHANG
HSUEH LIANG'S RESIDENCE, MUKDEN.
観壮の館書図天立国しりた邸良學張系（天奉）

THE FINE VIEW OF THE WATER-LILY
AT CHIYODA PARK, MUKDEN.

奉天　睡蓮咲く千代田公園

▲**睡蓮咲く千代田公園**（単色刷、大正写真工芸所発行、仕切線1/2）　奉天の附属地は、北東部が早く市街化され、緑地公園は「満鉄公園」と通称された春日町北端の春日公園（面積約4万2千m²）が最初で、遅れて市街化した南部には、市内上水道用の井戸と給水塔を敷地内にもうけた千代田公園（面積約19万9千m²）が、1924年度より6ヵ年計画で整備された。写真は同公園の睡蓮池で、1930年頃の撮影と思われ、給水塔は左手画面外にある。

▼**東洋第一の称ある奉天競馬場**（単色刷、発行元不詳、仕切線1/2）　満洲における競馬場は、もともと関東庁軍政部が馬匹改良を目的として開設したものであるが、軍隊輸送の機械化とともに、満洲国建国後は馬券収入と娯楽提供に重点が移った。写真は1938年頃の撮影と思われる。

東洋第一の称ある奉天競馬場
MUKDEN RACE COURSE (MUKDEN)

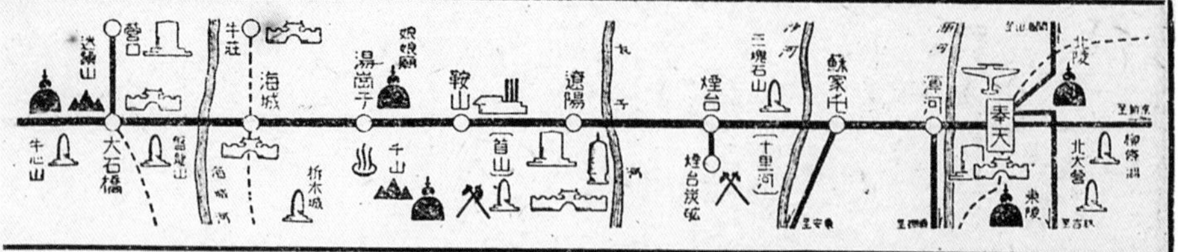

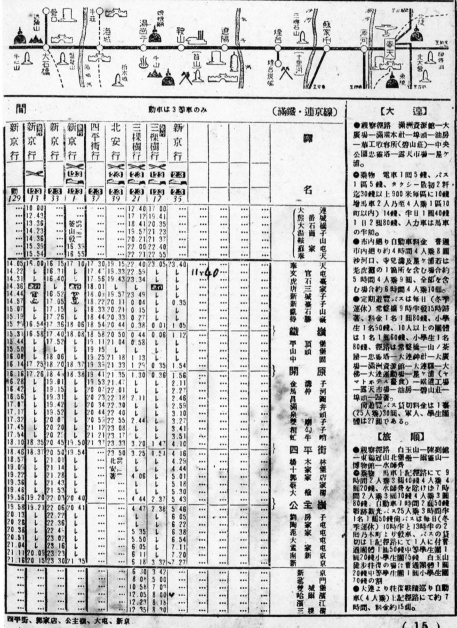

間　　　　勤車は３等車のみ　　　　（滿鐵・連京線）

新京行	新京行	新京行	新京行	四平街行	北安行	三棵樹行	三棵樹行	新京行					驛名
勤	1 2 3	2 3	1 2 3	2 3	2 3	2 3	1 2 3	2 3					
129	13	33	1	37	39	21	17	35					
…	10.00	…	…	…	…	12.40	17.00	…	…	…	…	…	大連
…	12.43	…	…	…	…	17.12	19.41	…	…	…	…	…	熊岳城
…	13.36	…	釜山發 18.55	…	…	18.41	20.35	…	…	…	…	…	大石橋
…	14.23	…		…	…	19.57	21.23	…	…	…	…	…	湯崗子
…	14.36	…		…	…	20.21	21.37	…	…	…	…	…	鞍山
…	15.39	…	16.39	…	…	22.00	22.40	…	…	…	…	…	蘇家屯
…	15.54	…	16.55	…	…	22.21	22.55	…	…	…	…	…	奉天
14.05	16.00	16.15	17.10	17.30	19.15	22.40	23.05	23.40	11x40 …	…	…	…	奉天
14.22	レ	16.31	レ	17.47	19.33	22.59	レ	レ	…	…	…	…	文官屯
14.31	レ	16.40	レ	17.56	19.43	23.34	レ	レ	…	…	…	…	虎石臺
14.36	急行	レ	急行	18.01	レ	レ	急行	レ	…	…	…	…	馬三家
14.44	はと	16.52	ひかり	18.09	19.57	23.49	レ	レ	…	…	…	…	新城子
14.57		17.05		18.22	20.11	0.04	レ	0.35	…	…	…	…	新臺子
15.07	レ	17.15	レ	18.33	20.21	0.15	レ	レ	…	…	…	…	亂石山
15.19	レ	17.26	レ	18.44	20.33	0.27	レ	レ	…	…	…	…	得勝臺
15.29	16.54	17.36	18.06	18.54	20.44	0.38	0.01	1.05	…	…	…	…	鐵嶺
15.31	16.58	17.40	18.08	18.58	20.50	0.44	0.06	1.12	…	…	…	…	鐵嶺
15.44	レ	17.52	レ	19.11	21.04	0.58	レ	レ	…	…	…	…	平頂堡
15.50	レ	レ	レ	19.15	レ	レ	レ	レ	…	…	…	…	山頭堡
16.00	レ	18.06	レ	19.25	21.18	1.13	レ	レ	…	…	…	…	中固
16.14	17.25	18.20	18.37	19.39	21.33	1.29	0.35	1.54	…	…	…	…	開原
16.16	17.26	18.43	18.38	19.41	21.35	1.30	0.36	1.56	…	…	…	…	開原
16.28	レ	19.01	レ	19.53	21.47	レ	レ	2.11	…	…	…	…	金溝子
16.42	レ	19.15	レ	20.07	22.01	レ	レ	2.27	…	…	…	…	馬仲河
16.56	レ	19.31	レ	20.23	22.18	2.11	レ	2.46	…	…	…	…	昌圖
17.07	レ	19.42	レ	20.34	22.30	レ	レ	2.59	…	…	…	…	滿井
17.17	レ	19.52	レ	20.44	22.40	レ	レ	3.10	…	…	…	…	泉頭
17.32	レ	20.07	レ	20.59	22.55	2.44	レ	3.27	…	…	…	…	雙廟子
17.45	レ	20.20	レ	21.12	23.08	レ	レ	3.41	…	…	…	…	相勾子
17.54	レ	20.29	レ	21.21	23.17	レ	レ	3.51	…	…	…	…	虻牛哨
18.10	18.35	20.45	19.50	21.37	23.33	3.20	1.47	4.10	…	…	…	…	四平街
18.46	18.37	20.50	19.54	…	23.50	3.25	1.51	4.16	…	…	…	…	四平街
18.57	レ	21.01	レ	…	北安著 17.30	レ	レ	4.29	…	…	…	…	楊木林子
19.09	レ	21.14	レ	…		レ	レ	4.44	…	…	…	…	十家堡
19.22	レ	21.28	レ	…		4.06	レ	5.01	…	…	…	…	郭家店
19.36	レ	21.43	レ	…	…	レ	レ	5.18	…	…	…	…	蔡家
19.46	レ	21.53	レ	…	…	レ	レ	5.30	…	…	…	…	大楡樹
19.56	19.20	22.03	20.40	…	…	4.44	2.37	5.43	…	…	…	…	公主嶺
19.58	19.21	22.06	20.41	…	…	4.47	2.38	5.46	…	…	…	…	公主嶺
20.13	レ	22.22	レ	…	…	レ	レ	6.05	…	…	…	…	劉房子
20.28	レ	22.36	レ	…	…	レ	レ	6.22	…	…	…	…	陶家屯
20.38	レ	22.49	レ	…	…	5.35	レ	6.38	…	…	…	…	范家屯
20.51	レ	23.02	レ	…	…	5.50	レ	6.54	…	…	…	…	大屯
21.04	レ	23.16	レ	…	…	6.05	レ	7.11	…	…	…	…	孟家屯
21.11	20.09	23.23	レ	…	…	6.11	レ	7.20	…	…	…	…	南新京
21.16	20.15	23.30	21.35	…	…	6.18	3.32	7.27	…	…	…	…	新京
…	…	…	…	…	…	6.30	3.42	…	…	…	…	…	新京
…	…	…	…	…	…	8.0[illegible]	5.00	…	…	…	…	…	窰門
…	…	…	…	…	…	10.58	7.0[illegible]	…	…	…	…	…	雙城堡
…	…	…	…	…	…	12.05	8.00	…	…	…	…	…	哈爾濱
…	…	…	…	…	…	12.23	8.18	…	…	…	…	…	濱江
…	…	…	…	…	…	12.35	8.30	…	…	…	…	…	三棵樹

四平街、郭家店、公主嶺、大屯、新京

【大　連】

●觀察徑路　滿洲資源館—大廣場—滿滅本社—埠頭—油房—華工收容所（碧山莊）—中央公園忠靈塔—露天市場—星ケ浦。

●乘物　電車１回５錢、バス１區５錢、タクシー最初２粁迄30錢以上900米毎區に10錢増馬車２人乃至４人乘１區10町以内）14錢、半日１圓40錢１日２圓80錢、人力車は馬車の半額。

●市内廻り自動車料金　普通市内廻り約４時間４人乘８圓沙河口、寺兒溝及星ケ浦若は老虎灘の１箇所を含む場合約５時間４人乘９圓、全部を含む場合約６時間４人乘10圓。

●定期遊覽バスは毎日（冬季運休）常盤橋９時半發15時歸著、料金１名１圓80錢、小學生１名90錢、10人以上の團體は１名１圓60錢、小學生１名80錢、徑路は常盤橋—山ノ茶屋—忠靈塔—大連神社—大廣場—滿洲資源館—大連驛—大佛—大連運動場—星ケ浦（ヤマトホテル晝食）—鐵道工場—露天市場—油房—碧山莊—埠頭—歸著。

尚遊覽バス貸切料金は１臺（25人乘）30圓、軍人、學生團體は27圓である。

【旅　順】

●觀察徑路　白玉山—陳列館—東鷄冠山北堡壘—爾靈山—博物館—水師營

●乘物　馬車上記徑路にて９時間２人乘３圓40錢４人乘４圓20錢、水師營を除けば７時間２人乘３圓10錢４人乘３圓80錢、自動車１時間２圓50錢戰跡觀光バス25人乘３時間半１名１圓50錢尚バスは毎日（冬季運休）10時半と13時半の２回乃木町より發車、バスの貸切は上記徑路にて１人に付普通團體１圓50錢中等學生團１圓20錢小學生團75錢　白玉山徒歩往復の場合普通團體１圓20錢中等學生團１圓小學生團70錢の割

●大連より往復戰蹟巡り自動車（４人乘）上記徑路にて約７時間、料金約15圓。

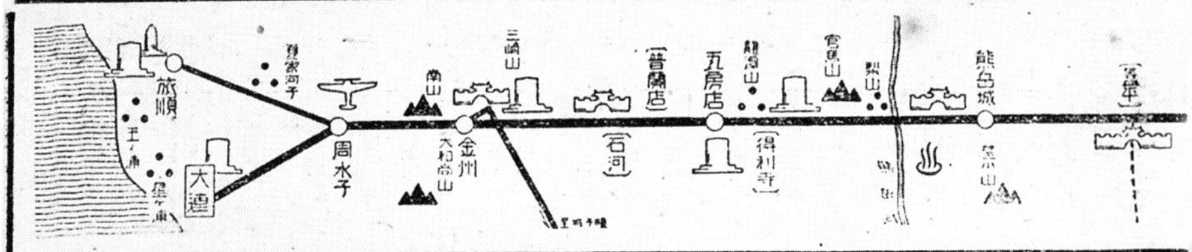

7　昭和14年1月25日改訂　　　**奉天・新京**

粁程	運賃 1等	運賃 2等	運賃 3等	驛名		新京行 59 ③	新京行 61 ③	四平街行 63 ③	新京行 155 動	三棵樹行 急行 15 123	鐵嶺行 151 動	三棵樹行 31 123	開原行 127 動	新京行 急行 7 123	三棵樹行 19 23	新京行 23 23	新京行 29 23	哈爾濱行 特別急行 11 123
0.0	円錢	円錢	円錢	大連 (12・13頁)	發	…	…	…	…	20.00	…	…	…	…	21.30	22.30	營口發 6.50	9.00
178.2	7.88	5.02	2.78	熊岳城	〃	…	…	…	…	23.11	…	…	…	…	2.14	3.16		レ
239.5	10.56	6.72	3.72	大石橋	〃	…	…	…	…	0.11	…	…	…	鞍山發 7.30	3.40	4.42	7.25	11.55
292.8	12.90	8.21	4.55	湯崗子	〃	…	…	…	…	1.04	…	…	…		3.52	5.58	8.38	レ
307.8	13.56	8.63	4.78	鞍山	〃	…	…	…	…	1.20	…	…	…		4.14	6.22	9.02	レ
381.0	16.77	10.67	5.91	蘇家屯	〃	…	…	…	…	2.33	…	…	…	6.42	6.58	8.01	10.41	レ
396.6	17.47	11.12	6.16	奉天	著	…	…	…	…	2.49	…	…	…	7.00	7.20	8.22	11.02	13.42
0.0	円錢	円錢	円錢	奉天	發	…	…	…	…	3.00	5.10	5.40	6.20	7.15	7.35	8.40	11.20	13.48
13.1	0.62	0.40	0.22	文官屯	〃	…	…	…	…	レ	5.29	5.55	6.33	レ	7.53	8.59	11.38	レ
20.6	0.93	0.59	0.33	虎石臺	〃	…	…	…	…	レ	5.40	6.03	6.50	レ	8.03	9.10	11.48	レ
25.5	1.15	0.73	0.41	馬三家子	〃	…	…	…	…	急行	レ	レ	6.56	急行	レ	レ	レ	特別急行
32.7	1.46	0.93	0.52	新城子	〃	…	…	…	…	レ	5.55	6.15	7.05	[illegible]	8.17	9.25	12.02	
44.7	1.98	1.26	0.70	新臺子	〃	…	…	…	…	レ	6.11	6.28	7.20		8.31	9.40	12.16	[illegible]
52.2	2.34	1.49	0.83	亂石山	〃	…	…	…	…	レ	6.22	6.37	7.31	レ	8.41	9.51	12.26	
61.9	2.73	1.74	0.97	得勝臺	〃	…	…	…	…	レ	6.34	6.48	7.43	レ	8.53	10.03	12.38	レ
71.4	3.17	2.02	1.12	鐵嶺	著	…	…	…	…	4.03	6.45	6.57	7.54	8.13	9.04	10.14	12.49	レ
					發	…	…	…	…	4.08	…	7.00	8.27	8.15	9.12	10.20	12.54	レ
82.1	3.66	2.33	1.29	平頂堡	〃	…	…	…	…	レ	…	7.12	8.41	レ	9.26	10.34	13.08	レ
88.0	3.79	2.41	1.34	山頭堡	〃	…	…	…	…	レ	…	7.16	8.47	レ	レ	レ	レ	レ
92.9	4.10	2.61	1.45	中固	〃	…	…	…	…	レ	…	7.25	8.56	レ	9.40	10.49	13.22	レ
104.9	4.62	2.94	1.63	開原	著	…	…	…	…	4.40	…	7.38	9.12	8.44	9.55	11.05	13.37	レ
					發	…	…	…	…	4.41	…	7.39	…	8.45	9.57	11.07	13.39	レ
115.7	5.11	3.25	1.80	金溝子	〃	…	…	…	…	レ	…	7.50	…	レ	10.10	11.20	13.51	レ
125.8	5.55	3.53	1.96	馬仲河	〃	…	…	…	…	レ	…	8.03	…	レ	10.25	11.35	14.05	レ
136.0	5.99	3.81	2.11	昌圖	〃	…	…	…	…	レ	…	8.18	…	レ	10.43	11.53	14.22	レ
143.4	6.34	4.04	2.24	滿井	〃	…	…	…	…	レ	…	8.29	…	レ	10.55	12.05	14.34	レ
150.4	6.65	4.23	2.35	泉頭	〃	…	…	…	…	レ	…	8.38	…	レ	11.06	12.16	14.44	レ
161.0	7.09	4.51	2.50	雙廟子	〃	…	…	7.28	…	レ	…	8.51	…	レ	11.22	12.32	14.59	レ
170.1	7.53	4.79	2.66	相勾子	〃	…	…	7.49	…	レ	…	9.03	…	レ	11.36	12.46	15.12	レ
176.6	7.79	4.96	2.75	虻牛哨	〃	…	…	8.03	…	レ	…	9.11	…	レ	11.46	12.56	15.21	レ
189.8	8.36	5.32	2.95	四平街	著	…	…	8.33	…	6.02	…	9.26	…	9.56	12.04	13.14	15.37	15.56
					發	5.40	7.00	…	7.40	6.06	…	10.10	…	10.00	12.09	13.20	16.09	16.00
195.8	8.63	5.49	3.04	楊木林	〃	5.51	7.11	…	7.52	レ	…	10.20	…	レ	12.21	13.32	16.20	レ
204.9	9.02	5.74	3.18	十家堡	〃	6.04	7.24	…	8.05	レ	…	10.31	…	レ	12.34	13.46	16.33	レ
215.7	9.51	6.05	3.35	郭家店	〃	6.45	7.38	…	8.20	レ	…	10.43	…	レ	12.49	14.01	16.47	レ
226.4	9.99	6.36	3.52	蔡家	〃	7.00	7.53	…	8.36	レ	…	10.56	…	レ	13.05	14.18	17.02	レ
234.9	10.34	6.58	3.65	大楡樹	〃	7.10	8.03	…	8.47	レ	…	11.05	…	レ	13.16	14.30	17.12	レ
242.8	10.70	6.81	3.77	公主嶺	著	7.20	8.13	…	8.58	6.58	…	11.14	…	10.46	13.27	14.42	17.22	レ
					發	7.23	8.16	…	9.00	6.59	…	11.17	…	10.47	13.30	14.45	17.25	レ
253.6	11.18	7.12	3.94	劉房子	〃	7.39	8.32	…	9.17	レ	…	11.31	…	レ	13.47	15.03	17.41	レ
264.4	11.66	7.42	4.11	陶家屯	〃	7.53	8.46	…	9.32	レ	…	11.43	…	レ	14.02	15.18	17.55	レ
274.6	12.10	7.70	4.27	范[illegible]		[illegible]	8.59	…	9.48	レ	…	11.54	…	レ	14.16	15.33	18.08	レ
285.0	12.54	7.98	4.42	大屯	〃	8.19	9.12	…	10.02	レ	…	12.06	…	レ	14.30	15.48	18.21	レ
296.1	13.07	8.32	4.61	孟家屯	〃	8.33	9.26	…	10.17	レ	…	12.18	…	レ	14.45	16.04	18.35	レ
299.8	13.20	8.40	4.65	南新京	〃	8.40	9.33	…	10.24	レ	…	12.24	…	レ	14.52	16.12	18.42	レ
304.8	13.42	8.54	4.73	新京	著	8.46	9.39	…	10.30	8.00	…	12.30	…	11.42	15.00	16.20	18.48	17.20
0.0	円分	円分	円分	新京 (41頁)	發	…	…	…	…	8.15	…	12.50	…	…	15.15	…	…	17.30
80.1	4.05	2.43	1.46	窰門	著	…	…	…	…	9.33	…	14.40	…	…	16.49	…	…	18.42
191.2	9.60	5.76	3.49	雙城堡	〃	…	…	…	…	11.48	…	17.09	…	…	19.33	…	…	20.48
242.0	12.10	7.26	4.36	哈爾濱	〃	…	…	…	…	12.45	…	18.41	…	…	20.45	…	…	21.30
244.6	12.25	7.35	4.41	濱江	〃	…	…	…	…	13.03	…	19.05	…	…	21.13	…	…	
250.8	12.55	7.53	4.52	三棵樹	〃	…	…	…	…	13.15	…	19.15	…	…	21.25	…	…	…

（14）　　旅行記念スタンプ設置驛　奉天、鐵嶺、開原、昌圖、
同　編附列車　あじあ、ひかり

▲7　奉天・新京間　満鉄・連京線　1939.1.25改訂（満洲支那汽車時間表　満鉄鉄道総局　昭和14年3月）

16.18.20.22.40.2.8列車は和洋食

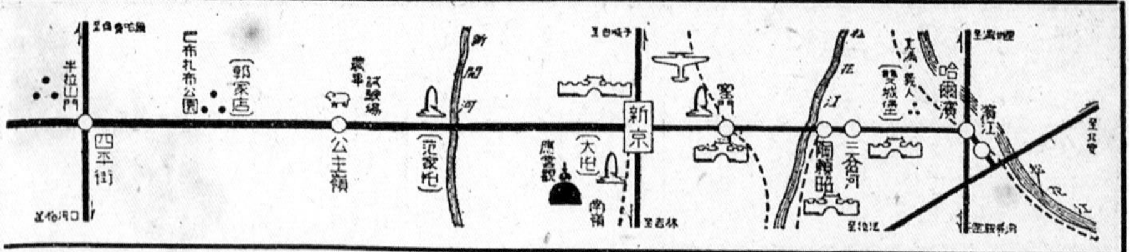

間

勵車は3等車のみ　（滿鐵・連京線）

驛名	大連行	大連行	大連行	四平街行	釜山行（急行）	四平街行	大連行（急行）	大連行	奉天行
	食堂	食堂・2.3寝台	食堂・2.3寝台		食堂・1.2.3寝台		食堂・1.2.3寝台	食堂・2.3寝台	2.3寝台
	1.2.3	2.3	2.3	3	1.2.3	勵	1.2.3	2.3	2.3
列車番號	12	24	20	62	8	156	16	22	36
三棵樹	…	…	9.10	…	…	…	16.30	…	…
濱江	…	…	9.25	…	…	…	16.42	17.22	…
哈爾濱	9.30	…	9.45	…	…	…	17.00	17.40	…
雙城堡	10.23	…	10.55	…	…	…	17.57	18.46	…
窰門	12.17	…	13.31	…	…	…	20.09	2.11	…
新京（着）	13.30	…	15.10	…	…	…	21.30	22.45	…
新京（発）	13.40	14.30	15.25	16.50	18.50	19.40	21.40	23.05	23.30
南新京	レ	14.40	15.36	17.00	レ	19.51	レ	23.16	23.41
孟家屯	レ	14.46	15.43	17.06	レ	19.58	レ	23.23	23.48
大屯	レ	15.00	15.59	17.20	レ	20.13	レ	23.38	0.03
范家屯	レ	15.12	16.14	17.32	レ	20.27	レ	23.52	0.17
陶家屯	レ	15.26	16.30	17.46	レ	20.42	レ	0.07	0.32
劉房子	レ	15.41	16.46	18.01	レ	20.58	レ	0.23	0.48
公主嶺（着）	レ	15.54	17.01	18.14	19.43	21.12	22.41	0.37	1.02
公主嶺（発）	レ	15.57	17.04	18.17	19.44	21.14	22.43	0.40	1.05
大楡樹	特別急行	16.07	17.15	18.27	急行	21.25	急行	0.51	1.16
蔡家		16.19	17.29	18.39	のぞみ	21.38	レ	1.04	1.29
郭家店	あじあ	16.35	17.47	18.55		21.55	レ	1.21	1.46
十家堡		16.49	18.02	19.09	レ	22.10	レ	1.36	2.01
楊木林	レ	17.01	18.16	19.21	レ	22.23	レ	1.49	2.14
四平街（着）	15.00	17.09	18.25	19.29	20.30	22.31	23.35	1.57	2.22
四平街（発）	15.04	17.13	18.30	…	20.34	…	23.40	2.03	2.28
虻牛哨	レ	17.30	18.48	…	レ	…	レ	2.21	2.46
相□子	レ	17.40	18.59	…	レ	…	レ	2.32	2.57
雙廟子	レ	17.53	19.13	…	レ	…	レ	2.46	3.11
泉頭	レ	18.08	19.29	…	レ	…	レ	3.02	3.27
滿井	レ	18.18	19.39	…	レ	…	レ	3.12	3.37
昌圖	レ	18.30	19.52	…	レ	…	レ	3.25	3.50
馬仲河	レ	18.42	20.05	…	レ	…	レ	3.38	4.04
金溝子	レ	18.54	20.18	…	レ	…	レ	3.51	4.19
開原（着）	レ	19.05	20.30	…	21.44	…	0.58	4.03	4.32
開原（発）	レ	19.07	20.32	…	21.45	…	0.59	4.05	4.35
中固	レ	19.23	20.49	…	レ	…	レ	4.21	4.53
山頭堡	レ	レ	レ	…	レ	…	レ	レ	レ
平頂堡	レ	19.36	21.02	…	レ	…	レ	4.34	5.08
鐵嶺（着）	レ	19.48	21.15	…	22.12	…	1.31	4.46	5.23
鐵嶺（発）	レ	19.52	21.20	…	22.15	…	1.36	4.50	5.28
得勝臺	レ	20.04	21.33	…	レ	…	レ	5.02	5.42
亂石山	レ	20.16	21.46	…	レ	…	レ	5.14	5.56
新臺子	レ	20.26	21.57	…	レ	…	レ	5.24	6.42
新城子	レ	20.41	22.13	…	レ	…	レ	5.39	6.56
唐三家	レ	レ	レ	…	レ	…	レ	レ	7.05
虎石臺	レ	20.56	22.28	…	レ	…	レ	5.54	7.12
文官屯	レ	21.07	22.40	…	レ	…	レ	6.05	7.22
奉天（着）	17.09	21.21	22.54	…	23.10	…	2.42	6.18	7.36
奉天（発）	17.15	21.40	23.10	…	23.30	…	2.55	6.30	…
蘇家屯	レ	22.00	23.30	…	23.49	…	3.11	6.52	…
鞍山	レ	23.36	1.09	…	釜山棧橋 22.10	…	4.23	8.59	…
湯崗子	レ	23.59	1.32	…		…	4.39	9.25	…
大石橋	19.03	1.08	2.41	…		…	5.32	10.41	…
熊岳城	レ	2.36	4.04	…		…	6.32	12.08	…
大連	22.00	7.10	8.15	…	…	…	9.40	16.43	…

四平街、昌圖、開原、鐵嶺、奉天

【奉　　天】

●視察徑路

第1徑路　一日コース

奉天驛—奉天神社—忠靈塔—國立博物館—同善堂—北陵—北塔—柳條溝—北大營—城內—吉順絲房—奉天驛

第2徑路　半日コース

奉天驛—奉天神社—忠靈塔—北陵—北塔—城內—吉順絲房—奉天驛

●乘物　自動車は附屬地內片道50錢、自附屬地至商埠地片道60錢、自附屬地至城內片道1圓30錢、自附屬地至北陵片道2圓50錢、自附屬地至北陵城內往復5圓、自附屬地至北大營往復5圓、尙1日20圓、半日12圓50錢、1時間2圓50錢の割である。

定期遊覽バスは每日驛前發第1徑路9時より6時間、第2徑路13時より3時間（但し11月15日より翌年4月迄運休）料金第1徑路1名2圓50錢、小學生以下1名1圓50錢、第2徑路1名1圓50錢、小學生以下1名90錢、女子案內人附、この外遊覽バス貸切料金は馬車は大型23人乘、小型18人乘で

所要3時間｛大型 19圓／小型 16圓50錢

所要4時間｛大型 24圓／小型 20圓50錢

所要5時間｛大型 28圓／小型 24圓

所要6時間｛大型 31圓50錢／小型 27圓

但し順路は會社所定のもの15町以內は片道15錢で、人力車は10町以內片道5錢である。

【撫　　順】

●視察徑路　大山坑（氏名記帳を要す）—古城子露天堀（氏名記帳を要す）—製油工場（內部參觀禁止）

●乘物　上記視察の場合自動車（4人乘）5圓（約2時間）遊覽バス大人1圓20錢小人60錢（約2時間）驛前發11時40分14時30分1日2回運行（11月上旬より冬季間運休）電車特等46錢並等26錢（約4時間）電車團體券（20人以上終日有效）特等小學生10錢中等學生20錢普通30錢並等小學生5錢中等學生10錢普通15錢。電車貸切特等32圓並等24圓バス貸切（23人乘）普通團體14圓學生團體11圓

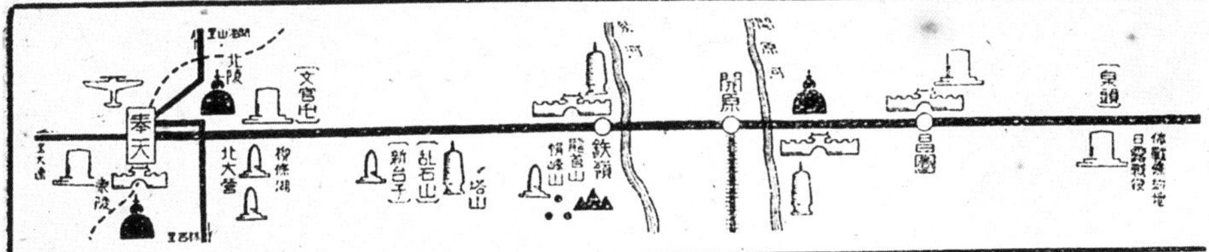

8 新京・奉天

昭和14年1月10日改訂

粁程 (自新京)	運賃 1等	2等	3等	驛名	奉天行 勤 152	奉天行 2.3 40	雙廟子行 3 64	奉天行 2.3 38	大連行(急行) 1.2.3 18	奉天行 勤 130	釜山行(急行) 1.2.3 2	奉天行 2.3 34	大連行(急行) 1.2.3 14	營口行 2.3 30	奉天行 勤 128	四平街行 3 60	奉天行 1.2.3 32
0.0	円分	円分	円分	(41頁) 三棵樹 發	...	...	...	...	...	...	...	...	...	...	...	...	6.45
6.2	0.35	0.21	0.13	濱江 〃	...	...	...	...	21.42	...	...	...	...	...	...	...	6.57
8.8	0.45	0.27	0.17	哈爾濱 〃	...	...	...	...	22.00	...	...	...	...	...	...	...	7.20
59.6	3.00	1.80	1.08	雙城堡 〃	...	...	...	...	22.58	...	...	...	...	...	...	...	8.36
170.7	8.55	5.13	3.08	窰門 〃	...	...	...	...	0.53	...	...	...	...	...	...	...	11.07
250.8	12.55	7.53	4.52	新京 著	...	...	...	...	2.18	...	...	...	...	...	...	...	12.38
0.0	円錢	円錢	円錢	新京 發	...	...	...	...	2.30	6.20	8.10	8.35	9.30	10.30	...	11.30	13.05
5.0	0.22	0.14	0.08	南新京 〃	...	...	...	...	レ	6.30	レ	8.45	9.38	10.40	...	11.40	13.15
8.7	0.40	0.26	0.14	孟家屯 〃	...	...	...	...	レ	6.36	レ	8.51	レ	10.46	...	11.46	13.21
19.8	0.88	0.56	0.31	大屯 〃	...	...	...	...	レ	6.49	レ	9.03	レ	11.00	...	12.00	13.35
30.2	1.37	0.87	0.49	范家屯 〃	...	...	...	...	レ	7.01	レ	9.14	レ	11.12	...	12.12	14.10
40.4	1.81	1.15	0.64	陶家屯 〃	...	...	...	...	レ	7.15	レ	9.27	レ	11.26	...	12.26	14.24
51.2	2.29	1.46	0.81	劉房子 〃	...	...	...	...	レ	7.29	レ	9.40	レ	11.41	...	12.41	14.39
62.0	2.73	1.74	0.97	公主嶺 著	...	...	...	...	3.31	7.41	9.03	9.51	10.24	11.54	...	12.54	14.52
				公主嶺 發	...	...	...	...	3.32	7.43	9.04	9.54	10.25	11.57	...	12.57	14.55
69.9	3.08	1.96	1.09	大楡樹 〃	...	...	...	...	急行	7.53	急行	10.03	急行	12.07	...	13.07	15.05
78.4	3.48	2.22	1.23	蔡家 〃	...	...	...	...	レ	8.05	(ひかり)	10.14	(はと)	12.19	...	13.19	15.17
89.1	3.96	2.52	1.40	郭家店 〃	...	北安發 12.30	...	...	レ	8.19		10.27		12.35	...	13.35	15.33
99.9	4.40	2.80	1.55	十家堡 〃	...		...	...	レ	8.32	レ	10.39	レ	12.49	...	13.49	15.47
109.0	4.80	3.06	1.69	楊木林 〃	...		...	...	レ	8.44	レ	10.50	レ	13.01	...	14.01	15.59
116.5	5.11	3.25	1.80	四平街 著	...	6.00	...	...	4.24	8.52	9.50	10.57	11.11	13.09	...	14.09	16.07
				四平街 發	...	6.20	6.40	7.10	4.28	8.58	9.54	11.26	11.13	13.13	...	...	16.13
128.2	5.68	3.62	2.00	虻牛哨 〃	...	6.37	6.57	7.27	レ	9.14	レ	11.41	レ	13.30	...	...	16.30
134.7	5.94	3.78	2.10	相勾子 〃	...	6.47	7.07	7.37	レ	9.24	レ	11.50	レ	13.40	...	...	16.40
143.8	6.34	4.04	2.24	雙廟子 〃	...	7.00	7.19	7.50	レ	9.37	レ	12.01	レ	13.53	...	...	16.53
154.4	6.82	4.34	2.41	泉頭 〃	...	7.15		8.0.	レ	9.51	レ	12.14	レ	14.08	...	...	17.08
161.4	7.13	4.54	2.52	滿井 〃	...	7.25	...	8.15	レ	10.00	レ	12.23	レ	14.18	...	...	17.18
168.8	7.44	4.74	2.62	昌圖 〃	...	7.37	...	8.27	レ	10.11	レ	12.35	レ	14.30	...	...	17.30
179.0	7.88	5.02	2.78	馬仲河 〃	...	7.49	...	8.39	レ	10.22	レ	12.46	レ	14.42	...	...	17.42
189.1	8.36	5.32	2.95	金溝子 〃	...	8.01	...	8.51	レ	10.34	レ	12.57	レ	14.54	...	...	17.54
199.9	8.80	5.60	3.10	開原 著	...	8.12	...	9.02	5.37	10.45	11.04	13.07	12.18	15.05	...	...	18.05
				開原 發	...	8.14	...	9.04	5.38	11.18	11.05	13.08	12.19	15.06	16.40	...	18.07
211.9	9.33	5.94	3.29	中固 〃	...	8.30	...	9.20	レ	11.33	レ	13.22	レ	15.22	16.57	...	18.23
218.8	9.64	6.14	3.40	山頭堡 〃	...	8.37	...	レ	レ	11.40	レ	レ	レ	レ	17.05	...	レ
222.7	9.82	6.25	3.46	平頂堡 〃	...	8.43	...	9.33	レ	11.45	レ	13.33	レ	15.35	17.10	...	18.36
233.4	10.30	6.56	3.63	鐵嶺 著	...	8.55	...	9.45	6.05	11.57	11.32	13.44	12.46	15.47	17.23	...	18.48
				鐵嶺 發	7.15	9.00	...	9.50	6.09	12.00	11.34	13.47	12.50	15.52	17.25	...	18.52
242.9	10.70	6.81	3.77	得勝臺 〃	7.28	9.12	...	10.02	レ	12.11	レ	13.58	レ	16.04	17.38	...	19.04
252.6	11.14	7.09	3.93	亂石山 〃	7.41	9.24	...	10.14	レ	12.23	レ	14.09	レ	16.16	17.51	...	19.16
260.1	11.49	7.31	4.05	新臺子 〃	7.55	9.34	...	10.24	レ	12.33	レ	14.18	レ	16.52	18.02	...	19.26
272.1	12.02	7.65	4.24	新城子 〃	8.11	9.49	...	10.39	レ	12.47	レ	14.31	レ	17.07	18.18	...	19.41
279.3	12.32	7.84	4.34	馬三家 〃	8.20	レ	...	10.47	レ	12.55	レ	レ	レ	レ	18.27	...	レ
284.2	12.54	7.98	4.42	虎石臺 〃	8.27	10.04	...	10.54	レ	13.02	レ	14.44	レ	17.22	18.34	...	19.56
291.7	12.85	8.18	4.53	文官屯 〃	8.38	10.15	...	11.05	レ	13.12	レ	14.53	レ	17.33	18.45	...	20.07
304.8	13.42	8.54	4.73	奉天 著	8.53	10.30	...	11.19	7.05	13.26	12.30	15.06	13.42	17.47	19.00	...	20.21
304.8	13.42	8.54	4.73	(18・19頁) 奉天 發	...	...	...	...	7.20	...	12.46	...	13.49	18.00	...	...	...
320.4	14.13	8.99	4.98	蘇家屯 著	...	...	...	...	7.35	...	13.03	...	14.05	18.20	...	...	...
394.1	17.38	11.06	6.13	鞍山 〃	...	...	...	...	8.37	...	釜山棧橋著 11.05	...	15.07	19.55	營口著 22.01	...	...
408.6	18.00	11.46	6.34	湯崗子 〃	...	...	...	...	8.52	...		...	15.22	20.18		...	...
461.9	20.33	12.94	7.17	大石橋 〃	...	...	...	...	9.40	...		...	16.10	21.24		...	...
528.2	23.06	14.68	8.13	熊岳城 〃	...	...	...	...	10.37	...		...	17.04			...	...
701.4	30.89	19.66	10.89	大連 〃	...	...	...	...	13.30	...		...	19.45	...	...	...	...

旅行記念スタンプ設置驛 新京、大屯、公主嶺、鄭家店、

同 備附列車 あじあ、ひかり

▲8 新京・奉天間 満鉄・連京線 1939.1.10改訂 (満洲支那汽車時間表 満鉄鉄道総局 昭和14年3月)

▲**鉄嶺停車場**（南満洲鉄道沿線写真帖）　鉄嶺は大連起点468.0kmの急行停車駅で、満鉄本線と遼河が最接近し、左岸（東岸）の馬蜂溝（まほうこう）はジャンクによる農産物積み出しでにぎわい、鉄嶺軍政署は市街〜馬蜂溝間の軽便軌道を敷設し、商品陳列館を開設するなどした。写真は同駅における上り旅客列車で、機関車はF₁（テホ₁）形617、撮影時期は1914年頃と思われる。

▼**中華民の雑踏する鉄嶺東門外**（単色刷、大正写真工芸所発行、仕切線1/2）　鉄嶺は古い城郭都市で、旧市街は綿糸・綿布の工房が多く、鉄道開通前は以北の陸路と以南の水路（遼河）の接点として大いに繁栄し、開通後も豪商が引続き本拠を置き、商店街は各種の商牌に富むこと満洲屈指で、昔日の栄華をしのばせるものがあった。写真は1930年頃の撮影と思われる。

THE VIEW OF THE OUTSIDE OF THE EASTERN GATE OF
TICH-LING TOWN CASTLE THRONGED WITH CHINESE PEOPLE.
外門東嶺鐵る す踏雑の民華中

（立設本日）館列陳品商嶺鐵

▲**鉄嶺商品陳列館（日本設立）**（単色刷、鉄嶺桜町塩田洋行発行、仕切線1/3）　同館は1906年に開設、のちに関東都督府民政部が新築移転したもので、内外商品の見本陳列のほか、貿易・倉庫・金融・代理を業務とした。写真は1910年頃の撮影と思われ、レンガ造平屋（一部2階）建、中央部マンサール屋根・両翼切妻の大建築で、画面左端に満鉄鉄嶺医院（1909年竣工）が見える。

▼**満洲製粉株式会社鉄嶺工場**（単色刷、大阪屋号発行、仕切線1/3）　満洲製粉は1906年12月に創業し、本社を東京、工場を鉄嶺と長春に置き、北満特産の小麦より加工品を生産した。写真は1910年頃の撮影と思われ、棟換気に「製麺公司」、外壁に「収買麦子」（小麦買入）と大書されている。同社は第1次大戦による米国産小麦粉の輸入途絶により、大いに業績を伸ばした。

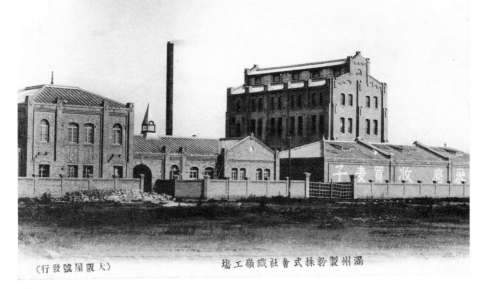

（行發號屋阪大）　　　　　　場工嶺鐵社會式株粉製州滿

▲**柴河の有明橋**（南満洲写真大観） 鉄嶺の龍首山は市街の東にそびえ、比高約100m、山頂には古刹・慈清寺の仏塔も建つ景勝の地で、柴河（さいが）は同山のふもとを東より北へと流れ、遼河に合流していた。写真は山頂附近より北に向かって同河の河谷を俯瞰したシーンで、画面右手の有明橋は、日露戦争中に黒木第一軍の兵站監部が前線への補給のため架設したものである。

▼**柴河ノ鉄橋**（単色刷、鉄嶺桜町一丁目豊信洋行発行、仕切線1/3） 満鉄本線は鉄嶺北方でデッキトラス桁9連の柴河橋梁を渡る。写真は下り旅客列車で、撮影時期は1909年頃、牽引機はE（ダブ）形、編成は次位より車掌車カ形、二等車ロ形、三等代用車（有蓋車改造）、三等代用車（二等車改造）4両、三等代用車（有蓋車改造）、手荷物郵便車テユ形と思われる。

(行發行信豊目丁一町櫻嶺鐵)　　THE RAILWAY BRIDGE OF SHIBA RIVER, TIELING.　橋鐵ノ河柴

通場車停原開　　　（所名原開）

▲**開原停車場通**（単色刷、発行元不詳、仕切線1/2）　開原は大連起点501.5kmの急行停車駅で、開原城は北東約10kmと遠く、鉄道開通前の駅附近は荒野であったが、前出の鉄嶺よりも農産地の東山地方（西安・西豊・東豊・海龍各県）に近いため、鉄道開通後は鉄嶺にとって代わり、大豆など農産物の集荷地として急速に発展した。写真は1924年頃の撮影で、路肩に貨物運搬用の軽便鉄道が敷かれており、画面右端は日本郵便局である。

▼**開原市場ノ景**（単色刷、発行元不詳、仕切線1/2）　同市場は駅より北東に開原大街を約1.2km、10月～翌年4月の出荷繁忙期には1日4千両もの荷馬車が市内にひしめいた。写真はやはり1924年頃の撮影と思われ、画面奥が駅で、駅前にも約1万8千坪（約6万m²）の野積場がもうけられていた。

景ノ場市原開　　　（所名原開）

列車進行ノ中書　　　　　（開原名所）

▶**列車進行中ノ清河大鉄橋**（単色刷、発行元不詳、仕切線1/2）　開原北方の清河橋梁は、前後の河道部分が径間105フィート（32.0m）のデッキトラス桁、中央の中洲部分が同径間のスルートラス桁4連、合計20連で、前出の渾河橋梁に次ぐ満鉄本線第二の長大橋梁であった。日露戦争中、スルートラス桁4連は敗走するロシア軍により爆破されたため、高低2種の新製桁で修築された。橋上の列車は下り各等旅客13ﾚ、牽引機テホィ形、以下手荷物郵便車テユ₃形、一等寝台一等車イネイ₂形、二等寝台車ロネ₂形、撮影時期は1924年頃と思われる。

● 昌図

橋鐵大清

前ページ▼昌図停車場（南満洲鉄道沿線写真帖）　昌図（しょうと）は大連起点532.6km、奉天・吉林省境に近く、日露戦争時は日本陸軍の進出北限の地で、1905年3月より9月の休戦にいたるまで両軍が対峙した。駅本屋の正面玄関は北面し、構内は東西に延び、同駅を発車した満鉄本線下り列車は昌図河の前後で東より西に大きくカーブし、北方の丘陵に取り付き、高度を上げていった。写真は坂を降りてきた上り旅客列車で、機関車はF₁（テホィ）形611、撮影時期は1914年頃と思われる。

▼昌図駅前通（単色刷、昌図野々宮商店発行、仕切線1/2）　昌図城は同駅より西に約10km、日露戦争後の軍政時代に、連絡用として日清共同経営の手押し軽便鉄道が敷かれた。写真は1925年頃の撮影と思われ、画面左手のアール・ヌーヴォー様式の破風を持つ建物は日本郵便局である。

（発行所昌図野々宮商店）　　昌図駅前通

THE PLATFORM OF SHIHEIGAI STATION.　ムーホトツラプノ駅街平四

▲四平街駅プラットホーム（単色刷、発行元不詳、仕切線1/2）　四平街は大連起点585.9km、奉天〜長春（新京）間における交通の要衝で、1920年に新駅舎、1923年にホーム跨線橋が竣工した。写真は第二ホーム上り（大連）方より駅本屋を望んだシーンで、1935年頃の撮影と思われ、ほぼ同一アングルの小著『写真に見る鉄道連隊』P080〜081と見比べると、給水塔以外すべて一新されている。

▼四平街駅構内ヨリ昭平橋ヲ望ム（単色刷、発行元不詳、仕切線1/2）　1930年頃、同駅構内より下り（長春）方を望んだシーンで、昭平橋（1927年竣工）をくぐって接近するのは、化粧煙突のパシサ形（1916年ボールドウィン製）の牽く長春発大連行急行14レと思われ、次位より手荷物車テ₃形、一等寝台一等車イネイ₂形、その他8両の長大編成で、遠景に四平街機関区の扇形庫が見える。

SHIHEIGAI IN MANSHU.　ム望ヲ橋平昭リヨ内構駅街平四

152

（赤井寫眞館發行）　Near the Shiheigai station.　四平街驛前附近

▲**四平街駅前附近**（単色刷、赤井写真館発行、仕切線1/2）　四平街の附属地は、東西約2km・南北約2.5kmの不整形地で、東側に満人街、北側に「四洮弁事処管内」が接していた。特産品は大豆・粟・高梁で、内地よりの買付も多かった。写真は駅前通（中央大路）と二条通の交差点で、1920年頃の撮影と思われ、画面左手のレンガ造2階建は、呉服・雑貨をあきなう竹村洋行である。

▼**四平街 取引所**（単色刷、赤井写真館発行、仕切線1/2）　同取引所は、官営（一部満鉄出資）の先物取引所として1919年8月に設立され、1925年にセセッション様式、レンガ造2階建の社屋を新築した。写真は竣工直前の社屋である。ちなみに、1935年度における「四平街日満特産商連合会」の会員（法人）は、日本側38社（うち鮮人経営14社、通名でなく本名掲載）、満洲側34社であった。

（赤井寫眞館發行）　The customer Shiheigai.　四平街取引所

he Koshurei Station.

公主嶺停車場

▲公主嶺停車場（単色刷、松野写真館発行、仕切線 1/3）　公主嶺は大連起点639.4km、市街は南北満洲の分水嶺、標高697フィート（212m）の高地にあり、ロシア時代より交通上・軍事上の要衝として重視され、広大な附属地に機関庫・病院・騎歩兵司令部・兵営がもうけられた。絵葉書は公主嶺より内地宛に投函されたもので、消印の日付「（大正）6.12.5」より撮影時期は1917年頃、到着の上り旅客列車は、牽引機がF₁（テホィ）形615（1908年アルコ製）、以下貨物車掌車ブ形、手荷物郵便車テユ₅形、二等車ロ₁形、三等車（二等車改造）、三等車（三扉）ハ形4両、手荷物郵便車テユ₃形と思われる。

JILDING, ONLY
OF RUSSIAN DAYS, KUNGCHULING.

●公主嶺

松野富員舘賈行

▼満鉄本線に唯一つロシア当時そのまゝに残る駅舎、公主嶺停車場（単色刷、満洲国郵政明信片、大正写真工芸所発行、仕切線1/2）　同駅の駅本屋は、東清鉄路時代に建設されたレンガ造の唐風建築で、大屋根の棟木上には8頭の龍の飾りが付けられ、煙突頂部にも寺院の金属製灯篭を模した飾りがほどこされていた。写真は1936年頃の撮影で、駅本屋が大連方（画面左手）に同一様式で増築され、龍の飾りも追加されているが、隣接する2階建の構内食堂はほぼ築造当初の外観である。第一ホームに停車中の車両は、ガソリン動車ケハ$_3$（→キハ$_2$）形124で、機関ウォーケシャ製4サイクル6シリンダー、出力108馬力、自重28.2トン、定員三等76名、1930・31両年度に沙河口工場と日車で合計25両製造され、124はラストナンバーであった。乗客は満人が多いが、整列乗車に注目したい。

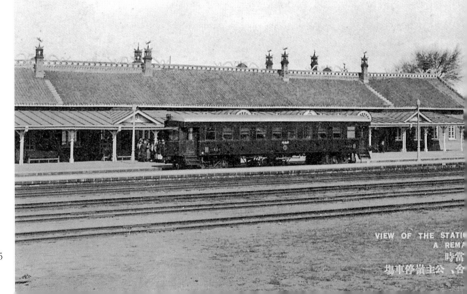

VIEW OF THE STATI
A REMA
時高
舎、場車停嶺主公

VIEW OF THE FRONT STREET OF THE STATION, KUNGCHULING.
整然たる清美を誇る駅前通の街観 （公主嶺）

▲**整然たる清美を誇る駅前通の街観** （単色刷、満洲国郵政明信片、大正写真工芸所発行、仕切線1/2） 公主嶺の附属地は「鉄道北」と「鉄道南」に分かれ、「鉄道北」には官公庁・満鉄社宅・満鉄農事試験場があり、駅本屋の正面玄関より泰平通が試験場へと延びていた。写真は駅前広場より泰平通と直交する堀町をながめたシーンで、巨大な給水塔がいかめしく、撮影時期は1936年頃と思われる。

▼**ポプラ並木続く清爽たる農事試験場の正門** （単色刷、満洲国郵政明信片、大正写真工芸所発行、仕切線1/2） 同試験場は駅より北西に正門まで約0.3km、門前約0.1kmは並木道が続き、絵葉書はタイトルに「ポプラ」とあるが、「ドロノキ」が正しいようで、撮影時期はやはり1936年頃と思われる。なお、当地点より画面右手に約0.3km進むと機関庫跡地、左手に約0.6km進むと独立守備隊営にいたる。

VIEW OF THE GATE OF THE EXPERIMENTAL FARM, KUNGCHULING.
ポプラ並木つづく清爽たる農事試験場の正門 （公主嶺）

▲泰平橋より市街を望む（単色刷、浜田洋行発行、仕切線1/3）　公主嶺の「鉄道南」に行くには、駅構内をまたぐ泰平橋を渡る。写真は1914年頃の撮影と思われ、橋上より南方、メインストリートの鮫島通を望んだシーンである。「鉄道南」は鮫島通より東側が満鉄本線側より東本町・緑町・曙町・福寿町・敷島町・東雲町・市場町、西側が同じく西本町・柳町・朝日町・桜町・大和町・栄町・新町となっており、鮫島通と並行して東側に大島通・土屋通、西側に落合通が走っていた。

▼街衢整然たる鮫島通り（其一）（単色刷、満洲国郵政明信片、大正写真工芸所発行、仕切線1/2）　街衢（がいく）は巷のことで、写真は1935年頃の撮影と思われ、道幅約27mの鮫島通より北向きに泰平橋方面を望んだシーンで、軍用犬を引きつれた兵士たちの視線の先は和装の婦人のようである。

▲長春停車場日露鉄道の連絡（南満洲鉄道沿線写真帖）　満鉄本線最北端の長春駅は、東清鉄路南部線との連絡を主眼として、寛城子（二道溝）南東、新規買収の附属地（頭道溝）に満鉄がもうけたもので、レンガ造２階建の駅本屋は1911年８月着工、1914年３月竣工であった。写真は1914年夏頃の撮影と思われ、列車は右手が中東鉄路ハルピン方面行旅客、中央が今しがた到着の大連発欧亜連絡急行（奉天以北は釜山発満鮮直通急行併結）、牽引機はG（パシイ）形804、編成は次位より二等寝台手荷物車ロネテ形、一等寝台車イネ3形、食堂車シ形、一等寝台車イネ2形、二等寝台車ロネ形、食堂車シ形、手荷物郵便車テユ1形と思われ、第二（連絡）ホームに旅客多数が降り立ち、ポーターがトランクを肩にしている。第一・第二ホーム間の線路は、駅本屋の竣工に引き続き、第一ホームを１本分けずって当初の３本より４本となり、第一ホームではおりしも上り普通旅客が発車するところで、編成は機関車の次位より手荷物郵便車テユ形、三等車ハ1形、三等車（三扉）ハ形３両、二等車ロ形、一等車イ1形、テユ形と思われ、中線の遠方にも貨車列を牽いたE（ダブ）形らしき機関車が見える。

表4　満鉄初期プルマン式優等客車一覧　　　　　　　　（　）内は製造両数、「改」は改造

製造（改造）初年	1908	1909	1910	1911	1913	1915	1916
社用車代用一等車		（改2）					
一等寝台車	イネ1（3）	イネ（改1）	イネ2（2）	イネ3（3）	イネ3（1）		
二等寝台車					ロネ（2+改5）		
二等寝台手荷物車					ロネテ（改7）		
食堂車	シ（3）				シ1（2）		シ2（2）
一等車	イ（6）				ロネへの改造により消滅		
一等手荷物車	イテ（4）			イテ（3）	ロネテへの改造により消滅		
手荷物郵便車	テユ1（4）			テユ2（3）		テユ3（3）	
備考	1908年はプルマン製、他は沙河口工場製造および改造						

●長春駅

▼**長春駅**（単色刷、大正写真工芸所発行、仕切線1/2）
第一ホームにて発車待ちの大連行普通旅客列車で、編成は画面左手より食堂車シ形、一二等車イロ₂形（1922年沙河口工場製）、二等寝台車ロネ₂形、一等寝台車イネ₃形、手荷物郵便車（形式不詳）、人物の背後は第二ホーム連絡地下道（1919年度竣工）の出入口で、イロ₂形の塗装が真新しいことより、撮影時期は1922年頃と思われ、大連着は翌朝、所要約19時間の行程であった。

VIEW OF CHANG-CHUN STATION.　　驛　春　長

34 （行發舗書島竹）　PANORAMA OF CHANGCHUN.　（二其）景全春長

▲長春全景（其一）／（其二）（単色刷、竹島書舗発行、仕切線1/3）　以下10葉は、1914年頃、駅前の支那旅館・福順桟（レンガ造3階建）の屋上より撮影されたパノラマ写真で、ほぼ360度の視界をカバーしている。（其一）は駅本屋の全容をしめし、遠景は寛城子の東清鉄路附属地、画面左下は福順桟の軒飾りの一部である。（其二）はほぼ真北を望んだシーンで、第一・第二ホーム、ホーム通用口、貨物扱所の一部、満鉄客車と中東鉄路の2軸貨車などが見える。

36 （行發舗書島竹）　PANORAMA OF CHANGCHUN.　（四其）景全春長

33 （竹島書舗發行）　PANORAMA OF CHANGCHUN.　（其一）景全春長

▼**長春全景（其三）／（其四）**（其三）の画面手前の露天積み木材は、吉長鉄路（長春頭道溝～吉林間127.7km）で運ばれてきたものと思われ、第一ホーム東端は同鉄路始発駅の頭道溝で、１Ｃテンダー機107形（1913年ボールドウィン製）が三等客車を牽いて停車中である。はす向かいは満鉄H_1（ソリィ）形、その向こうは中東鉄路より満鉄への中継貨物倉庫、遠景の高い建物は満洲製粉長春工場、高い煙突は満鉄長春発電所である。（其四）では、画面手前に福順桟の瓦屋根の一部、遠景に満鉄農産物倉庫が見える。

35 （竹島書舗發行）　PANORAMA OF CHANGCHUN.　（其三）景全春長

161

38 （行發舗書島竹）　PANORAMA OF CHANGCHUN.　（其六）景全春長

▲長春全景（其五）／（其六）（其五）はほぼ真東を望んだシーンで、画面手前は福順桟の煙突と、隣接して工事中の別の支那旅館で、奥に向かって入母屋の高楼をそなえた悦来桟と、六角形の高楼をそなえた別の支那旅館が建ち並び、遠景は低層の住宅が密集している。（其六）では、駅前広場より商埠地をへて旧市街（長春城）へと向かう幅15間（約27m）の東斜街（→日本橋通）がまっすぐに走り、やや低くなったあたりが小河にそった附属地の南東の境界で、「日本橋」が架けられた。画面中央遠景には長春満鉄医院（1912年竣工、小著『写真に見る満洲鉄道』P232下参照）が見える。

40 （行發舗書島竹）　PANORAMA OF CHANGCHUN.　（其八）景全春長

37 （行發舗書島竹）　PANORAMA OF CHANGCHUN.　（五其）景全春長

▼**長春全景（其七）／（其八）**　（其七）と（其八）では、画面手前に福順桟の屋根の一部、東斜街をはさんで長春ヤマトホテル（1909年10月竣工・翌年2月開業）、福順桟の棟飾りに並行して南北に走る幅20間（約36m）の長春大街（→中央通）、右端に長春満鉄倶楽部（平屋建・2階建各1棟）が見える。ヤマトホテルのバックには、六角ドームの長春警務署（2階建）とマンサール屋根の長春郵便局（同）、その左手には両翼に尖塔をそなえた長春小学校（1908年竣工、小著『写真に見る満洲鉄道』P237上参照）、左端には本願寺の大屋根が見える。

39 （行發舗書島竹）　PANORAMA OF CHANGCHUN.　（七其）景全春長

▲長春全景（其九）／（其十）　（其九）では、画面手前に駅前広場と長春大街の一部、左手に長春満鉄倶楽部（1908年竣工、小著『写真に見る満洲鉄道』P193上参照）、バックに西広場中心に建てられた容量10万英ガロン（約455m³）、地上高70尺（約21.2m）の給水塔（1913年竣工）が見え、駅前の直径100間（約182m）の北広場より西広場へと向かう大通りは西斜街（→敷島通）である。（其十）はほぼ真西を望んだシーンで、画面左端にレンガ造3階建の長春満鉄地方事務所（1910年竣工、同著P225上参照）、駅前を東西に走る横一街、右端に長春駅構内の客車庫が見える。

41 (竹島書舗発行) PANORAMA OF CHANGCHUN. （其九）景全春長

前ページ▼満鉄最北の地、雑踏を極むる長春駅頭 (単色刷、大正写真工芸所発行、仕切線1/2)　タイトルとはうらはらに、オフタイムの同駅正面玄関前の情景で、1931年秋頃の撮影と思われ、シルエットで浮かぶ建物は、画面左手が満鉄長春地方事務所、中央が鉄道事務所である。

▼乗降客の雑踏する構内 (単色刷、大正写真工芸所発行、仕切線1/2)　前ページ下と同日の撮影で、夕方の空気感の描写がすばらしく、画面左手より二等食堂車ロシ₂形、三等寝台車ハネ₁形、三等車ハ₅形2両で、同駅16：20発の大連行急行14ℓと思われる。ロシ₂形は1926年度に沙河口工場で4両製造され、定員二等32名・食堂24名、連結面長24460mmの大型車であった。

CHANG-CHUN STATION COMPOUND, CHANG-CHUN.
内構るす踏雑の客降乗（春　長）

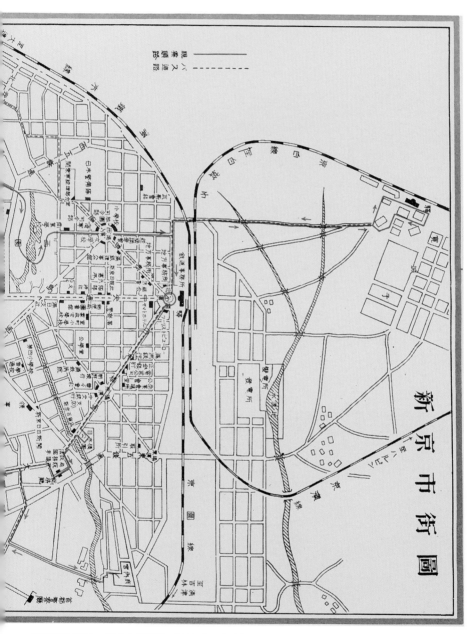

新京市街圖

円形広場を配し、駅前広場正面の大通りを長春大街（→中央通）、これと左55度をなす放射路を東斜街（→日本橋通）、右45度をなす放射路を西斜街（→敷島通）、東広場より南広場を結ぶ放射路を農安街（→大和通）、西広場で西斜街と交叉する放射路を懐徳街（→八島通）と名付けた。1921年、街路・街区の名称が唐風より和風に改められた。満洲国建国宣言直後の1932年3月9日、長春において建国式典および清朝最後の皇帝・愛新覚羅溥儀の執政就任式がとり行なわれ、翌日に満洲国国務院は満洲国の国都（首都）を長春と定め、14日に長春より新京と改名し、新京特別市が誕生した。同年より国都建設計画第一期事業がスタートし、附属地南側に広大な市街地を計画し、首都機能の整備をはかった。

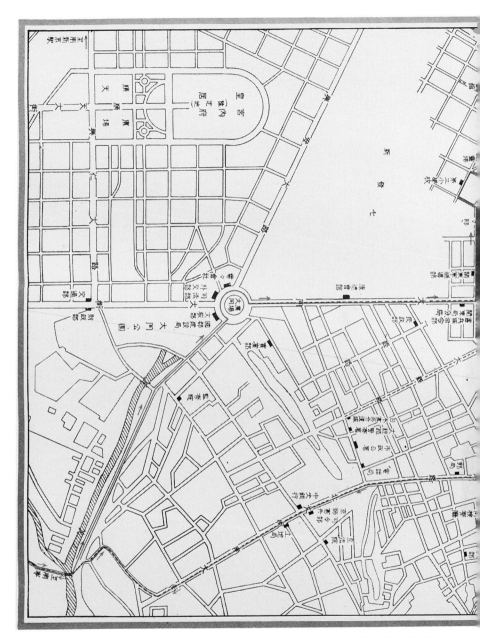

▲新京市街図（単色刷、満鉄鉄道部旅客課発行、1935年版『新京』リーフレット）　同市は北緯43度53分、東経125度19分に位置し、市域は北流する伊通河左岸（西岸）の平野部に展開し、旧市街（長春城）は図の右下、大馬路が電話局附近でやや東に曲がるところに北門、大同広場近くに西北門、右下の伊通河上流北側に小南門と南門があり、北大街・南大街はそれぞれ城内の北半分・南半分のメインストリートであった。北門と満鉄附属地の間は1909年設定の商埠地で、日露の領事館がもうけられていた。満鉄附属地は旧名を頭道溝と称し、エリアは領事館前通・西公園より北側、西五条通より東側、東十条通より西側、水源地より南側の、東西約4km・南北約3kmの不整多角形で、格子状街路を基本とし、北・東・南・西4ヵ所の

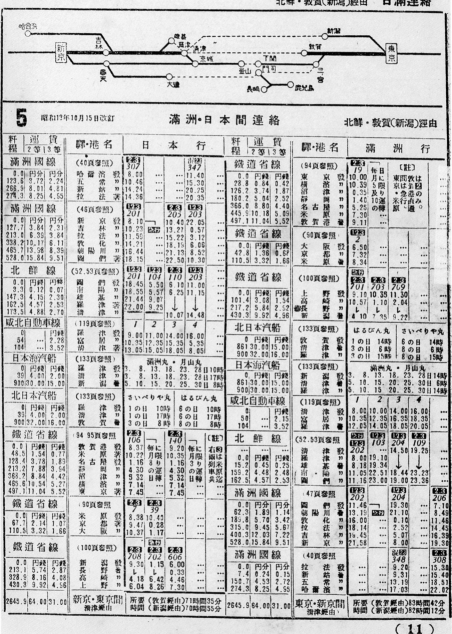

▲5　満洲・日本間連絡　北鮮・敦賀（新潟）経由　1938.10.15改訂　（満洲支那汽車時間表　満鉄鉄道総局　昭和14年3月）

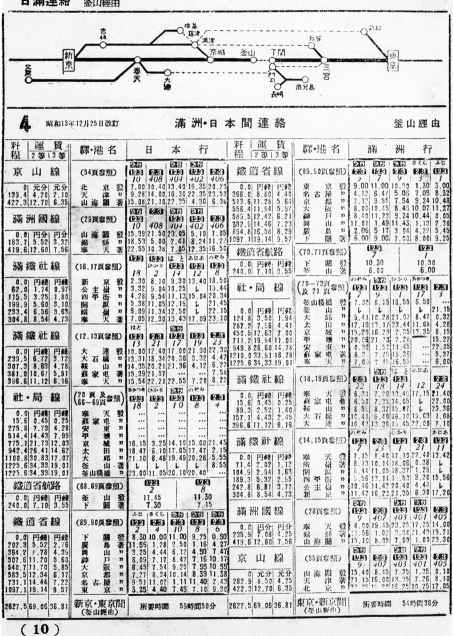

日滿連絡　釜山經由

（10）

▲4　満洲・日本間連絡　釜山経由　1938.12.25改訂　（満洲支那汽車時間表　満鉄鉄道総局　昭和14年3月）

169

AT FRONT YARD OF HSINCHING, HSINCHING.
國都到着第一歩、驛前の景觀 （新 京）

STREET VIEW OF CHUO-DORI (CENTER STREET), HSINKING.
新京驛前中央通りの盛んなる街觀 （新 京）

170

▶**国都到着第一歩、駅前の景観** （単色刷、満洲国郵政明信片、大正写真工芸所発行、仕切線1/2） 長春より新京への駅名の改称は、1932年11月1日であった。同駅は後出の北満鉄路接収にともない、1935年8月より第3・第4ホーム上屋の新設に着手し、翌年2月に竣工した。また、旅客の増加によって待合室・事務室が手狭となったため、1935年9月より待合室（370m²）の増築、貴賓室と車寄せの新設に着手し、翌年4月に竣工した（小著『写真に見る満洲鉄道』P135下参照）。写真は1932年より翌年にかけての撮影と思われ、正面破風の時計は09：05をさしており、すがすがしい朝の空気が感じられる。

前ページ▼新京駅前中央通りの盛んなる街観 （単色刷、大正写真工芸所発行、仕切線1/2） 新京駅前の北広場南端より真南を望んだシーンで、画面左手の木立が長春ヤマトホテルの敷地、右手が満鉄新京総合事務所で、旧長春倶楽部を取りこわした跡地に建てられ、設計は満鉄地方部工事課・太田宗太郎、鉄筋コンクリート・レンガ幕壁式、外装タイル貼、地上4階地下1階、延べ床面積2,946.7坪（9,740m²）、施工錢高組、1935年6月起工、1936年7月竣工であった。1937年6月の株主総会決議による第十二次職制改正で新京支社の設置が決まり、同事務所が支社社屋となった。写真は同年頃の撮影と思われる。

▼**舗道明るき都大路、中央通りの街景** （単色刷、大正写真工芸所発行、仕切線1/2） 1921年、長春の街路や街区の名称が唐風より和風に改められ、縦方向は中央通を中心に東西一・二・三条、横方向は駅に近い街区より、東側はひふみ順に日之出・富士・三笠・吉野・祝・室・浪速・弥生、西側はいろは順に和泉・露月・羽衣・錦・蓬莱・平安・常盤・千鳥と町名が付けられた。弥生町以南は、新京となってから五十音順に曙・入船・梅ヶ枝・永楽・老松と町名が付けられた。写真は中央通吉野町交差点附近より新京駅方面を望んだシーンで、撮影時期は1937年頃と思われ、画面左手のゴシック建築はキリスト教会である。

STREET VIEW OF CHUO-DORI (CENTER STREET), HSINKING.

（新 京） 鋪道明るき都大路 、中央通りの街景

OFFICE BUILDING OF EDUCATION DEPARTMENT AND
METROPOLIS CONSTRUCTION BOARD, HSIN-CHING.
局設建都国と部教文るな麗鮮朗明 （京 新）

▲**明朗鮮麗なる文教部と国都建設局**（単色刷、大正写真工芸所発行、仕切線1/2）　満洲国政府は、政府庁舎2棟の設計をもと満鉄の相賀兼介に命じた。本葉は第一庁舎として1932年7月に起工されたもので、ネオ・ロマネスク様式、鉄筋コンクリート・レンガ幕壁式、地上2階地下1階、1933年5月に竣工した。写真は同年夏頃の撮影と思われ、パラペットの角々に龍の頭部が見える。

▼**古典美の大殿堂、司法部と外交部**（単色刷、大正写真工芸所発行、仕切線1/2）　第二庁舎として第一庁舎の10日後に起工され、大同大街をはさんで大同広場の南西側に建てられ、1933年6月に竣工した。第一庁舎と基本プランは同一ながら、パラペット上に唐風の軒瓦、中央の塔屋と両翼の小塔の上に唐風の方形屋根を載せ、要所に鯱（しゃち）の棟飾と登り龍の壁飾を配していた。

DEPARTMENTS OF JUSTICE AND FOREIGN AFFAIRS, HSIN-CHING
部交外と部法司 、堂殿大の美典古　（京 新）

観壮の院務國る盛な味洋東的代近 （京 新）

▲**近代的東洋趣味を盛る国務院の壮観**（単色刷、大正写真工芸所発行、仕切線1/2）　行政の中枢となる国務院庁舎は、国都建設局の石井達郎の設計により、第四庁舎として1934年7月に起工された。鉄筋コンクリート・レンガ幕壁式、地上4階地下1階、延べ床面積5,781.23坪（19,111.5m²）、施工大林組、1936年9月に第五庁舎として竣工し、建築費143万2千円、唐風の方形屋根にネオ・クラシック様式のオーダーを組み合わせた「満洲国式」で、政府庁舎の白眉とうたわれた。

▼**輪奐壮麗を極むる司法部**（単色刷、大正写真工芸所発行、仕切線1/2）　上掲の国務院庁舎の別案によって建てられ、1936年に竣工し、法務をつかさどる司法部が前掲の第二庁舎より移転・入居した。和漢折衷様式、日本城郭風の中央塔屋は建屋全体に対して過大で、いささかバランスを欠いていた。

部法司るむ極な麗壮奐輪 （京 新）

HSINKING THE CAPITAL OF MANCHUKOKU
AND THE CENTRE OF POLITICS OR LEARNING
——つ立びら柱丸の白純 （京　新）
ゝ部通交厦大の麗壮く高は甍

▲純白の丸柱並らび立つ—甍は高く壮麗の大厦交通部（単色刷、発行元不詳、仕切線1/2）　順天公園の北側、大同大街西側に建てられ、洋中折衷様式、鉄筋コンクリート・レンガ幕壁式、地上2階地下1階、1937年に竣工した。写真は1936年夏頃、内装工事中の撮影と思われる。交通部は順天大街西側の第八庁舎（1937年12月竣工）に入居し、代わりに当庁舎には民生部が入居した。

▼外交部（単色刷、大正写真工芸所発行、仕切線1/2）　満洲国の各官庁は庁舎の新築が間に合わず、当初は複数入居も見られたが、逐次竣工にともなって分散した。外交部の新庁舎は皇宮予定地の北西側で、外資導入政策の一環として、仏のプロッサル・モパン財団の設計・施工により、1936年に竣工した。写真は前年頃の撮影で、良く言えば自由闊達、悪く言えば支離滅裂なデザインの建築である。

DEPARTMENT OF FOREIN AFFAIRS, HSINKING.
部　交　外（京　新）

METROPOLITAN POLICE STATION BUILT LATELY, HSINCHING.
廳察警都首す示を美の築建式塞城 （京 新）

▲城塞式建築の美を示す首都警察庁 （単色刷、大正写真工芸所発行、仕切線1/2）　中世の西洋式城郭を思わせる当庁舎は、刑務所として計画されたもので、正門の形状やバックに見える高い監視塔がほんらいの用途をうかがわせる。写真は1935年頃の撮影で、1937年6月発行の新京市街図では前出の第二庁舎が首都警察庁となっていることより、同年頃に移転したものと思われる。

▼駐満海軍部司令部 （単色刷、発行元不詳、仕切線1/2）　駐満海軍部は、1933年3月に新京に新設され、天皇に直隷し、満洲国海軍が陸軍に編成替えとなった1938年11月に廃止されるまで、沿岸・河川の防備に任じた。初代司令官は海軍少将小林省三郎、庁舎はネオ・ロマネスク様式、レンガ造2階建で、西広場の南西側に位置していた。写真は新設直後の撮影で、少将旗がひるがえっている。

部令司部軍海満駐 （所名京新）
THE VIEW OF SHINKYO, MANCHOUKUO

GRAND VIEW OF TUTANG STREET, HSINKING.
観麗の街大同大つ建び並容威 （京 新）

▲威容並び建つ大同大街の麗観（単色刷、大正写真工芸所発行、仕切線1/2）　画面左手が三中井百貨店新京支店、鉄筋コンクリート・レンガ幕壁式、延べ床面積668.7坪（2,210m²）、1934年11月竣工、中央が三菱康徳会館、同上式、第一期・第二期工事を合わせた延べ床面積5975.5坪（19,753m²）、1936年12月竣工で、市内は4階建（塔屋除く）を上限とし、防災と美観をはかっていた。

▼大同大街所見　満人の信仰篤き孝子塚（単色刷、大正写真工芸所発行、仕切線1/2）　大同大街は全幅45m、幅16mの高速車道（片側2車線）の左右に、幅2.5mのグリーンベルト、幅6mの緩速車道、幅6mの歩道をもうけていた。大同広場以南はさらに拡幅されたが、民間信仰の聖地はグリーンベルト内に原状保存した。写真は1936年頃の撮影で、後出の中央銀行総行は躯体工事中である。

SNAP OF TAI-TUNG-TA-CHIEH STREET, HSINKING.
見所街大同大 （京 新）
塚子孝き篤仰信の人満

HEAD OFFICE OF MANCHOU TELEGRAM
AND TELEPHONE & CO. LTD. HSINKING.
満洲電信電話株式会社本社（新 京）

▲満洲電信電話株式会社本社（単色刷、大正写真工芸所発行、仕切線1/2）　満洲国および関東州における電気通信事業（放送も含む）を独占していた日満合弁の国策会社で、1933年8月に設立され、「満洲電電」と通称された。本社社屋は大同広場西側に建てられ、鉄筋コンクリート・レンガ幕壁式、地上4階地下1階、延べ床面積5,270.7坪（17,423m²）、1934年3月に着工、翌年10月に竣工した。

▼満洲映画協会（単色刷、新京観光協会発行、仕切線1/2）　満洲映画協会（満映）は満洲国の国策映画会社で、1937年設立、資本金500万円（満洲国と満鉄が折半出資）、看板スター李香蘭、映画の制作、満洲国内・日本租界への配給のほか、上映館設立や巡回映写も行なった。社屋は順天公園の南西側に建ち、写真は1939年頃の撮影で、正面玄関の車寄せ遠方は国務院庁舎である。

満洲映画協会
一と称されるオヅクスを擁してし新京南てに映画界の特殊会社として設備に於て東洋を誇つて居る。資本金五百萬関の特殊會社で新京南に擁してしオヅクスるれさ称と一

STREET VIEW OF YOSHINOCHO, HSINKING.
（新京）吉野町『新京銀座』

▲吉野町『新京銀座』（単色刷、大正写真工芸所発行、仕切線1/2）　吉野町は、もと満鉄附属地東部のほぼ中央を東西に走る横道で、比較的早くより商店街が形成された。写真は1935年頃の撮影で、画面左手のすずらん型街灯に半分かくれた看板には「ぶたまんじゅうの御用命はかしまやへ」などと書かれ、その奥の「お買物は新京銀座で」の看板にはネオン管の影が見える。

▼新興の意気高きダイヤ街の盛観（単色刷、大正写真工芸所発行、仕切線1/2）　ダイヤ街は、もと商埠地の中ほど、新発路の宝山百貨店附近より北北西に延び、大同広場周辺の官庁街にも近いことより、満洲国建国後に急速に発達した新興商店街で、吉野町の銀座に対して新宿にたとえられた。写真は1937年頃の撮影で、遠景が附属地との境界（河道）に向かって低くなっている。

VIEW OF DAIYA-GAI OR DIAMOND STREET, HSINKING.
（新京）新興気満ちゆくダイヤ街の盛観

BEAUTIFUL VIEW OF WEST PARK, HSINKING.
涼味溢るゝ西公園 （新 京）

▲涼味溢るる西公園の景趣 （単色刷、大正写真工芸所発行、仕切線1/2）　西公園は、もと満鉄附属地の南西端にあり、台地端より湧水が伊通河支流の源流となって流れ出した沼沢地を1917年に公園化したもので、面積約15万坪（約50万m²）、中央通に正門を開いていた。写真は1937年頃の撮影で、のちに騎乗姿の児玉源太郎の銅像が建てられ、「児玉公園」と改称された。

▼市民の愛好地大同公園の美景 （単色刷、大正写真工芸所発行、仕切線1/2）　大同公園は、西公園と同様の地形を利用したもので、皇宮予定地東側の白山・牡丹両公園の2ヵ所の湧水を集めた池を中心に、中央公園として整備された。写真は1935年頃の撮影で、右端に第二庁舎の中央塔屋が見える。皇宮予定地南側の順天公園も同様の地形で、すべて伊通河の上流となっていた。

BEAUTIFUL SIGHT OF DAIDO PARK, HSINKING.
市民愛好地大同公園の美景　（新 京）

THE NIPPONBASHI (BRIDGE), THE LARGE
AND STRONG IN CHANGCHUN.
長春の偉観日本橋

▲長春の偉観日本橋（単色刷、大正写真工芸所発行、仕切線1/2）　附属地より商埠地をへて旧市街（長春城）へと向かう東斜街（→日本橋通）は、附属地南東端の小河（西公園湧水の下流）を石造アーチ橋の日本橋で越えていた。写真は1925年頃の撮影と思われ、町並みのスカイラインが低い。

▼新京日本橋（単色刷、竹島書舗発行、仕切線1/2）　1935年頃の撮影と思われ、日本橋のたもとに４階建の新京百貨店（建築工事中は日満百貨店）が開店しており、店頭の看板には「呉服　洋雑貨　盛夏品新柄大廉売」「内外果実卸販売」、壁面の垂れ幕には「必滅殺虫液フリトン」「理想的殺虫液リーズ売出し」などとあり、日本橋通の路面にはコールタールがまかれ、黒光りしている。

新京日本橋

11 〈付属圖館高原斯 所市茶春長〉　　　況光ノ外門北春長

▲**長春北門外ノ光況**（単色刷、長春新市街佐藤写真館発行、仕切線1/2）　長春の旧市街は古い城郭都市で、東西・南北とも約2kmの不整四辺形の城壁にかこまれ、北側の商埠地をはさんで満鉄附属地とあい対し、北門より延びる大通り「北門外」がメインストリートとなってにぎわった。写真は1920年頃の撮影と思われ、ようやく道路整備も始まり、画面右手に工事用トロッコの軌道が見える。

▼**満洲人街商埠地大馬路**（単色刷、大正写真工芸所発行、仕切線1/2）　上掲とほぼ同一地点における光景で、1935年頃の撮影と思われ、町並みが一変している。画面左手の3階（一部4階）建は正面の壁に「大発号百貨商房」とレリーフされ、玄関上の時計は11時をさしている。画面左端は「中興大薬房」で、広告は「仁丹」「大学眼薬」「胃活」「ノボノール」「アドース」など日本製薬品が多い。

STREET VIEW OF MANCHURIAN QUATERS, HSINKING.
路馬大地埠商街人洲満（京新）

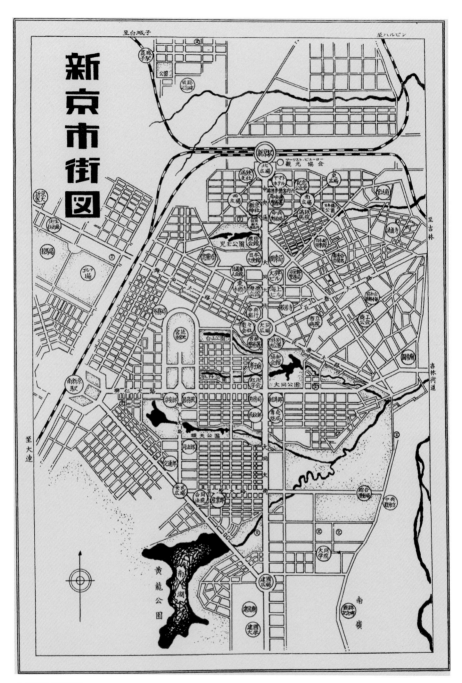

▲新京市街図（単色刷、奉天鉄道局旅客係発行、1939年版『新京』リーフレット）　国都建設計画第一期事業
（1933年3月〜1937年12月）が完了し、南嶺方面の文教地区化などを盛り込んだ第二期事業（1938年1月
〜1941年12月）施行中の状況がしめされており、おおむねこの状態で敗戦をむかえた。

＊コラム＊
満洲の公共建築

THE JAPANESE CONSULATE.
(VIEWS OF ANTO)
日本領事館　（安東名所）

▲**日本領事館**（単色刷、発行元不詳、仕切線1/2）　関東州租借地と満鉄附属地は清国領土内に設定されたため、新たにもうけられる公共建築は日本国の威信を内外にしめすものとして、設計や施工に多大な配慮がはらわれた。中でも領事館は、外務省の出先機関として日本の利益を代表して活動するとともに、在留邦人に対する司法・警務・戸籍・登記・兵事などを主務とする在外公館として重視された。安東領事館は1906年に設置され、ついで三橋四郎が1911年に設計した旧館が建てられたが、駅附近の商業地のため、満鉄のあっせんで附属地内の鎮江山麓に10,085坪（33,337m²）の敷地を取得し、横井建築事務所（横井謙介・相賀兼介）の設計によるゴシック様式、レンガ造３階建、692坪（2,287m²）の本館・庁舎が1924年に竣工した。写真は1930年頃の撮影と思われ、画面左手が領事公邸と来賓接待にもちいる本館、右手が各種事務を処理する庁舎と思われる。

The Japanese Consulate In The Newchang. 牛荘日本領事館

▲**牛荘日本領事館**（単色刷、発行元不詳、仕切線1/2）　牛荘は営口の別名で、領事館は旧市街東端にあり、開設は1876年と満洲最古で、1902年に総領事館に昇格した。写真は外務省嘱託の建築家・三橋四郎の設計になる、フリー・クラシック様式、レンガ造2階建の本館で、1913年に竣工した。撮影時期は1920年頃と思われ、別棟の庁舎が左手画面外に隣接していた。

▼**遼陽領事館**（単色刷、遼陽萩岡商店発行、仕切線1/2）　遼陽領事館は、日露戦争後しばらく城内西方・炉灰山附近の邸宅を租借していたが、1916年に満鉄附属地の警務署（後掲）前に土地を取得し、翌年7月に本館・庁舎が竣工した。クィーン・アン様式、レンガ造2階建、ダッチ・ゲーブル（反転円弧を組み合わせた屋根より高い妻壁）をそなえていた。写真は1920年頃の撮影と思われる。

（遼陽萩岡商店発行）　THE CONSULATE LIAOYANG　遼陽領事館

THE TAPANNESE CONSOLATE AT MUKDEN.　奉天日本領事館

▲奉天日本領事館（単色刷、TOKYO DESIGN PRINTING発行、仕切線1/2）　奉天総領事館は、はじめ満洲旗人の邸宅を租借していたが、商埠地に土地11,260坪（37,158m²）を取得し、三橋四郎の設計になるレンガ造2階建の本館・庁舎を1911年に起工、1912年に竣工した。角に円錐形の尖塔を有するフリー・クラシック様式で、次掲の長春領事館と略同一設計により、同時進行で建てられた。

▼長春帝国領事館（単色刷、竹島書舗発行、仕切線1/2）　長春領事館は、商埠地に接した19,565坪（64,564m²）の広大な土地を所有し、本館・庁舎の延べ床面積は502坪（1,659m²）であった。奉天・長春は清国・ロシアの旧勢力が強大な中核都市で、官庁建築にはとりわけ威厳と風格がもとめられた。写真は竣工後間もない頃の撮影と思われ、前出の奉天領事館とはディテールに違いが見られる。

31（竹島書舗発行）　JAPANESE CONSULATE, CHANGCHUN.　長春帝国領事館

（行發號習阪大） JARANESE CONSULATE & POLICE STATION, TIELING. 鐵嶺帝國領事館及警務署

▲鉄嶺帝国領事館及警務署（単色刷、大阪屋号発行、仕切線1/2）　鉄嶺領事館は、附属地北端の北五条通と松島町の交差点近くに建てられた、籠田定憲の設計になるフリー・クラシック様式、レンガ造２階建で、1915年に竣工した。画面右手の警務署は、松室重光の設計により北隣に建てられ、満鉄本線新台子〜四平街間をテリトリーとした。写真は1920年頃の撮影と思われる。

▼吉林日本総領事館（単色刷、吉林森泰号雑貨部発行、宛名面無印刷）　吉林領事館は1908年に開設され、1910年に総領事館の本館が城外東方に竣工した。三橋事務所の大川金太郎の設計になるレンガ造２階建で、左右中３ヵ所の破風をステップ・ゲーブルとし、床面積409坪（1,349m²）、正面は吉長鉄路吉林駅前と城内を結ぶメインストリートの大馬路に面していた。

（行發部貨雜號泰森林吉） CONSULATE JAPAN KIRIN 吉林日本總領事館

哈爾賓日本總本領事館
Японское Консульстово Харбинъ

▲哈爾賓日本総領事館（単色刷、発行元不詳、仕切線1/2）　哈爾賓（ハルビン）の領事館（のち総領事館）
は1907年に開設され、新市街の中央広場と植物園のほぼ中間、角地の既存建築を租借した。写真は画面手前が
市街電車の走るノーヴォトルゴーワヤ街、横道がエジャコーズカヤ街、撮影時期は1920年頃と思われる。次掲
の新庁舎竣工後は、米国領事館としてもちいられた。

▼哈爾賓日本総領事官邸（単色刷、発行元不詳、仕切線1/2）　同総領事館の新庁舎は、１街区南側に土地
1,485坪（4,908m²）を取得し、中東鉄路技師・ウェンサン設計、ロシアン・ルネッサンス様式、レンガ造、地
上２階地下１階、本館（総領事公邸）延べ床面積360坪（1,190m²）で、1920年に着工、翌年に竣工したが、1938
年に車站大街の旧満鉄地方事務所（P241下参照）に移転した。

（金光堂發行）　The riaoyang police station　警務署（其十二）　遼陽風景

▲遼陽風景（其十二）警務署（単色刷、金光堂発行、仕切線1/3）　関東都督府民政部は1908年5月、奉天警務署の管轄区域を改正し、満鉄本線沙河以南・鞍山站（→千山）以北を新設の同警務署遼陽支所に移管した。写真は開設時の撮影と思われ、庁舎は松室重光の設計になるフリー・クラシック様式、レンガ造2階建で、正面の破風に日本の警察をしめす旭日章をかかげている。

▼撫順警務支所（単色刷、満洲日日新聞社発行、仕切線1/3）　関東都督府民政部は1908年9月、奉天警務署の管轄区域を改正し、撫順支線全部を新設の撫順警務支所に移管した。庁舎は小学校に隣接し、レンガ造平屋建、正面左右に西暦で"1908"、皇紀で"2568"と竣工年が浮き彫りされ、絵葉書は宛名面に「満　撫順（大正）5.1.1」の消印があることより、1915年頃の撮影と思われる。

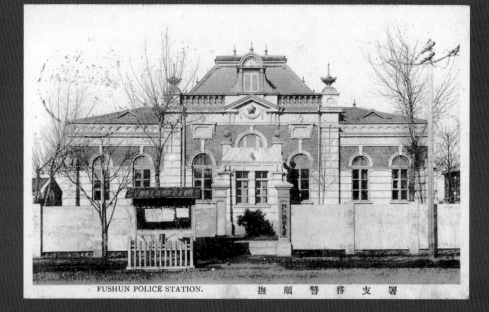

FUSHUN POLICE STATION.　撫順警務支署

POLICE STATION, MUKDEN.　　　　奉天警務署

▲**奉天警務署**（単色刷、奉天東亜書籍局発行、仕切線1/3）　満鉄附属地の北東端、十間房に面した、松室重光の設計になるレンガ造2階建で、写真は1912年頃の撮影と思われ、東隣は商埠地、背景に前出の西塔が見える。1929年、大広場に面して建てられた前出の奉天警察署に移転した。前ページの遼陽警務署は、本署と同一基本設計であるが、高さがやや低いように見える。

▼**長春警務署**（単色刷、長春森野商店発行、仕切線1/3）　長春警務署は、後出の長春郵便局と同時期にもうけられた同地最初の官庁建築で、長春大街の東側に横五街（→祝町）をはさんで建てられ、松室重光の設計になるバロック折衷様式、レンガ造2階建で、3階建の別棟は最上階を望楼としていた。写真は1918年頃の撮影と思われ、画面左手が長春駅方面である。

(16)　（行發店商野森春長）　　長春警務所　　（長春名勝）

POST OFFICE AT THE NEW CITY OF PORT ARTHUR.　　旅順新市街郵便局

▲**旅順新市街郵便局**（単色刷、旅順阪本商店発行、仕切線1/3）　新市街の角地に開設された郵便局で、画面奥は2棟続きの官舎、設計は松室重光、撮影時期は1909年頃と思われる。絵葉書は宛名面に「満　旅順・新旅順（明治）42.7.24后2-5」の消印と、「通信省構内42.7.29前10-11」の到着印が押されていることより、当時でも普通郵便が中4日で東京に届いたことがわかる。

▼**牛荘日本郵便局**（単色刷、発行元不詳、仕切線1/3）　牛荘（営口）郵便局は旧市街の東税関附近に建てられ、松室重光の設計になる、フリー・クラシック様式、レンガ造2階建で、1911年11月に竣工し、1923年より朝鮮銀行営口支店、1937年より満洲興業銀行営口支店としてもちいられた。写真は1913年頃の撮影と思われる。

JAPAN A POST-OFFICE AT NYUCHAN　　牛荘日本郵便局

（山陽堂發行） JAPANESE POST OFFICE, MUKDEN 奉天郵便局

▲**奉天郵便局**（単色刷、山陽堂発行、仕切線1/2）　奉天郵便局は、もとロシア時代の建屋を利用して郵便・電信・電話事業をあつかっていたが、事業拡大のため、1914年に昭徳大街（→浪速通）に面して新庁舎を着工した。松室重光の設計になる、フリー・クラシック様式、レンガ造2階建で、1915年に竣工した。写真は1918年頃の撮影と思われ、浪速通を画面手前で斜めに横切るのが春日町である。

▼**長春郵便局**（単色刷、竹島書舗発行、仕切線1/3）　松室重光の設計になる、バロック折衷様式、レンガ造2階建で、1910年11月に竣工した。写真は1912年頃の撮影と思われ、画面手前が長春大街、左手が長春駅方面、直交する横五街（→祝町）の先は東斜街と交叉する東広場で、道をはさんで左手画面外に前出の長春警務署が建てられた。

《竹島書舗發行》 THE POST OFFICE, CHANGCHUN. 長春郵便局

◀〈満洲中央銀行総行〉（印画紙、発行元不詳、仕切線1/2）　満洲国の中央銀行は、1932年6月15日に日本出資の資本金3千万圓（円）により新京に創設され、同年7月1日に正式開業し、在満軍閥の支配下にあった東三省官銀号・吉林永衡官銀銭号・辺業銀行・黒竜江官銀号の4行を吸収合併し、銀本位制により、それまでに乱発された通貨の交換回収を行なった。同年度の発行総額は1億5千万圓（円）であった。1933年に銀本位制をはなれ、紙幣を不換紙幣とし、同年11月に日満両国は日本円と満洲圓を等価とした。1937年1月には地方金融を担当する満洲興業銀行が創設され、正隆・満洲の日系両銀行と朝鮮銀行在満支店を引き継ぎ、満洲国内に流通していた鮮銀券を回収し、満洲国内の通貨統一を完成した。同年6月時点で中央銀行の支行147店舗が満洲・中国本土・日本国内に展開し、預金高は創設時の5倍の2億5千万圓（円）、貸出高1億8千万圓（円）に達した。本店となる新京総行（初代）は城内にもうけられたが、1934年4月に大同広場に面して新店舗を起工し、1938年3月に竣工した。銀行建築を得意とし、台湾銀行総行も担当した西村好時が設計し、鉄骨鉄筋コンクリート・レンガ幕壁式、地上4階地下2階、延べ床面積7,843坪（25,926m^2）の大建築で、正面に建ち並んだ10本のドリス式ジャイアント・オーダーは満洲産花崗岩を積み上げ、吹き抜けの営業室の円柱・カウンター・テーブル類には白大理石を使用し、建築費は454万4千円におよんだ。写真は1938年夏頃の撮影と思われる。

　　次ページ▼朝鮮銀行大連支店（単色刷、大連市小林又七支店発行、仕切線1/2）　朝鮮銀行は、1909年に設立された大韓帝国の中央銀行・韓国銀行が前身で、日韓合邦後の1911年に朝鮮銀行と改称され、日本政府の保護下に朝鮮銀行券を発行していた。大連支店は、京城（ソウル）に建築事務所をかまえていた中村與資平が設計し、ルネッサンス様式、鉄筋レンガ造3階建、延べ床面積1,604坪（5,302m^2）、1920年に竣工し、正面にコリント式の3階まで達するジャイアント・オーダー6本を並べていた。写真は1925年頃の撮影と思われる。

　　▼満洲中央銀行支店（単色刷、大正写真工芸社発行、仕切線1/2）　同行のハルピン分行で、埠頭区（プリスタン）南寄りの角地に1934年9月に起工し、鉄筋コンクリート・一部幕壁式、2階建、延べ床面積921.3坪（3,045m^2）、上掲の新京総行（二代）の簡易版で、建築費約45万9千円、やはり正面に10本のドリス式ジャイアント・オーダーを配していた。写真は1938年頃の撮影と思われ、ボレワヤ街に面した正面玄関上の英語表記は"THE CENTRAL BANK OF MANCHOU"、側面は市街電車の走るノヴゴロッドナヤ街（新城大街）である。

BRANCH OFFICE OF MANCHOUKUO CENTRAL BANK, HARBIN.
満洲中央銀行支店（ハルビン）

朝鮮銀行大連支店
BANK OF CHOSEN
BRANCH : DAIREN.

THE MANCHURIAN STAPLE PRODUCTS EXCHANGE, DAIREN.
（大連）特産物の取引場、満洲重要産物取引所

B

開原取引所

開原北海堂書店發行

● 取引所

▶**特産物の取引場、満洲重要物産取引所**（単色刷、大正写真工芸所発行、仕切線1/2）　関東都督府は1913年、大連に大豆・豆油・豆粕・高粱など重要産品の先物取引をあつかう官営取引所を設立した。同取引所は第1次大戦後に取引が急増したため、1923年に5階建、延べ床面積2,570坪（8,495m²）の新社屋を新築し、設計は同府の石原巌で、上司の松室重光と同様、唐破風・垂木・斗栱など、社寺建築の意匠をとり入れた。写真は1930年頃の撮影と思われ、画面右手が山形通と東広場、左手が土佐町で、旧社屋は土佐町をはさんだ左手画面外に存在した。なお、大連には民営の五品取引所が1920年に設立され、株式・綿糸布・麻袋・麦粉・砂糖の先物取引をあつかっていた。

前ページ▼開原取引所（単色刷、開原北海堂書店発行、仕切線1/2）　関東都督府は附属地にも官営取引所を設立し、1916年に開原・長春両取引所の規程をさだめ、これに信託会社を併設し、取引所で成立した先物取引の履行担保と精算事務処理を担当させ、日中商人の取引一元化をはかった。開原取引所は同年2月の設立で、社屋はネオ・ルネッサンス様式、レンガ造2階建、正面に6本のイオニア式ジャイアント・オーダーを配していた。写真は1920年頃の撮影と思われる。

▼**早朝より商況振ふ長春取引所**（単色刷、大正写真工芸所発行、仕切線1/2）　長春取引所は1916年2月の設立で、社屋は東広場に面し、前出の大連市役所とほぼ同時期、同一設計者によるレンガ造2階建で、中央・左・右3塔、正面玄関、両翼パラペット（擁壁）に社寺建築の意匠をとり入れ、1918年に竣工した。写真は1930年頃の撮影と思われ、画面右手が大和通、左手が東五条通である。官営取引所は1919年に公主嶺・四平街・鉄嶺、翌年に奉天・遼陽・営口が開設されたが、第1次大戦景気の終息にともない、1924年に鉄嶺・遼陽・営口、1934年には開原・四平街・公主嶺が閉鎖され、残るは大連・奉天・新京（旧長春）の3ヵ所のみとなった。

THE CHANG-CHUN EXCHANGE WHERE THE TRANSACTION IS GOING ON FROM AN EARLY MORNING EVERY DAY.
早朝りよ商況振ふ長春取引所

A

▲**大連電気遊園内活動写真館**（南満洲鉄道沿線写真帖）　演芸館とも称し、1909年の開園時に竣工し、昼間は各種演芸の上演、夜間は活動写真（映画）の上映を行なった。設計は満鉄工務課建築係と思われ、当時の陣容は係長が小野木孝治、係員に工学士として太田毅・横井謙介・市田菊治郎と、そうそうたる面々が名をつらねていた。正面のサーマル・ウインドー（浴場窓）とアーチ状破風、および左右の双塔は、大阪市中之島公会堂（1918年竣工）の原型となった可能性もある。

▼**千金寨の集会所**（南満洲写真大観）　炭礦事務所と見附・大和両公園をはさんであい対し、アイ・ストップの役割をかねていた。当初は演劇場として計画され、設計は撫順炭坑営繕課（課長弓削鹿治郎）と思われ、セセッション様式、レンガ造、1910年に竣工した。写真は竣工時の撮影である。

(右賀用言春長)　Memorial Hall, Chang-chun.　座春長ト舘念記典大御春長

▲長春御大典記念館ト長春座（単色刷、長春吉川発行、仕切線1/2）　日本橋通と吉野町の交差点より写したもので、御大典記念館（画面右手）は1920年10月に竣工し、商業会議所と満鉄商品陳列所が入居した。長春座は前出の大連電気遊園に近似の設計で、正面玄関にオーダー 4本で支える車寄せをもうけ、2階部分のサーマル・ウインドー中央に「長春座」と縦書きしていた。

▼長春記念館（単色刷、大正写真工芸所発行、仕切線1/2）　上掲の御大典記念館の近影で、1930年頃の撮影と思われ、和洋折衷様式、日本瓦葺、中央にドーマー・ウィンドウ（屋根窓）を載せ、軒下は垂木を模し、正面玄関は5扉で、6本のジャイアント・オーダーを配していた。画面左手は、2階に入居した満鉄長春商品陳列所の入口である。新京となってからは「記念公会堂」と称した。

THE FINE VIEW OF THE CHANGCHUN MEMORIAL BUILDING.
長　春　記　念　舘

B

THE MUKDEN PUBLIC HALL USED FOR SEVERAL MEETINGS.
堂會公るたひに激感の般萬 （天 奉）

▲万般の感激にひたる公会堂 （単色刷、大正写真工芸所発行、仕切線1/2）　奉天新市街の加茂町に商業会議所をかねて建てられ、中村與資平設計、セセッション様式、レンガ造2階建、延べ床面積680坪（2,247m²）、1920年に竣工し、1932年7月より満洲中央銀行奉天分行としてもちいられた。写真は1930年頃の撮影と思われ、正面屋上パラペットに右書きで「公」「会」「堂」としるされている。

▼万般の感激にひたる公会堂 （単色刷、大正写真工芸所発行、仕切線1/2）　安東新市街の大半を占める旧居留民団経営地の六番通に面して建てられた、セセッション様式の建築で、前出の各公会堂に見られた正面のサーマル・ウインドーは扁平なチューダー・アーチと化し、左右の双塔も陸屋根の上に4分円柱形の簡素な装飾を残すのみとなった。写真は1930年頃の撮影と思われる。

THE GREAT PUBLIC HALL USED FOR SEVERAL MEETING.
堂會公るたひに激感の般萬 （縣東安）

● 異色の建築

THE SANITARY BATH-HOUSE WITH A GREAT POOL
IN THE CENTRAL PARK, DAIREN.
屋大内ルーブの設備るあ中央公園内保健浴塩　（大　連）

▲屋内大プールの設備ある中央公園内保険浴場（単色刷、大正写真工芸所発行、仕切線1/2）　西青泥窪河にそった西公園は、大連市街の西方への発展にともない、中央公園と改称された。敷地は50万坪（約165万㎡）におよび、満鉄・実業両野球グラウンド（各3万人収容）のほか、各種スポーツ設備を有していた。写真はアール・デコ様式の「保険浴場」で、1930年頃の撮影と思われ、館内食堂の立看板は「お立寄ください　水泳姿で」などと気軽な利用を呼びかけている。

▼龍宮に遊ぶが如き星が浦水族館（単色刷、大正写真工芸所発行、仕切線1/2）　星ヶ浦公園の一角に建てられた水族館で、表現派の風変わりな外観を有していた。写真は1930年頃の撮影と思われ、屋上には「星ヶ浦水族館」の旗をかかげ、売店の看板には「星ヶ浦名産貝細工各種」とある。

THE VIEW OF THE AQUARIUM AT HOSHIGAURA
IN THE SUBURB OF DAIREN (DAIREN PORT)
館族水浦が星き如がぶ遊に宮龍　（外郊連大）

GRAND SIGHT OF DAIREN BROADCASTING STATION, DAIREN.
観偉の局送放大るあつゝし献貢に界明文線無 （連 大）

（済可許都会司鷹要駅監 四一・二・十）

▲**無線文明界に貢献しつつある大連放送局の偉観**（単色刷、大正写真工芸所発行、仕切線1/2）　大連放送局は関東庁通信局により1925年に開設され、出力周波数645kHz、満洲事変前における唯一の日系放送であった。1933年に満洲電信電話株式会社に継承され、1936年にモダニズム様式、鉄筋コンクリート造、外壁タイル貼、地上3階地下1階の新局舎が市街西部の聖徳街に竣工した。

▼**四平街気象観測所**（単色刷、発行元不詳、仕切線1/2）　満洲における気象観測は、日露戦争中に中央気象台が大連・営口・奉天・旅順に臨時観測所をもうけたのを嚆矢とし、戦争後に関東都督府に引き継がれ、長春・四平街などに測候所や支所がもうけられた。写真は中央公園の西北隅に新築された庁舎で、表現主義の流れをくみ、1933年に竣工、撮影時期は1934年頃と思われる。

四平街気象観測所
THE ATMOSPHERIC PHENOMENA OBSERVATORY IN SHIHEIGAI.

第2部・満洲国鉄の旅

SHAN-HAI-KUAN STATION, TERMINAL OF FENG-SHAN LINE.
塩車停関海山点終の線山奉 （城長里萬ぐ関海山）

▲奉山線の終点山海関の停車場（単色刷、大正写真工芸所発行、仕切線1/2）　1932年3月1日、満洲国の建国が宣言され、在満の中華民国国有鉄道および省有鉄道は満洲国国有鉄道（以下、満洲国鉄）に編入され、その合計キロ程は2,971.3kmであった。満洲国鉄奉山線の終点・山海関（奉天起点419.6km）は、北京（正陽門）より東に432.5km、満支国境の西側に位置し、駅は奉山・北寧両線の日中共同使用であった。絵葉書は宛名面に昭和13.1.13付の記念スタンプが押されていることより、1937年頃の撮影と思われ、同駅ホーム跨線橋（小著『写真に見る満洲鉄道』P176下参照）上より奉天方面を望んだシーンで、停車中の混合列車に牽引機が逆向で接近しつつある。第2部では、満洲国鉄（国線）の主な路線を、南より時計回りにたどってみたい。

山海関は「天下第一関」と称された古代中国の国境の地で、以東が東三省（遼寧・吉林・黒龍江）、満洲族の旧地であった。奉山線は、清国が英国借款により建設した京奉鉄路（北京〜奉天間）の北半分で、日露戦争前は帝政ロシアの反対によって遼河左岸（東岸）に渡れず、本線は新民屯、支線は営口対岸にとどまり、日本陸軍鉄道大隊が建設した軍用軽便新奉線（奉天〜新民屯間、軌間600mm）を1907年に譲り受け、準軌に改築して、北京〜奉天間が1本につながった。1912年の中華民国建国後、内乱や奉直戦争などによって管理が分断され、1929年4月に北寧鉄路として一元化されるなど、つねに政情にほんろうされ、満洲国の建国後は満洲国鉄奉山線と民国国鉄北寧鉄路に二分された。

（錦州名所）　錦縣驛正面
Chinhsien Railway Station（Chinchou）

▲錦県駅正面（単色刷、発行元不詳、仕切線1/2）　錦県は奉天起点235.9km、錦州とも称され、遼西（遼河西岸）随一の高粱・綿花・羊毛・毛皮の集散地で、北方に朝陽線（錦県〜朝陽間）を分岐する交通の要衝であった。満洲事変中には張学良が仮政府を置き、日本軍の攻撃目標となったが、満洲国となって日本領事館も置かれた。駅本屋はほぼ南面し、正面玄関を市街に向けていた。絵葉書は宛名面に12.6.12付の記念スタンプが押されていることより、1936年頃の撮影と思われる。

▼錦州鉄路局（単色刷、発行元不詳、仕切線1/2）　錦州鉄路局は市街東端に位置し、奥戸大象設計、ロマネスク折衷様式、鉄筋コンクリート・レンガ幕壁式、外壁タイル貼、腰御影石貼、延べ床面積5,967m²、工費55万円で、1935年に竣工し、奉山線をはさんだ北側には鉄路病院が建てられた。

（錦州名所）　錦州鉄路局
Chinchou Office of the Dept. of Railway, Manchoukuo（Chinchou）

Chengte Station (Kinsho Line and Chihfeng)　　承徳駅の美観　（錦沿線赤峰と線風光）

▲**承徳駅の美観**（単色刷、発行元不詳、仕切線1/2）　錦県より分岐した京奉鉄路朝陽線は、奉山線の内陸側を並行する第二の満支連絡ルートとして着目され、1936年3月には承徳（錦県起点436.0km）まで延長され、錦承線と改称された。承徳は燕山山脈中の高原に位置し、避暑地として名高く、清朝の夏宮も置かれていた。写真は1936年頃の撮影と思われ、画面左手が錦県方面である。

▼**停車場の立売り**（単色刷、大正写真工芸所発行、仕切線1/2）　錦承線は1936年3月には満支国境の古北口（こほっこう、錦県起点542.3km）まで延長され、錦古線と改称された。写真は同年夏頃の撮影で、駅名は不詳であるが、熱河省には奉山線が通じてないことより、錦古線公営子（こうえいし、同200.3km）以西と思われ、ホームでは名産の果樹が売られ、バックの機関車はもと社線ソリサ形の国線ソリク形である。

DOLLARS OF A STATION, JE-HO.
り売立の場車停　（俗風河熱）

洮南駅

▲洮南駅（単色刷、発行元不詳、仕切線1/2）　洮南（とうなん）は畜産業で栄え、鉄道開通後は斉斉哈爾（チチハル）とともに西満を代表する二大都市に発展した。写真はもと洮昂鉄路の洮南東站で、1933年頃の撮影と思われ、小著『写真に見る満洲鉄道』P173下の四洮鉄路洮南駅とは約２km離れた市街東方に位置し、曲線を協調した独特の外観を有していた。洮昂鉄路の満洲国鉄編入は1932年３月で、1933年８月には旧四洮鉄路洮南駅を信号場に格下げし、本駅に客貨の営業を統合した。

次ページ▲▼洮昂線軌道敷設実況（其ノ一）／（其ノ二）（印画紙、発行元不詳、仕切線1/2）　新線建設に使用されるロバート式軌条敷設列車で、撮影時期は1925 〜 26年と思われ、（其ノ一）は推進用の社線ダブ形機上より見たシーンで、軌条運搬車よりレールを１本ずつ前方に送り出す進行方向左側のローラーコンベアーが見え、沿線は一面の荒野であるが、どこからともなく多くの見物人が集まっている。（其ノ二）は地上より見たシーンで、先頭車よりレールを枕木上に降ろすかたわら、機関車後方の枕木運搬車より枕木を１本ずつ進行方向右側のベルトコンベアー上に落としている。

●平斉線

平斉線は、四平街・鄭家屯〜洮南間317.0kmの四洮鉄路、洮南〜昂昂渓（→三間房）間225.0kmの洮昂鉄路、および昂昂渓〜龍江（斉斉哈爾）間30.4kmの斉克鉄路南段を、満洲国鉄編入後に一本化したものであった。

四洮鉄路は、円借款による中国国鉄線で、1918年１月開業の四平街〜鄭家屯間92.8kmは当初四鄭鉄路と称し、満鉄培養線である「満蒙五鉄道」の最初のものであった。四洮鉄路への改名は1920年、鄭家屯〜洮南間224.2kmの開通は1924年７月であった。

洮昂鉄路は、やはり円借款による中国国鉄線で、満鉄が建設をうけおい、洮南〜昂昂渓間は1926年６月に開通した。中東鉄路をまたぐ昂昂渓〜龍江間は中国自弁で建設され、1928年12月に開通し、経営は中国自建の斉克鉄路（斉斉哈爾〜克山間）に委託された。

なお、「満蒙五鉄道」とは四洮・長洮（長春〜洮南間）・洮熱（洮南〜熱河間）・開海（開原〜海龍間）・海吉（海龍〜吉林間）の５鉄路であった。

洮昂線軌道敷設實況（其ノ一）

洮昂線軌道敷設實況（其ノ二）

駅子城白

▲**白城子駅**（単色刷、発行元不詳、仕切線1/2）　白城子（はくじょうし）は洮南東站より北に32.2km、1926年
の洮昂鉄路開通と同時に開業し、駅本屋は北西に面し、レンガ造平屋（一部2階）建、深い寄棟屋根に特徴が
あった。写真は画面左端に「斉斉哈爾鉄道局　白城子司令部」の看板が見えることより、鉄路局より鉄道局へ
の改称後、1938年夏頃の撮影と思われる。

▼**白城子駅**（単色刷、発行元不詳、仕切線1/2）　白城子は、西方に洮索鉄路（→洮索線→白杜線）を分岐し、
1935年11月には京白線によって新京と結ばれ、西満における鉄道の要衝のひとつとなった。写真はホーム側よ
り見た駅本屋で、1937年夏頃の撮影と思われ、巨大な給水塔がそそり立ち、画面右端の円筒形部分は鉄道守備
兵用の防護壁で、矩形の銃眼が点在している。

站子城白
PAICHENGTZU STATION.

庫關機子城白
ENGIN SHED OF PAICHENGTZU STATION.

▲**白城子機関庫**（単色刷、発行元不詳、仕切線1/2）　同機関庫は駅構内南側に位置し、扇形庫は満鉄規格の鉄筋コンクリート造で、ほぼ西面していた。写真はやはり1937年夏頃の撮影と思われ、画面右手に軌道装甲車「九〇式広範牽引車」が留置されている。

▼**索倫の停車場**（単色刷、発行元不詳、仕切線1/2）　索倫（そろん）は白城子より北西に洮索線で190.8km、駅は1935年3月に開業した。写真は同年の撮影と思われ、駅本屋は満鉄四等規格、望楼と防護壁をそなえ、給水塔など一部施設は工事中で、遠景は大興安嶺山脈である。杜魯爾（とろる、白城子起点376.5km）までの全線開通は1941年5月であった。同線はモンゴル国境に近く、1945年8月のソ連侵攻で悲劇を生んだ葛根廟（かっこんびょう、同54.2km）も途中駅であった。

場車停の倫索
THE STATION OF SOLUN.

写東圖　　　チ三翳䖟人　日五月一十

▲十一月五日　大興駅ニテ　関東軍（単色刷、発行元不詳、仕切線1/2）　大興（たいこう）は洮南東站より洮昂鉄路を北に194.8km、松花江の支流・嫩江（のんこう）の左岸（北岸）に位置し、満洲事変中の1931年11月4～6日、嫩江橋梁を破壊した馬占山軍と関東軍が激しく交戦した。写真は5日の撮影で、機関車は洮昂鉄路ダブ形（1926年川崎製）、次位は斉克鉄路客車、遠景は満鉄客車と思われる。

▼チ丶ハル駅プラットホーム（単色刷、満洲国郵政明信片、発行元不詳、仕切線1/2）　1933年8月、龍江（りゅうこう）駅は斉斉哈爾（チチハル）と改名された。写真は改名後間もない同駅に昂昂渓方面より列車が到着したシーンで、機関車は国線ダブシ形（旧洮昂鉄路ダブ形）、駅名標の支柱には次駅・憑屯（ひょうとん、斉北線）へのキロ程をしめす「距憑屯一七公里四〇〇公尺」の標記が見てとれる。

ムーホトツラブ罕ルハ丶チ　（所名ルハ丶チ）
THE FAMOUS PLACE IN TSITSIHAR

齊哈爾

驛爾哈斉斉ノ中設建 （勝名爾哈斉斉）
TSITSIHAR STATION UNDER CONSTRUCTION.

▲建設中ノ斉斉哈爾駅 （単色刷、発行元不詳、仕切線1/2） 旧駅舎は粗末な木造平屋建のため、国線の経営を受託した満鉄は、畑中梅吉の設計により、斉斉哈爾鉄路局の局舎をかねた鉄筋コンクリート造、ネオ・ゴシック様式の新駅舎を1934年に着工した。写真は1935年頃の撮影と思われ、足場に「斉斉哈爾駅新築工事場」「東亜土木企業株式会社」の看板が見える。

▼斉々哈爾駅の偉観 （単色刷、発行元不詳、仕切線1/2） 新駅舎は延べ床面積12,450m²、工費136万5千円を投じ、1936年に竣工した。1階を駅舎、2・3階を局舎、4階をホテルとし、エレベーターは2ヵ所4基、主階段は2ヵ所、外壁はレンガ幕壁式であった。写真は同年8月のホテル開業時の撮影と思われ、駅・鉄道局・ホテル各玄関に日章旗がかかげられている。

観像の驛爾哈々斉 （所名爾哈々斉）
Chichihaerh Station.

松花江橋梁全景

松花江橋梁工事概況

松花江橋梁ハ哈爾濱市ノ東北郊外ニ位置シ現北満鐵路橋梁ヨリ下流約6粁ノ地點ニ在リ拉濱線ヲ呼海線ニ
接續セシムル重要ナル橋梁ニシテ拉濱線使命ノ重要ナル役割ヲ演スルモノナリ
橋梁鐵桁ハ支間64米12連ノ他ニ船舶航行ノ爲河心ニ96米1連ノ**ゲルバー式構桁**ヲ架設ス
其ノ總延長 1,039.80 米ニシテ上流北鐵橋梁ヨリ約31米長ク又鴨緑江橋梁ヨリ約100米長シ
構桁ノ上部ハ幅6米ノ公道トシ哈爾濱及對岸トノ交通ニ便ニセリ
桁ノ下部ニハ**「インスペクシヨンツロリー」**ヲ吊シ桁ノ點檢及警備ノ用ニ供ス
橋脚基礎工ハ潜函法ニヨリ沈下シ昭和7年8月ノ洪水最高水面ヨリ約25米ノ深サノ地盤ニ達セシム
本工事ハ昭和7年11月5日起工シ結氷期中防寒設備ヲ爲シエ事ヲ施行シ昭和8年11月公道ヲ除キ竣工セシ
メタルモノニシテ13箇月ノ短期間ニ完成セシメタルハ橋梁工事中ノ好記録ヲ示スモノナリ

▲松花江橋梁全景（単色刷、発行元不詳、仕切線1/2）　同橋梁は、松花江左岸（北岸）で止まっていた中国
自建の呼海鉄路（馬船口～呼蘭～海倫間221.1km）を、1932年6月に測量開始の満洲国鉄拉浜線（拉浜～三棵樹
間265.5km）に接続し、北満産の大豆・小麦を後述の北満鉄路を経由せずに南送する目的で架設された鉄道・
道路2層橋で、同年11月に起工された。写真は1933年11月頃の撮影で、河面には流氷が見られる。なお、解説
文に「河心ニ96米1連ゲルバー式構桁ヲ架設ス」とあるが、格数より見て80m＋96m＋80mの3径間ゲルバー
トラスと思われる。

▼竣工近キ松花江橋梁（総延長1,039.80米）（単色刷、発行元不詳、仕切線1/2）　三棵樹側より見た同橋
梁の全容で、ステージング（足場）上を走行する2基のゴライアスクレーンが見てとれる。

竣工近キ松花江橋梁（総延長1,039.80米）

◀**松花江橋梁正面**（単色刷、発行元不詳、仕切線1/2）　三棵樹側の正面で、枕木上にレールと渡り板が置かれ、取り付けを待つ状況で、銃を手に警備に立つのは白系露人の路警（鉄路警察官）であろうか。

▼**松花江新鉄橋の壮観**（単色刷、発行元不詳、仕切線1/2）上層の道路部分を含めて完成した同橋梁で、1934年頃の撮影と思われ、各橋脚の上部が凹形をしているのは、橋桁下面の軌条より懸垂したインスペクション・トロリー（点検・保守・警備用のワゴン）を通行させるためである。1934年1月の同橋梁の開通により、北満産品の輸送が拉浜線経由に変わったため、中東鉄路は経営困難となり、ついにソ連をして満洲国への譲渡に踏みきらせた。

（ハルビン）　松花江新鉄橋の壮観（B）
The new iron bridge over the Sungari river (Harbin)

SANKOSHU STATION OF LA-PIN LINE, NORTH MANCHURIA.
ハビルゼ外浜拉線浜三樹駅 (裁大満北)

▲ハルピン郊外拉浜線三棵樹駅（単色刷、満洲国郵政明信片、大正写真工芸所発行、仕切線1/2） 同駅は浜北・拉浜・浜江３線の接続駅として1934年１月に開業し、駅本屋は満鉄三等規格、尖塔型の望楼と防護壁（画面右端）をそなえていた。ハルピンとは浜江線（8.8km）で結ばれ、京浜線の準軌改築後は多くの列車が同駅始発・終着となった。写真は同年春先の撮影と思われる。

▼浜北線の重要駅として活躍する海倫駅（単色刷、発行元不詳、仕切線1/2） 海倫（ハイロン）は三棵樹起点220.1km、農産物と毛皮の集積地で、米国商人も多数入りこんでいた。写真は1934年頃の撮影と思われ、客車は画面右手より三等車ハ2形、一二等車イロ1形、三等手荷物車ハテ2形で、いずれも呼海鉄路の開業にさいして満鉄より譲渡された旧式車両である。

HAILUN STATION, TERMINAL OF PIN-PEI LINE, NORTH MANCHURIA.
ハビル海るす躍活てしと駅要重の線北浜 (裁大満北)

▲**北安鎮停車場**（単色刷、京都粟屋真美館発行、仕切線1/2）北安（ベイアン）は三棵樹起点326.1km、浜北線の終点で、斉北線（斉斉哈爾〜克山〜北安間231.5km）と接続し、さらにアムール河右岸（南岸）の国境都市・黒河へいたる北黒線（302.9km）の起点ともなり、一寒村より急速に発展した。写真は1934年頃の撮影と思われ、駅進入の列車は国線ミカ二形（旧呼海鉄路901形もしくは旧斉克鉄路101形、1928〜30年スコダ製）の牽く客車8両の長編成である。

▼**北安停車場／不凍給水塔**（単色刷、共同印刷株式会社発行、仕切線1/2）　駅前広場より見た同駅の駅舎で、三角屋根の望楼をそなえていた。「不凍給水塔」は水タンク本体をエンクローズするとともに、基台内部に暖房設備をそなえ、厳寒の満洲には不可欠のものであった。

不 凍 給 水 塔

北 安 停 車 場

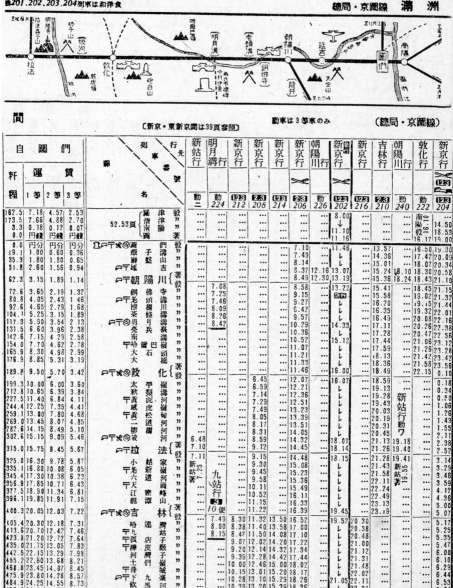

間　　　〔新京・東新京間は39頁參照〕　　動車は3等車のみ　　（總局・京圖線）

自 圖們				列車 行先 車番號 名	新站行 動224	明月溝行 212	新京行 [123] 208	新京行 [23] 214	新京行 [123] 206	新京行 [23] 226	朝陽川行 動202 [123]	新京行 [123] 216	新京行 [23] 210	吉林行 動240	朝陽川行 動222	敦化行 [123] 204
粁程	運賃 1等	2等	3等												
162.5	7.18	4.57	2.53	灘灘陽 發〃著	⋯	⋯	⋯	⋯	⋯	⋯	8.00	⋯	⋯	⋯	南陽 16.10	
173.5	7.66	4.88	2.70	津灘南圖 52.53頁	⋯	⋯	⋯	⋯	⋯	⋯	↓	⋯	⋯	⋯	↓	14.50
3.3	0.18	0.12	0.07		⋯	⋯	⋯	⋯	⋯	⋯	11.10	⋯	⋯	⋯	發16.12	18.53
0.0	円錢	円錢	円錢		⋯	⋯	⋯	⋯	⋯	⋯	11.16	⋯	⋯	⋯	16.17	19.00
0.0	円分	円分	円分	圖們 發	⋯	⋯	⋯	⋯	7.10	⋯	11.46	⋯	13.57	⋯	16.50	19.30
19.1	1.00	0.60	0.36	磨家蔚延 〃	⋯	⋯	⋯	⋯	7.49	⋯	L	⋯	14.36	⋯	17.42	20.09
35.3	1.80	1.08	0.65	子鈴 〃	⋯	⋯	⋯	⋯	8.14	⋯	L	⋯	15.01	⋯	18.07	20.34
51.8	2.60	1.56	0.94	山吉川 著發	⋯	⋯	⋯	⋯	8.37	12.16	13.07	⋯	15.24	18.10	18.30	20.58
62.3	3.15	1.89	1.14	朝陽 發	⋯	7.08	⋯	⋯	8.49	12.30	13.19	⋯	15.36	18.24	18.43	21.10
72.6	3.65	2.19	1.32	寺濁 〃	⋯	7.25	⋯	⋯	8.58	⋯	13.22	⋯	15.41	⋯	18.45	21.15
80.8	4.05	2.43	1.46	佛頭 〃	⋯	7.46	⋯	⋯	9.15	⋯	13.29	⋯	15.58	⋯	19.02	21.34
92.6	4.65	2.79	1.68	楝條月兵 〃	⋯	8.09	⋯	⋯	9.27	⋯	L	⋯	16.20	⋯	19.15	21.44
104.1	5.25	3.15	1.89	老壚茱明 〃	⋯	8.26	⋯	⋯	9.42	⋯	L	⋯	16.35	⋯	19.32	22.01
117.3	5.90	3.54	2.13	發南哈 〃	⋯	8.42	⋯	⋯	9.57	⋯	L	⋯	16.43	⋯	20.08	22.16
131.5	6.60	3.96	2.38	巴 〃	⋯	⋯	⋯	⋯	10.29	14.33	L	⋯	17.11	⋯	20.26	22.38
142.6	7.15	4.29	2.58	石衝 〃	⋯	⋯	⋯	⋯	10.36	⋯	L	⋯	17.28	⋯	20.47	22.56
154.0	7.70	4.62	2.78	樑頭 〃	⋯	⋯	⋯	⋯	11.02	15.12	L	⋯	17.44	⋯	21.06	23.12
165.9	8.30	4.98	2.99	大 〃	⋯	⋯	⋯	⋯	11.07	⋯	L	⋯	17.59	⋯	21.28	23.28
176.9	8.85	5.31	3.19	大 〃	⋯	⋯	⋯	⋯	11.21	⋯	L	⋯	18.13	⋯	21.42	23.42
189.8	9.50	5.70	3.42	敦 化 發著	⋯	⋯	⋯	⋯	11.33	⋯	L	⋯	18.36	⋯	21.58	23.56
					⋯	⋯	⋯	⋯	11.46	⋯	16.00	⋯	18.49	⋯	22.15	0.10
199.3	10.00	6.00	3.60	嶺灘 發	⋯	⋯	⋯	6.45	12.07	⋯	16.07	⋯	19.13	⋯	⋯	0.18
212.8	10.65	6.39	3.84	太黄平 〃	⋯	⋯	⋯	6.59	12.21	⋯	L	⋯	19.13	⋯	⋯	0.34
227.5	11.40	6.84	4.11	秋威梨河 〃	⋯	⋯	⋯	7.14	12.36	⋯	L	⋯	19.28	⋯	⋯	0.50
244.4	12.25	7.35	4.41	黄戊沈嶺 〃	⋯	⋯	⋯	7.29	12.51	⋯	L	⋯	19.43	⋯	⋯	1.06
259.1	13.00	7.80	4.68	威二虎旬 〃	⋯	⋯	⋯	7.49	13.23	⋯	L	⋯	20.03	⋯	⋯	1.26
269.0	13.45	8.07	4.85	二松河 〃	⋯	⋯	⋯	8.05	13.39	⋯	L	⋯	20.19	⋯	⋯	1.43
282.6	14.15	8.49	5.10	切道 〃	⋯	⋯	⋯	8.17	13.51	⋯	L	⋯	20.31	⋯	⋯	1.55
302.6	15.15	9.09	5.46	坡河 〃	6.48	⋯	⋯	8.31	14.05	⋯	L	18.01	20.45	⋯	21.13	2.11
315.0	15.75	8.45	5.67	法 著發	7.10	⋯	⋯	8.59	14.32	⋯	14.32	18.14	21.13	⋯	21.26	2.38
					7.11	⋯	⋯	9.12	14.45	⋯	14.45	18.15	21.26	⋯	19.40	2.52
325.0	16.30	9.78	5.87	家拉 發	新站著	⋯	⋯	9.15	14.48	⋯	L	18.15	21.28	⋯	19.41	3.14
335.1	16.80	10.08	6.05	小嶺河 〃		⋯	⋯	9.30	15.03	⋯	L	⋯	21.43	⋯	⋯	3.29
345.4	17.30	10.38	6.23	老箔蘭 〃	九站行	⋯	⋯	9.45	15.23	⋯	L	⋯	21.58	新站著	⋯	3.46
356.9	17.85	10.71	6.43	六密修山 〃	③	⋯	⋯	9.58	15.36	⋯	L	⋯	22.11	19.55	⋯	3.59
377.5	18.87	11.34	6.81	天潭 〃	10便	⋯	⋯	10.11	15.49	⋯	L	⋯	22.26	⋯	⋯	4.12
396.1	19.85	11.91	7.15	江皮 〃		⋯	⋯	10.52	16.11	⋯	L	⋯	22.49	⋯	⋯	4.36
400.0	20.05	12.03	7.22	閘 〃		⋯	⋯	11.15	16.33	⋯	19.45	⋯	23.13	⋯	⋯	5.00
				吉 林 著發		⋯	⋯	11.22	16.39	⋯		⋯	23.19	⋯	⋯	5.07
405.4	20.30	12.18	7.31	哈灣站子 發	⋯	7.49	8.30	11.32	13.50	15.52	19.52	20.30	⋯	⋯	⋯	5.17
413.6	20.70	12.42	7.46	九 〃	⋯	8.00	8.38	11.40	13.58	17.00	L	20.38	⋯	⋯	⋯	5.25
423.8	21.20	12.72	7.64	佤店皮腹廠 〃	⋯	8.15	8.47	11.50	14.08	17.10	L	20.48	⋯	⋯	⋯	5.35
435.0	21.75	13.05	7.83	樺河子 〃	⋯	⋯	9.07	12.04	14.32	17.34	L	21.00	⋯	⋯	⋯	5.47
442.5	22.15	13.29	7.98	河土廠城 〃	⋯	⋯	9.16	12.14	14.42	17.44	L	21.12	⋯	⋯	⋯	6.00
465.2	22.80	13.68	8.21	嶺漢 〃	⋯	⋯	10.00	12.46	15.00	18.02	L	21.48	⋯	⋯	⋯	6.29
468.8	23.45	14.07	8.45	下飲龍 〃	⋯	⋯	10.13	13.05	15.18	18.17	L	21.58	⋯	⋯	⋯	6.39
475.9	24.25	14.55	8.73	九馬家 〃	⋯	⋯	10.28	13.15	15.29	18.26	21.05	22.11	⋯	⋯	⋯	6.53
484.9	24.25	14.55	8.73	僅山京 〃	⋯	⋯	10.39	13.25	15.39	18.36	L	22.21	⋯	⋯	⋯	7.04
493.2	24.70	14.82	8.90	興卡 〃	⋯	⋯	10.51	13.32	15.51	18.48	L	22.32	⋯	⋯	⋯	7.16
503.0	25.15	15.09	9.06	陸新 〃	⋯	⋯	11.15	13.40	16.08	18.59	L	22.42	⋯	⋯	⋯	7.28
512.4	25.65	15.39	9.24	〃	⋯	⋯	11.29	13.54	16.20	19.10	L	22.54	⋯	⋯	⋯	7.40
523.4	26.20	15.72	9.44	〃	⋯	⋯	11.43	14.08	16.30	19.23	23.08	⋯	⋯	⋯	⋯	7.50
528.0	26.40	15.84	9.51	新京 著	⋯	⋯	11.50	14.15	16.40	19.30	21.58	23.15	⋯	⋯	⋯	8.00

下九站、拉法、敦化、明月溝、新站、朝陽川、延吉、圖們

49　廉徳5年12月1日改訂　　　新　京・圖　們

自　新　京					列車先番號名	蛟河行	圖們行	圖們行	吉林行	吉林行	羅津行	延吉行	圖們行	蛟河行	吉林行	吉林行	敦化行	清津行
粁程	運賃			驛名		勤ハ	勤221	②③209	③9便	⑫③211	⑫③201	勤239	②③205	勤ヲ	⑫③213	②③207	⑫③215	⑫③203
	1等	2等	3等															
	円分	円分	円分								6.55	8.10		10.40		13.55	15.35	19.35	22.05
0.0	0.25	0.15	0.09	新京		…	…				7.02	レ		10.48		14.09	15.43	19.42	22.14
4.6	0.25	0.15	0.09								7.15	レ		11.01		14.22	15.56	19.55	22.28
15.6	0.80	0.48	0.29	新隆							7.30	レ		11.12		14.33	16.07	20.06	22.40
25.0	1.25	0.75	0.45	飲馬河							7.43	レ		11.24		14.45	16.19	20.18	22.57
34.8	1.75	1.05	0.63	下九臺							7.53	レ		11.36		15.08	16.31	20.30	23.08
43.1	2.20	1.32	0.80	土們嶺							8.05	9.03		11.47		15.08	16.42	20.41	23.19
52.1	2.65	1.59	0.96	樺皮店							8.15	レ		11.57		15.18	16.52	21.00	23.28
59.2	3.00	1.80	1.08	九站							8.30	著		12.12		15.33	17.07	21.15	23.44
72.8	3.65	2.19	1.32	哈達灣							8.44	レ		12.26		15.47	17.21	21.29	23.57
85.5	4.30	2.58	1.55								8.53	レ		12.35		15.55	17.36	21.38	0.07
93.0	4.65	2.79	1.68								9.05	レ		12.47		16.09	17.48	21.50	0.18
104.2	5.25	3.15	1.89						8.20	9.17	レ		12.59		16.22	18.00	22.02	0.30
114.4	5.75	3.45	2.07						8.40	9.28	レ		13.10		16.34	18.11	22.13	0.40
122.6	6.15	3.69	2.22						8.49	9.35	10.16		13.17		16.42	18.18	22.20	0.47
127.7	6.40	3.84	2.31	吉林				6.15			10.23		13.27		…	18.38		0.57
131.9	6.60	3.96	2.38					6.23			レ		13.35		18.46		1.05
150.5	7.55	4.53	2.72					6.48			レ		13.58		19.24		1.31
171.1	8.60	5.16	3.10					7.13			レ		14.21		19.47		1.57
182.6	9.15	5.49	3.30					7.30			14.38	新站40	14.54		20.04		2.15
192.9	9.65	5.79	3.48					7.46			レ		15.06		20.20		2.32
202.1	10.15	6.09	3.66					8.10			レ		15.18	18.52	20.44		2.57
213.0	10.65	6.39	3.84	拉法		新站6.10発 6.17				11.58		15.22	18.53		20.46		3.12
225.4	11.30	6.78	4.07			6.18		8.12		11.59		15.28	19.13		21.11		3.31
245.4	12.30	7.38	4.43			6.38		8.29		12.15		15.40			21.33		3.55
259.0	12.95	7.77	4.67					9.01		レ		16.02		21.49		4.13
268.9	13.45	8.07	4.85					9.17		レ		16.18		22.04		4.30
283.6	14.20	8.52	5.12					9.32		レ		17.05		22.22		4.50
300.5	15.05	9.03	5.42					9.50		レ		17.25		22.41		5.10
315.2	16.00	9.48	5.69					10.10		レ		17.41		22.57		5.28
328.7	16.45	9.87	5.93					10.44		レ		17.59		23.15		5.47
338.2	16.95	10.17	6.11	敦化				10.55		14.14		18.09		23.26		5.58
351.1	17.60	10.56	6.34			7.50	11.15		14.21		18.19			6.06
362.1	18.15	10.89	6.54	大石頭		8.08	11.36		レ		18.34			6.21
374.0	18.70	11.22	6.74	哈巴嶺		8.23	11.49		レ		18.47			6.34
385.4	19.30	11.58	6.95	南充		8.40	12.03		レ		19.01			6.48
396.5	19.85	11.91	7.15			8.56	12.18		レ		19.16			7.02
410.7	20.55	12.33	7.40	兵月		9.12	12.34		レ		19.32			7.18
423.9	21.20	12.72	7.64	茶條		9.37	12.51		15.38		19.49			7.35
435.4	21.80	13.08	7.85	明月溝		9.59	13.08		レ		20.06			7.52
447.2	22.40	13.44	8.07	老爺嶺		10.15	13.22		レ		20.20			8.06
455.4	22.80	13.68	8.21	銅佛寺		10.31	13.52		レ		20.35			8.21
465.7	23.30	13.98	8.39	朝陽川		10.57	14.18		レ		20.46			8.32
476.2	23.85	14.31	8.59	延吉		11.05	14.23		16.41		21.01			8.47
492.7	24.65	14.79	8.88			11.23	14.36		16.44	17.40	21.13			8.52
508.9	25.45	15.27	9.17	朝鮮		11.46	15.03		16.55	17.53	21.25			9.05
528.0	25.40	15.84	9.51	圖們		13.17	16.05		18.15		22.50			10.30
0.0	円綫 0.18	円綫 0.12	円綫 0.07						18.45				11.00
3.3	0.18	0.12	0.07	52頁 圖南					18.52				11.07
173.5	7.66	4.88	2.70	53頁 陽津									14.48
162.5	7.18	4.57	7.53	津					22.00				

旅行記念スタンプ設置驛　新京、吉林、（同スキー場）、土門嶺、（同スキー場）

▲49　新京・図們間　総局・京図線　1938.12.1改訂（滿洲支那汽車時間表　満鉄鉄道総局　昭和14年3月）

215

THE CHANGCHUN STATION, THE STARTING POINT
OF THE LINE BETWEEN KILIN AND CHANGCHUN.
吉長線の起点長春驛

▲吉長線の起点長春駅（単色刷、発行元不詳、仕切線1/2）　吉長鉄路は、満鉄長春駅の一角を始発駅（頭道溝）としていたが、機関区など主要施設は長春城東門外の長春東站（→東新京）にあった。写真は1930年頃の撮影と思われ、高いプラットホームやラティストラス桁の跨線橋に英国流儀がうかがえ、小著『写真に見る満洲鉄道』P168上は同橋上よりの撮影である。

▼伊通河鉄橋（単色刷、長春森野商店発行、仕切線1/2）　伊通河は長春城（旧市街）の東縁を北流する河川で、吉長鉄路は頭道溝～長春東站間に同橋梁を架設した。写真は1920年頃の撮影と思われ、同鉄路1Cテンダー機107形が逆向で貨物列車を牽引して頭道溝（転車台なし）に向かい、手前に満鉄長春軽便鉄道（附属地～陶家屯・石碑嶺間）の木橋が見える。

（行發號泰森林吉）　　　　　　　　驛林吉るた驛一第の道鐵敦吉てしに点終の道鐵長吉

▲**吉長鉄道の終点にして吉敦鉄道の第一駅たる吉林駅**（単色刷、吉林森泰号発行、仕切線1/2）　吉林は松花江の水運を利用した木材の一大集散地で、駅は吉林城外、市街東端にもうけられた。写真は満鉄が築造した2代目の駅本屋で、1928年頃の撮影と思われ、ルネッサンス様式、レンガ造2階建、外装モルタル仕上で、玄関は西面し、破風には車輪に双翼の社章が見てとれる。

▼**建物のみ宏壮なる黄旗屯站**（単色刷、大正写真工芸所発行、仕切線1/2）　中国自建の吉海鉄路（朝陽鎮〜吉林間183.4km）は、満鉄包囲鉄道のひとつで、当初は吉長鉄路と接続せず、吉林城の北極門外に簡素な吉林站、市街西方の黄旗屯（こうきとん）に広大な吉林総站をもうけた。写真は奉吉線（奉天〜吉林間447.4km）となった後の撮影と思われ、駅本屋の破風に旧駅名が見てとれる。

VIEW OF HUANG-CHI-TUN STATION, KIRIN.
站屯旗黄るな壮宏みの物建　（鬬名林吉）

▲総局（在長春）（吉敦鉄路建設写真帖、満鉄鉄道部発行）　吉長・吉敦両鉄路を統括する、吉長鉄路管理局の局舎で、小著『写真に見る満洲鉄道』P168下の旧局舎に替えて満鉄が築造した、ルネッサンス様式、レンガ造2階建、外装モルタル仕上、正面玄関にイオニア式オーダーを配した重厚な建築であった。写真は1929年初の撮影と思われる。

●京図（吉敦）線

　満洲国鉄京図線（新京～図們橋中心間528.0km）は、吉長・吉敦両鉄路と満洲国鉄敦図（とんと）線を一本化したもので、満鉄北鮮線を介し、日本海に面した北鮮3港（清津・雄基・羅津）と接続する日満連絡最短ルートの一部をなし、戦略的に重要視された。
　吉長鉄路（長春頭道溝～吉林間127.7km）は、もとロシアが東清鉄道の支線として計画し、日露戦争の結果わが国が敷設権を得たもので、1907年の日清協約にもとづいて円借款で建設され、1912年10月に開通したが、経営困難のため、1917年10月に借款を増額する見返りに満鉄が30年間の経営を受託した。
　吉敦鉄路（吉林～敦化間210.4km）は、1909年の日清協約で言及された吉会鉄路（吉林～会寧間）の一部で、1918年の日中予備借款契約により、吉会鉄路の建設資金1,000万円がわが国より交付されたが、中華民国政府はこれを他に転用した上、事態を放置したため、満鉄は1925年、東三省を実効支配していた張作霖と談合し、翌年に吉敦鉄路の建設に着手し、1928年10月に開通させた。両鉄路とも満鉄が経営受託したまま満洲事変をむかえ、満洲国鉄に編入された。
　敦図線（敦化～図們橋中心間189.8km）は、1932年5月、全線を8区間に分けていっせいに着工し、1933年4月に全線開通し、同年9月に吉長・吉敦鉄路を合併し、京図線に一本化された。

景光之橋架道鉄敦吉上江花松林吉

▲吉林松花江上吉敦鉄道架橋之光景（単色刷、発行元不詳、仕切線1/2）　吉林～敦化（とんか）間
210.4kmの吉敦鉄路は、円借款による吉林省有鉄道で、1926年3月に測量開始、同年6月に起工した。写真はニ
ューマチック・ケーソン工法による松花江橋梁の橋脚基礎工事状況で、同年秋頃の撮影と思われ、画面中央は
竪型ボイラー搭載のポンプ船である。

▼松花江氷上鉄道 吉敦鉄道の松花江大鉄橋工事中 江東へ材料運搬の為め急造せるもの 前面
の工事は零下三十五度の酷寒を犯して氷上に橋脚沈下作業の光景（昭和二年一月）（単色刷、
吉林森泰号発行、仕切線1/2）　吉敦鉄路の建設資材や工事車両は、もっぱら吉林側より投入する必要があったた
め、松花江橋梁の竣工を待たず、凍結した同江上に仮線路を敷いて対岸に輸送した。機関車は吉長鉄路プレ形
（1910年京奉鉄路唐山工廠製）、遠景は団山子（団子山）である。

前のもるせ造急め為の搬運料材へ東江中事工橋鐵大江花松の道鐵敦吉道鐵上氷江花松
（月一年二和昭）景光の業作下沈脚橋に上氷てし犯を寒酷の度五十三下零は事工の面

（行發號泰森林吉）

▶松花江に架せられたる吉敦鉄道の大鉄橋（単色刷、吉林森泰号発行、仕切線1/2）　松花江橋梁は径間47mプラットトラス桁9連＋同10mプレート桁1連、延長443.78mで、橋脚間に足場桁をはしけで運び、橋脚に埋め込んだ角材のブラケットに架けわたし、その上にゴライアスクレーンを走行させ、河中に足場杭を1本も打つことなく、毎週1径間の工程でトラス桁を組み立てた。写真は1928年頃の撮影と思われ、トラスの扁額には「松花江橋」「民国十六（1927）年八月」、弦材の銘板には「大日本帝国大阪　汽車製造株式会社　中華民国拾六年製作」としるされている。

（吉林森泰号発行）　　松花江に架せられたる吉敦鉄道の大鉄橋

▼堅牢優美なる京図線鉄橋（単色刷、大正写真工芸所発行、仕切線1/2）
吉林は松花江左岸（北岸）に発達した城郭都市で、古代の史跡も多く、「満洲の京都」とたたえられた山紫水明の地でもあり、松花江上流は渓谷美により「満洲ライン」とも呼ばれ、舟遊びや鵜飼に人気があった。写真は京図線全通後の1935年頃の撮影と思われ、橋脚には足場桁ブラケットの角孔を埋めた跡が見てとれる。

SNAP OF IRON BRIDGE OF KYO-TO LINE, KIRIN.
堅牢優美なる京図線鉄橋　（林名勝）

◀完成セル隧道（東口）（吉敦
鉄路建設写真帖、満鉄鉄道部発行）　吉
敦鉄路は、天崗（てんこう、吉林起
点43.3km）を過ぎると老爺嶺（ろう
やれい）の山越え（最急勾配12.5‰、
最小半径360m）にかかり、全満第
二の老爺嶺隧道（延長1,820m）東口
でサミットに達する。同隧道の掘削
は底設導坑上部切上り法で、順調に
掘り進み、予定より5ヵ月早い1928
年3月に竣工した。

▼老爺嶺駅（65.2粁）（吉敦
鉄路建設写真帖、満鉄鉄道部発行）
老爺嶺隧道東口を出た列車は、
そのまま同駅構内に進入する。
駅本屋はしょうしゃなログハウ
ス風の建屋で、周囲の高原風景
にマッチしていた。駅を出ると
勾配は下り12.5‰となり、列車は
蛟河盆地（標高280m前後）に下
りてゆく。

▲**蛟河駅本屋外観**（吉敦鉄路建設写真帖、満鉄鉄道部発行） 蛟河（こうが、吉林起点97.7km）は吉林〜敦化間第一の都市で、蛟河平原南部の木材と農産物の集散地であり、一帯の沃野は水田に利用された。駅本屋はレンガ造2階建、陸屋根、外装モルタル塗、面積662.1m²で、使用するレンガは現地にかまどを築造して焼き上げ、セメントなど一部資材は人馬で老爺嶺を越えて運びこんだ。

▼**蛟河機関庫**（吉敦鉄路建設写真帖、満鉄鉄道部発行） レンガ造平屋建、面積1,102.5m²、3線矩形庫で、画面左手への増築も予定されたらしく、レンガ積に段差を残しており、右手奥で給水中の機関車は後出の吉敦鉄路ミカド形510である。なお、蛟河には機務段（車両担当）・車務段（運輸担当）・工務段（工事担当）各事務所、貨物倉庫、鉄道官舎（一種〜四種）がもうけられていた。

▲南河橋梁鉄桁架設（99粁）（吉敦鉄路建設写真帖、満鉄鉄道部発行）　吉敦鉄路は、建設にさいして鉄桁の所要数を減らすため、中小橋梁の桁と橋脚に当地産の木材を多用した。写真はその一例で、河心のみ径間19mのプレート桁とし、大物車改造のデリックカーで所定位置に運び、先端→後端の順で橋脚上に吊り下ろすシーンで、遠景は蛟河北方の拉法磊子（ラアジ）山と思われる。

▼敦化駅（210.4粁）（吉敦鉄路建設写真帖、満鉄鉄道部発行）　敦化（とんか）への列車は、黄松甸（おうしょうでん）隧道（延長260m）で松花江と牡丹江の分水嶺を抜け、しばし密林の間を走り、太平嶺附近で京図線最高所（標高560m）に達し、敦化盆地へと下ってゆく。敦化は木材・大豆・毛皮・高麗人参の集散地で、駅本屋は前出の蛟河と同一設計によるものであった。

▲機関車—ミカド型（吉敦鉄路建設写真帖、満鉄鉄道部発行） 吉敦鉄路は活荷重クーパー E45（最大軸重 45,000lbs＝20.4トン）相当、停車場有効長500mで計画された。同鉄路ミカド形は鉄道省9900（→D50）形の準軌版で、缶中心高は300mm 増大の2800mm、軸配置1D1、シリンダー内径570mm×660mm（22.44インチ×26インチ）、動輪径1372mm（54インチ）、缶圧12.7kg/cm²（180ポンド／平方インチ）、火床面積3.9m²（42平方フィート）、動軸重平均14.7トン、機炭総重量132.1トン、1923・26年川崎製の吉長鉄路501〜504の同系で、1926年汽車製（505〜510）および1927年川崎製（511〜516）、合併前提で通し番号とされ、写真は515である。1932年3月、吉長機4両とともに満洲国鉄に移管され、国線ミカ𢑥形6540〜6555、ついでミカコ501〜516となった。

●京図（吉敦）線 車両

表5 吉長・吉敦鉄路機関車一覧

形式	軸配置	機番	両数	製造初年	製造所	備考
プレ	1C1t	1, 2	2	1910	唐山工場	サドルタンク
モガ	1C	21	1	1892	ダブス	旧京奉鉄路21
		101〜106	6	1909	唐山工場	
		107〜110	4	1913	ボールドウィン	
テホ	2C	201, 202	2	1907	アルコ（ロジャース）	旧満鉄F（テホ）形
ソリ	1D	301, 302	2	1906	アルコ（ロード・アイランド）	旧満鉄H（ソリ）形
ミカ	1D1	501〜504	4	1923	川崎	吉長鉄路分
		505〜510	6	1927	汽車	吉敦鉄路分
		511〜516	6	1926	川崎	
合計			33			

▲一二等合造車外観（吉敦鉄路建設写真帖、満鉄鉄道部発行）　大連機械製作所（以下、大連機械）で２両製造された、吉敦鉄路一二等車（→国線イロ₂形）で、鋼製丸屋根、魚腹形台枠、オープンデッキ、台車２軸ボギー、定員一等24名・二等39名、画面右手が一等室で、デッキには丸ハンドルの手用制動機をそなえていた。

▼三等車外観（吉敦鉄路建設写真帖、満鉄鉄道部発行）　大連機械で８両製造された、吉敦鉄路三等車（→国線ハ₈形）で、鋼製丸屋根、魚腹形台枠、オープンデッキ、台車２軸ボギー、定員は窓割と座席配置より見て104名と思われる。同鉄路の客車は、吉長鉄路に比べて車体断面と車体長が大きく、屋根が深いのが特徴であった。

▲**有蓋貨車**（吉敦鉄路建設写真帖、満鉄鉄道部発行）　大連機械で35両製造された、吉敦鉄路有蓋車（→国線ヤサ形）で、全鋼製、荷重30トン（メトリックトン、以下同様）、側面には右書きで「吉敦」、横書きで「KT」と標記されている。各鉄路の貨車は、国有後に積載重量で形式区分され、末尾イが15トン、ニが20～27トン、サが30トン、シが40トンで、以後の新形式は空き称号を順次使用した。

▼**六枚側貨車**（吉敦鉄路建設写真帖、満鉄鉄道部発行）　大連機械で35両製造された、吉敦鉄路無蓋車（→国線ムサ形）で、側板6枚（6プランク）、台枠溝鋼、荷重30トン、自重14.6トン、内寸10.2m×2.9m×1.2m、片側2ヵ所の鋼製開き戸をもうけていた。なお、吉敦鉄路は本形式のほか、二枚側30トン積無蓋車（→国線ムサ形）33両を大連機械より購入した。

▲**無側車**（吉敦鉄路建設写真帖、満鉄鉄道部発行）　大連機械で10両製造された、吉敦鉄路無側車（→国線チ<small>サ</small>
形）で、台枠溝鋼、荷重30トン、自重14.4トン、台枠側面に車番をはさんで「吉」「敦」と右書きされており、
バックは前出の敦化駅本屋と思われる。

▼**緩急車**（吉敦鉄路建設写真帖、満鉄鉄道部発行）　大連機械で6両製造された、吉敦鉄路車掌車（→国線カ<small>イ</small>
形）で、台枠溝鋼、車体木製、2軸、オープンデッキである。吉長・吉敦両鉄路の貨車は、多くの中国国鉄と
同様、英国プラクティスによっており、満鉄貨車に比べて車体長が短く、車輪径が大きいのに特徴があった。
国線編入車掌車の形式区分は、小型がカ<small>イ</small>形、大型がカ<small>ニ</small>形であった。

▼**朝陽川站全景**（単色刷、発行元不詳、仕切線1/2）　朝陽川（ちょうようせん、新京起点465.7km）は延吉盆地の西側に位置し、京図線開通以前は天図（てんと）軽便鉄道（軌間762mm）で図們江岸、さらに北鮮の上三峰（かみさんぽう）と結ばれていた。写真は同駅の本屋で、1934年頃の撮影と思われ、玄関は北面し、レンガ造平屋建372m²の満鉄二等イ型規格で、望楼をそなえていた。同地方は東部国境に近く、治安が悪かったため、駅本屋はレンガ・石材・コンクリートのいずれかで築造し、特等・二等駅は対角2ヵ所、三等・四等駅は駅務室寄りに防御室をもうけた。写真では画面右端と左手のさくの陰、対角2ヵ所の防御室のほか、陸屋根のパラペット（擁壁）にも銃眼が見える。

▶**京図線明月溝駅　間島材ノ輸送状況**（単色刷、発行元不詳、仕切線
1/2）　敦化（新京起点338.2km）より図們へ向かう列車は、哈爾巴嶺（は
るぱれい、同374.0km）附近で分水嶺・長嶺子を越え、鮮人の多く住む間
島地方に入り、豆満江の支流・布爾哈通河にそって走る。明月溝（めいげ
つこう、同410.7km）は木材搬出のさかんな山間の小駅で、駅本屋はレン
ガ造平屋建164m²の満鉄三等規格、写真は1938年頃の撮影と思われ、停車
中の列車は手前が敦化行旅客列車、客車は国線・吉長・吉敦3種混結で、
牽引機はもと満鉄F形（小著『満洲鉄道発達史』P097中参照）、1917年に吉
長鉄路に譲渡され、満洲国鉄に引き継がれて国線テホ₌形となった。隣線
の貨物列車牽引機は、もと満鉄ダブ形の国線ダブイ552である。

●京図(敦図)線

◀**布爾哈通川鉄橋**（単色刷、
鉄路総局発行、仕切線1/2）　京
図線の延吉（えんきつ、新京起
点476.2km、1943年4月に間島
と改名）～図們間は、いちじる
しく蛇行する布爾哈通（ブルハ
ト）川をぬうように走る。写真
は橋梁と隧道の連続する磨盤山
（まばんざん、同492.7km）～
葦子溝（いしこう、同508.9km）
間の布爾哈通川第十六橋梁で、
1933年夏頃の撮影と思われ、画
面手前が磨盤山方面、奥が葦子
溝方面、左手が南側である。

布爾哈通川鐵橋

延吉圖們門は満洲の耶馬溪である。汽車はトンネルを貫けトンネルに入る。羅
津の築港完成と共に京圖線を経由する北満特産物の輸送は益々増大されるので
雄大なる鐵橋は此の附近到る處に架けられ、此の布爾哈通川第十六鐵橋も共の
一つである。

容偉場車停の們図大興新く行び伸
（行発店商米久）

▲伸び行く新興大図們の停車場偉容（単色刷、久米商店発行、仕切線1/2）　図們（ともん）は豆満江左岸
（西岸）、満洲東端の国境都市で、対岸は北鮮の南陽である。写真は同駅の本屋で、1934年頃の撮影と思われ、
玄関はほぼ東面し、レンガ造平屋（一部2階）建、面積857m²、屋内に税関・簡易宿泊室・食堂・厨房をそな
え、画面左手平屋部分の入口上には「BUFFET　構内食堂」の看板がかかげられ、駅前広場には鮮人の白衣
が目立つ。望楼は曲面を取り入れつつも上端に銃眼を有し、屋上パラペットにも銃眼が見られるほか、画面右
端の馬車の陰と、左手画面外の対角2ヵ所に防御室がもうけられている。

COMPLETE VIEW OF TU-MEN RAILWAY BRIDGE
AND TRAIN, TU-MEN CHIEN-TAO.
車列の中行逹さ橋鐵大門図ぶ結を満日　（観景の門図）

▲蜘蛛網を張るの如き大図們駅　構内雑踏なる実況（単色刷、久米商店発行、仕切線1/2）　同駅構内を南側（南陽方）より写したシーンで、画面中央人物の遠方が駅本屋、第二ホームより発車するのは逆向の鮮鉄機に牽引された図們～南陽間の区間列車、左手の人物の遠方は日章旗を立てた吉長吉敦鉄路歩兵車ヒ二形を最後尾に連結した貨物列車、撮影時期は1934年頃と思われる。なお、満鉄北鮮線は当初鮮鉄車両を借り受けて運転され、1935年3～6月に国線車両との置き換えを完了した。

▶日満を結ぶ図們大鉄橋と進行中の列車（単色刷、大正写真工芸所発行、仕切線1/2）　豆満江に架設された南陽図們橋梁は、鴨緑江橋梁（新義州～安東間）、三峰橋梁（開山屯～上三峰間）に次ぐ第三の満鮮国際鉄道橋で、1932年8月に着工し、橋桁は横河橋梁と川崎車両が製造したデッキプレート桁21連、延長420m、橋脚は鉄筋コンクリート、箱枠沈下工法により、1933年4月に鉄道橋、6月に歩道が竣工した。工費総額は42万3千円で、同橋中心をもって満鮮国境とされた。写真は図們側より望んだシーンで、同年夏頃の撮影と思われ、鮮鉄ソリ形に牽引された混合列車が国境を越え、図們に近づきつつある。同形式は1904年ボールドウィンで6両製造され、軸配置1D、シリンダー内径508mm×660mm（20インチ×26インチ）、動輪径1372mm（54インチ）、缶圧12.7kg/cm²（180ポンド／平方インチ）、火床面積4.05m²（43.5平方フィート）、動軸重平均15.05トン、機炭総重量111.06トンで、後位の無蓋車・有蓋車・客車はいずれも鮮鉄車両である。

（影撮所誤寫岡華井荒）（行發店書葉絵野今）　　　車轉運女處通開　景夜ノ日當通開驛津羅

▲羅津駅開通当日ノ夜景　開通処女運転車（単色刷、今野絵葉書店発行、仕切線1/2）　1933年10月、清津以北の鮮鉄各線（表6参照）は満鉄に経営委託され、1935年11月開業の雄羅線とあわせ、日本海に面した北鮮3港（清津・雄基・羅津）より、前出の南陽図們・三峰両国際橋梁をへて、浜綏線経由ハルビン、および京図線経由新京への最短ルートが満鉄の管理下に入った。絵葉書は1935年11月1日、開業当日の羅津駅の夜景（上）と、午後の南陽・上三峰・輸城経由京城行（朱乙〜京城間のみ急行）が処女列車として同駅を発車するシーン（下）で、牽引機は前頭に日章旗と満鉄社旗を交叉させた社線パシサ形（2代）、編成は次位より鮮鉄手荷物郵便車テニ形、同二等寝台車ロネ形、所属不明二三等車ロハ形、鮮鉄三等食堂車ハシ形、満鉄三等寝台車ハネ₁形、同三等車ハ₅形と思われる。なお、開業当日の同駅の昼景は、小著『満洲鉄道発達史』P244上を参照されたい。

表6　満鉄北鮮線の変遷

線名	旧線名	区間	キロ程	備考
雄基駅埠頭線	－	雄基〜雄基駅埠頭	3.0	貨物線、1939.10.1開業
雄羅線	－	雄基〜羅津	15.2	1935.11.1開業
	－	羅津〜羅津埠頭	3.0	1941.5.1開業
南雄羅線	－	羅津〜南羅津	3.0	貨物線、1939.10.1開業
北鮮東部線	京図線	図們〜図們橋中心	2.1	1933.10.1満鉄に委託
	鮮鉄図們線	図們橋中心〜南陽	1.2	
	鮮鉄図們線	南陽〜雄基	144.0	
北鮮西部線	鮮鉄図們線	上三峰〜南陽	36.0	
	鮮鉄図們線	三峰橋中心〜上三峰	1.4	
	鮮鉄図們線	会寧〜上三峰	40.4	1933.10.1満鉄に委託、1940.6.30鮮鉄に返還
	鮮鉄咸鏡線	輸城〜会寧	84.8	
	鮮鉄会寧炭砿線	会寧〜上鶏林	11.7	
	鮮鉄清津線	輸城〜清津	9.0	
合計			354.8	

注）　北鮮東部線・北鮮西部線は1934.11.1制定

第3部・北満鉄路の旅

THE CHINESE EASTERN RAILWAY LINE, CHANG-CHUN.
道鐵支東内構驛（春長）

▲駅構内東支鉄道（単色刷、大正写真工芸所発行、仕切線1/2）　帝政ロシアの建設した東清鉄路は、1912年の中華民国建国によって中東鉄路、1932年の満洲国建国によって北満鉄路と名を変えたが、ロシア革命後もソ連の主権が及んでいたため、1935年3月にいたるまで満洲国鉄に編入されず、準軌（1435mm）の鉄道網の中にロシアゲージ（1524mm）による南部・西部・東部3路線が残されていた。写真は1932年頃、長春駅第二ホームに停車中の中東鉄路南部線ハルピン行旅客列車で、牽引機はГп（ゲェーペー）形3681（1902年ハリコウスキー工場製）、2シリンダー複式、軸配置2C、シリンダー内径510/765mm×行程700mm、動輪径1730mm、缶圧14kg/cm²、火床面積2.8m²、ベルペア火室で、給水ポンプと一体のウォーシントン式給水加熱器をそなえていた。Гп形は合計85両（601～640、651～695）製造されたГ（ゲェー）形を過熱式に改造したもので、満洲国鉄にはГ形58両・Гп形24両が譲渡され、それぞれテホB形・テホA形となった。

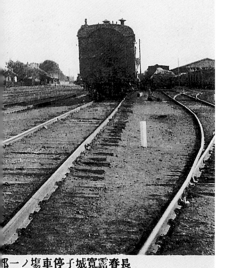

◀**長春露寛城子停車場ノ一部**（単色刷、長春吉川発行、仕切線1/2）　長春を出た中東鉄路南部線最初の駅が寛城子（かんじょうし、長春起点2.8km）で、日露戦争の結果、同鉄路南部線の最南端駅となり、広大な構内に機関庫、客貨車ヤード、北行貨物積換施設をもうけていた。1918～22年のシベリア出兵にともない、中東鉄路は1919年より連合国（日英米仏伊中）の共同管理下に置かれ、満鉄は1919年1月～翌年2月、長春に臨時輸送係、寛城子に停車場司令部出張所を置き、軍事輸送に対応した。写真は1920年頃、構内より南方（長春方面）を望んだシーンで、駅本屋は画面奥の木立にかこまれたところにある。停車中の機関車は2両ともЦ（ツェー）形で、1899年にフランスで50両、1904年にハリコウスキー工場で31両、ブリヤンスキー工場で30両製造され、軸配置1D、2シリンダー複式、シリンダー内径530/750mm×行程650mm、動輪径1300mm、缶圧12kg/cm^2、火床面積2.48m^2、燃料は薪、煙突は内部に火の粉止めを有するダイヤモンドスタックで、61両が満洲国鉄に引き継がれ、ソリC形となった。

郦一ノ塲車停子城寛露春長

▼**寛城子停車場**（単色刷、寛城子石川書店発行、仕切線1/2）　寛城子は満鉄開業以降、長春に活気をうばわれて衰退し、中東鉄路・シベリア鉄道経由の欧亜連絡も第一次大戦とロシア革命後の政情不安により中断された。写真は閑散とした同駅本屋の正面側で、撮影時期は1919～20年と思われ、小著『写真に見る満洲鉄道』P149下とは駅前ロータリーをはさんだ反対側のカメラポジションである。

（行箋店書川石子城寛）　　　　　塲車停子城寛

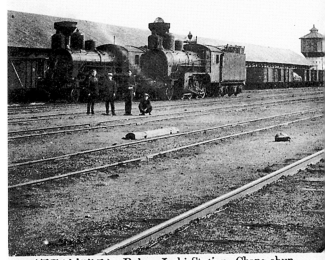

（行發川吉春長）　Rokan Joshi Station, Chang-chun.

▼**思ひ出深き最近の寛城子駅**（単色刷、神田東京松村発行、仕切線1/2）　寛城子は日中露３国の角逐する地であり、1919年７月19日の寛城子事件（在留邦人に対する中国兵の暴行に起因した日中両軍の発砲事件）のような不測の事態も起きた。満洲事変では、柳条湖事件の翌19日、日本陸軍の長春占領にともなって発生した寛城子と南嶺（長春南郊）における日中両軍の戦闘が激戦として有名で、絵葉書は（寛城子戦跡）の注記より、同事変後の撮影と思われる。

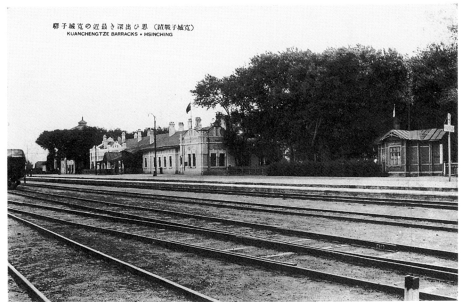

駅子城寛の近最き深出ひ思　（蹟戦子城寛）
KUANCHENGTZE BARRACKS · HSINCHING

42 康德5年10月18日改訂　新京・哈爾濱間　(總局・京濱線)

自新京

粁程	運賃 1等	2等	3等	驛名	17 三棵樹行 (急行)	621 窰門行 (勤)	625 三棵樹行 (勤)	21 三棵樹行	15 三棵樹行 (急行)	601 三棵樹行	627 哈爾濱行 (勤)	31 三棵樹行	19 三棵樹行	11 哈爾濱行	623 窰門行 (勤)	605 三棵樹行 (不定期)	603 三棵樹行
0.0	円錢	円錢	円錢	12.13·14.15頁 大連 發	17.00	…	…	12.40	20.00	…	…	…	21.30	9.00	…	…	…
396.6	17.47	11.12	6.16	奉天 〃	23.05	…	…	22.40	3.00	…	…	5.40	7.35	13.48	…	…	…
701.4	30.89	19.66	10.89	新京 著	3.32	…	…	6.18	8.00	…	…	12.30	15.00	17.20	…	…	…
0.0	円分	円分	円分	新京 發	3.42	5.55	…	6.30	8.15	9.00	…	12.50	15.15	17.30	19.10	22.50	23.50
18.7	0.70	0.42	0.26	一間堡 〃	急行	6.20	…	6.47	急行	9.17	…	13.18	15.32		19.30	23.11	0.13
32.2	1.65	0.99	0.60	米沙子 〃	レ	6.48	…	7.10	レ	9.40	…	13.41	15.55		20.05	23.42	0.47
51.5	2.60	1.56	0.94	哈拉哈 〃	レ	7.14	…	7.31	レ	10.01	…	14.07	16.16		20.40	0.10	1.28
61.7	3.10	1.86	1.12	布海 〃	レ	7.55	…	7.43	レ	10.13	…	14.19	16.28		20.58	0.25	1.42
80.1	4.05	2.43	1.46	窰門 著	5.00	8.21	…	8.04	9.33	10.34	…	14.40	16.49	18.42	21.40	0.51	2.10
				窰門 發	5.05	…	…	8.08	9.36	10.40	…	14.46	16.53	18.47	…	1.00	2.15
97.0	4.85	2.91	1.75	達家溝 〃	レ	…	…	8.28	レ	11.15	…	15.06	17.13	レ	…	1.26	2.43
108.0	5.40	3.24	1.95	老少溝 〃	レ	…	…	8.45	レ	11.46	…	15.23	17.30	レ	…	1.48	3.06
111.2	5.60	3.36	2.02	松花江 〃	レ	…	…	8.51	レ	11.52	…	15.29	17.36	レ	…	1.55	3.13
119.6	6.00	3.60	2.16	陶賴昭 著	5.48	…	…	9.02	10.19	12.03	…	15.40	17.47	レ	…	2.08	3.34
				陶賴昭 發	5.50	…	…	9.04	10.21	12.06	…	15.42	17.49	レ	…	2.20	3.36
139.8	7.00	4.20	2.52	三岔河 〃	6.14	…	…	9.36	10.45	12.47	…	16.09	18.16	レ	…	3.12	4.14
157.9	7.90	4.74	2.85	蔡家溝 〃	レ	…	…	9.58	レ	13.09	…	16.31	18.49	レ	…	3.40	4.45
169.9	8.50	5.10	3.06	[illegible] 〃	レ	…	…	10.13	レ	13.24	…	16.46	19.10	レ	…	3.59	5.06
191.2	9.60	5.76	3.46	雙城堡 著	7.03	…	…	10.48	11.48	13.47	…	17.09	19.33	20.38	…	4.27	5.36
				雙城堡 發	7.07	…	8.40	10.58	11.51	13.51	15.50	17.12	19.38	20.43	…	4.35	5.41
209.5	10.50	6.30	4.78	五家 〃	レ	…	9.06	11.19	レ	14.14	16.20	17.40	19.59	レ	…	5.03	6.09
229.4	11.50	6.90	4.14	王崗 〃	レ	…	9.47	11.45	レ	14.40	16.53	18.23	20.25	レ	…	5.37	6.46
238.1	11.95	7.17	4.31	顧郷屯 〃	レ	…	10.13	11.58	レ	14.53	17.18	18.35	20.38	レ	…	5.52	7.03
242.0	12.10	7.26	4.36	哈爾濱 著	8.00	…	10.19	12.05	12.45	15.00	17.24	18.41	20.45	21.30	…	6.00	7.10
242.0	12.10	7.26	4.36	38.39.40頁 哈爾濱 發	8.10	…	10.24	12.15	12.55	15.10	17.55	18.55	21.05	…	…	6.10	7.25
244.6	12.25	7.35	4.41	濱江 著	8.18	…	10.30	12.23	13.03	15.18	18.01	19.03	21.13	…	…	6.18	7.33
250.8	12.55	7.53	4.52	三棵樹 〃	8.30	…	10.40	12.35	13.15	15.30		19.15	21.25	…	…	6.30	7.45

自哈爾濱

粁程	運賃 1等	2等	3等	驛名	622 新京行 (勤)	626 雙城堡行 (勤)	32 奉天行	12 大連行	20 大連行	602 新京行	628 雙城堡行 (勤)	606 新京行 (不定期)	16 大連行 (急行)	22 大連行	624 新京行 (勤)	18 大連行 (急行)	604 新京行
0.0	円分	円分	円分	38.39.40頁 三棵樹 發	…	5.45	6.45	…	9.10	…	13.30	…	16.30	…	…	…	22.50
6.2	0.35	0.21	0.13	濱江 〃	…	5.58	6.57	…	9.25	12.17	13.42	14.47	16.42	17.22	…	21.42	23.02
8.8	0.45	0.27	0.17	哈爾濱 著	…	6.04	7.05	…	9.35	12.25	13.48	14.55	16.50	17.30	…	21.50	23.10
0.0	円分	円分	円分	哈爾濱 發	…	6.15	7.20	9.30	9.45	13.00	14.10	15.10	17.00	17.40	…	22.00	23.30
3.9	0.20	0.12	0.08	顧郷屯 〃	…	6.22	7.27	レ	9.52	13.07	14.17	15.17	レ	17.47	…	レ	23.38
12.6	0.65	0.39	0.24	王崗 〃	…	6.47	7.49		10.06	13.21	14.42	15.30	急行	18.00	…	急行	23.58
32.5	1.65	0.99	0.60	五家 〃	…	7.27	8.13		10.31	13.46	15.15	15.54	レ	18.24	…	レ	0.36
50.8	2.55	1.53	0.92	雙城堡 著	…	7.51	8.31	10.18	10.50	14.13	15.39	16.14	17.54	18.42	…	22.55	1.03
				雙城堡 發	…	…	8.36	10.23	10.55	14.17	…	16.19	17.57	18.46	…	22.58	1.08
72.1	3.65	2.19	1.32	[illegible] 〃	…	…	8.57	レ	11.29	14.39	…	16.48	レ	19.07	…	レ	1.39
84.1	4.25	2.55	1.53	蔡家溝 〃	…	…	9.11		11.43	14.53	…	17.02	レ	19.22	…	レ	2.00
102.7	5.15	3.09	1.86	三岔河 〃	…	…	9.34		12.09	15.17	…	17.24	18.48	19.52	…	23.49	2.38
122.4	6.15	3.69	2.22	陶賴昭 著	…	…	9.55	レ	12.32	15.38	…	17.44	19.08	20.13	…	0.10	3.12
				陶賴昭 發	…	…	9.57	レ	12.34	15.44	…	17.50	19.11	20.15	…	0.12	3.14
130.8	6.55	3.93	2.36	松花江 〃	…	…	10.23	レ	12.46	15.56	…	レ	レ	20.26	…	レ	3.30
134.0	6.70	4.02	2.42	老少溝 〃	…	…	10.29	レ	12.52	16.02	…	レ	レ	20.32	…	レ	3.37
145.0	7.25	4.35	2.61	達家溝 〃	…	…	10.43	レ	13.06	16.16	…	18.15	レ	20.46	…	レ	3.57
161.9	8.10	4.86	2.92	窰門 著	…	…	11.03	12.12	13.26	16.36	…	18.35	20.06	21.06	…	0.55	4.27
				窰門 發	8.40	…	11.07	12.17	13.31	16.51	…	18.45	20.09	21.11	22.00	0.58	4.30
180.3	9.05	5.43	3.26	布海 〃	9.18	…	11.27	レ	13.52	17.12	…	19.05	レ	21.31	22.25	レ	5.04
190.5	9.55	5.73	3.44	哈拉哈 〃	9.32	…	11.39	レ	14.05	17.25	…	19.17	レ	21.43	22.39	レ	5.19
209.8	10.50	6.30	3.78	米沙子 〃	10.08	…	12.00	レ	14.27	18.02	…	19.38	レ	22.04	23.10	レ	5.48
228.3	11.45	6.87	4.13	一間堡 〃	10.36	…	12.21	レ	14.51	18.22	…	19.59	レ	22.25	23.42	レ	6.17
242.0	12.10	7.26	4.36	新京 著	10.57	…	12.38	13.30	15.10	18.39	…	20.16	21.30	22.45	0.15	2.20	6.53
0.0	円錢	円錢	円錢	16.17·18.19頁 新京 發	…	…	13.05	13.40	15.25	…	…	…	21.40	23.05	…	2.30	…
304.8	13.42	8.54	4.73	奉天 著	…	…	20.21	17.09	22.54	…	…	…	2.42	6.15	…	7.05	…
718.4	30.89	19.66	10.89	大連 〃	…	…		22.00	8.15	…	…	…	9.40	16.43	…	13.30	…

拉法、新京、窰門、松花江、陶賴昭、三岔河、雙城堡

▲42　新京・哈爾浜間　総局・京浜線　1938.10.18改訂　(満洲支那汽車時間表　満鉄鉄道総局　昭和14年３月)

▼〈第二松花江をわたる京浜線列車〉（写真印
画）　以下4葉の写真は、1933〜35年撮影の北満鉄路南
部線北行列車の貴重な映像で、1935年夏とすると新京発
09：20、哈爾浜着14：40の4ﾚが該当する。本葉は松花
江（新京起点111.2km）〜陶頼昭（とうらいしょう、同
119.6km）間の第二松花江橋梁（延長2,400フィート＝約
732m）をわたるシーンで、光線状態より見て、進行方
向右側デッキ上より後ろ向きのカメラアングルと思われ、
コンクリート造3階建の堅固な防備匡舎や、警乗の兵士
のほか、走行中に客車間の移動を禁止する客車妻面の露
中英3ヵ国語の注記が興味ぶかい。

▲〈陶頼昭停車中の京浜線旅客列車〉（写真印画）　第二松花江橋梁をあとに、陶頼昭で
列車も乗客も一息入れるシーンで、客車は2軸ボギー三等車2両、後位に710の車番標記が見
え、編成最後尾は2軸三等手荷物車と思われる。添景人物も興味ぶかく、画面右端より2人目
の鉄道員の制帽にはレール断面に瑞雲をあしらった満洲国鉄章が見え、遠景に立つ警乗兵と露
人車掌は銃を手に警戒おこたりない。

次ページ▲〈蔡家溝停車中の京浜線旅客列車〉（写真印画）　蔡家溝（さいかこう、新
京起点157.9km）では機関車に給水のため、やや長時間停車する。駅構内がカーブしているた
め、残念ながら機関車の姿がよく見えないが、列車の編成は次位より手荷物郵便車、一等車、
二等車、厨房の煙突より煙を排出中の食堂車、三等車739、右手画面外は上掲の三等車710であ
ろう。古レール使用の駅名標の向こうには、おそらく正面に戦死者の階級と姓名、側面に「戦
死場所当地西方十粁鄭家窩柵」と記された角柱が立ち、かたわらの山高帽と前掛姿は満人の物
売りと思われる。

次ページ▼〈双城堡駅側線の陸軍装甲車〉（写真印画）　双城堡（そうじょうほう）は一
辺約2.5kmの正方形をなす古い城壁都市で、北門は駅（新京起点191.2km）の東南約2kmにあ
り、京浜線中では三岔河（さんたが、新京起点139.8km）に次ぐ穀類（大豆・高粱・粟）の大
集散地であった。駅本屋は風格ある大建築で、中国風駅舎としては全満随一の威容をほこって
いた（小著『満洲鉄道写真集』P172下参照）。写真は4レの車上より、西方の貨物側線に待機中
の日本陸軍の装輪装甲車「九一式広軌牽引車」をスナップしたもので、ステップで一服してい
るのは兵士でなく鉄道員のように見える。北満鉄路は、ソ連が譲渡を見こして保守をおこたっ
たため、道床は土砂に埋もれてバラストの影もなく、枕木も朽ちかけており、満洲国鉄は施設
改良に多くの追加資本を必要とした。

驛濱爾哈ノ時當難遭公藤伊故
（点地其ガルメ圍テニ人五央中）

▲**故伊藤公遭難当時の哈爾浜駅（中央五人ニテ囲メルガ其地点）**（単色刷、発行元不詳、仕切線1/2）　哈爾浜（ハルピン）は松花江の右岸（東岸）に位置する北満の中心地で、ロシアが満洲支配の拠点として開拓につとめ、同駅は東清鉄路本線と南部線との分岐駅として1903年7月に開業した。1909年10月26日、ロシア蔵相との非公式会談のため同駅に降り立った公爵伊藤博文は、韓国人・安重根の狙撃により落命した。写真は同年頃の撮影と思われる。

▼**哈爾浜站構内**（単色刷、大正写真工芸所発行、仕切線1/2）　1935年8月31日、京浜線（旧南部線）の新京～ハルピン間の軌間改築が完成し、翌9月1日より特急「あじあ」の哈爾浜延長運転が開始された。写真は同駅第1ホームで発車待ちの上り12Lで、同月中の撮影と思われ、ホームに落ちた日陰より、改札口正面に最後尾の展望一等車テンイ₈形が停車していることがうかがえ、前位の二等車ロ₈形のわきに人が固まっているあたりが伊藤公暗殺地点で、画面右端の第2ホームのバックにはロシアゲージ車両と扇形機関庫の一部が見える。

▲**哈爾賓駅及び建国記念碑**（単色刷、発行元不詳、仕切線1/2）　1932年3月1日、満洲国の建国が宣言され、中東鉄路は北満鉄路と改称され、駅前広場のロータリー内の緑地には「建国紀念碑」としるしたオベリスクが建てられた。駅本屋の時計塔上には「大満洲国」の看板が取り付けられ、上段の小字は「安居楽業」で、画面上には市街電車の架線が見える。

▼**哈爾浜車站大街**（印画紙、拝耳顔料廠発行、仕切線1/2）　哈爾浜の駅本屋は、「新市街」と呼ばれた東南の官庁街に正面を向け、駅前広場より新市街のメインストリート・車站大街が延びていた。写真は1925年頃の撮影と思われ、画面左端は満鉄地方事務所で、露人建築家リダノフの設計になるバロック折衷様式、1924年着工、翌年竣工で、日章旗と満鉄社旗をかかげている。

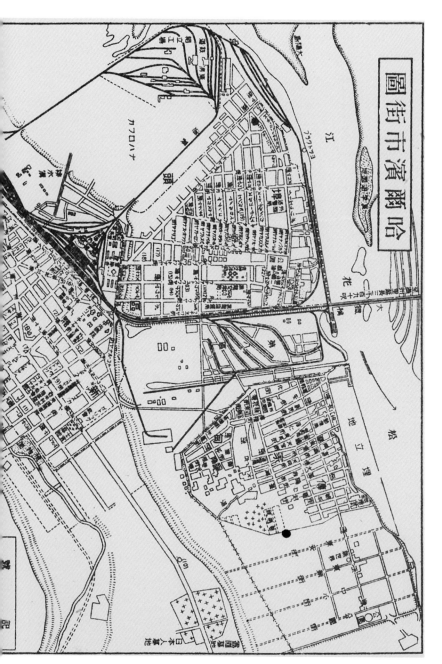

哈爾濱市街圖

ず、「埠頭区」のやや下流の「傳家甸」（フージャテン）に「支那街」が形成された。1917年のロシア革命を機
に、露人は赤系（革命派）と白系（反革命派）に分かれ、中東鉄路は一時期連合国の管理下に置かれ、中国は
利権回収を活発化するとともに軍閥が台頭し、かつて「東洋のパリ」と呼ばれた哈爾濱は一転して「世界の共
同便所」とさげすまれた。満洲国成立後は政情も安定し、北満鉄路の譲渡とソ連勢力の撤退により、日満両国
民の活動が盛んとなった。1937年初における人口は、満人約38万、日本人約3万、白系露人約3万、ソ連人約
6千、鮮人約6千、その他約2千であった。

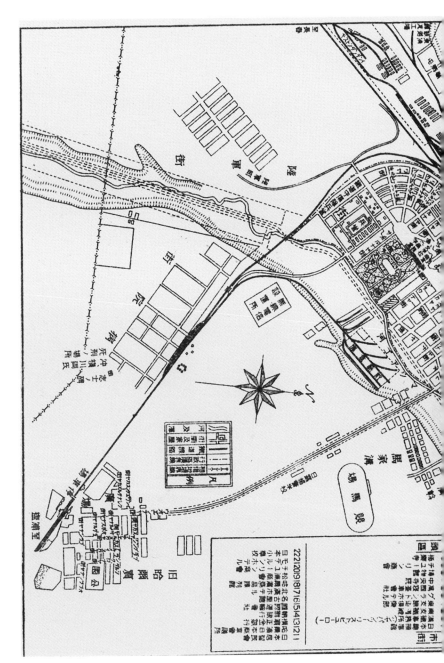

▲哈爾浜市街図（単色刷、満鉄発行、1935年版『南満洲鉄道旅行案内』） 哈爾浜市は北緯45度45分、東経126度39分に位置し、市域は北東流する松花江右岸（南岸）の河岸段丘上に展開し、「旧哈爾浜」（旧市街）が1898年に帝政ロシアがもうけた東清鉄路建設の根拠地、「新市街」（ノヴ・ゴーロド）が台地（標高155m前後）上の官庁街、新旧両市街にはさまれた「馬家溝」（マージャゴウ）が郊外住宅地、松花江に面した「埠頭区」（プリスタン）が低地（標高150m前後）上の商業地、「ナハロフカ」が一角に東清鉄路工場の建つ貧民街、「八区」が油房・工場・倉庫・鉄道貨物取扱所の並ぶ工業地区、以上が東清鉄路附属地で、当初は清国人の居住を許さ

SAINT SOFUIKAYA CATHEDORAL
IN SEVERE WINTER, HARBIN.
十字架凍る冬のセント・ソフイスカヤ寺院 （哈爾浜）

▲**十字架凍る冬のセント・ソフイカヤ寺院**（単色刷、大正写真工芸所発行、仕切線1/2）　ロシア本国では共産革命後に宗教撲滅のため多数の寺院が破壊もしくは転用されたのに対し、哈爾浜市内には一時期25棟のロシア正教寺院が名残をとどめていた。埠頭区の東寄り、モストワヤ街（石頭道街）の南側、ウォドプロウォーズナヤ街（水道街）に面して建つセント・ソフィスカヤ寺院（聖ソフィア会堂）はその白眉というべきもので、白系露人の寄進によって1923年に起工、1932年に竣工した。セヴァストポールの建築家・コシャコフの設計になるロシアン・ビザンチン様式、レンガ造（フランス積）、平面形ラテン十字、正面と左右に尖塔を有し、中央ドーム本体上にネギ坊主屋根を載せ、地上高53m、信徒2千名収容の当地随一の大寺院であった。写真は1935年頃の撮影と思われる。なお、同市のロシア正教総本山ともいうべき中央寺院（聖ニコライ会堂）は、聖者ニコライが旅行者を保護するとの民間信仰により、東清鉄路が車站大街の中央広場に建てたものであったが、文化大革命さなかの1966年、紅衛兵によって破壊された。

244

THE KITAISUKAYA STREET (HARHPIN)

▲**繁華を極むるキタイスカヤ街**（単色刷、Kanda Tokyo Matsunura発行、仕切線1/2）　埠頭区中央を南北に走るメインストリートで、「中国大街」に由来し、国際的繁華街としてにぎわった。写真は1930年頃の撮影と思われ、画面左手のドーム屋根は市内一の高層建築といわれた松浦洋行、バロック折衷様式、5階建、1909年竣工、右手のネギ坊主屋根は市内随一のモデルン・ホテル、アール・ヌーヴォー様式、3階建、1913年竣工で、奥側にはチューリン商会支店が並んでいる。

▼**悠々と混雑する・傳家甸頭道街**（単色刷、満洲帝国郵政明信片、発行元不詳、仕切線1/2）　傳家甸の北寄りを東西に走る頭道街（正陽街）は、「支那町」随一の繁華街としてにぎわった。写真は1935年頃の撮影と思われ、漢語のはんらんにまじって「味の素」の壁文字がひとり気を吐いている。

(HARUBIN)

Лѣтнее оживленіе на мѣстѣ купанія на солнечномъ островѣ. Среди гуляющихъ: ниппонцы, маньчжуры и русскіе. (Харбинъ.)
沿道無数の艇後氷島陽太ふは賑で人露満日 （ンビハ・の夏）

▲日満露人で賑はふ太陽島水泳場の散策道路（単色刷、大正写真工芸所発行、仕切線1/2）　太陽島は松花江左岸（北岸）に寄った中州で、市民の行楽地として親しまれ、夏には水泳場が開設され、ヨットやボートなどの舟遊びも盛んであった。写真は1932年頃の撮影と思われ、散策する金髪女性のバックには2階建のクラブハウスが見え、画面右手は対岸の哈爾浜市街である。

▼氷に閉され春を待つ冬の松花江と汽船（単色刷、大正写真工芸所発行、仕切線1/2）　傳家甸江岸の埋立地は公営・私営両埠頭のほか、下流でつながったアムール・ウスリー両国際河川の防備のため、満洲国海軍江防艦隊司令部がもうけられ、河用砲艦の基地となった。冬の松花江は全面結氷するため、船舶は身動きがとれず、手漕ぎのそりや氷上ヨット、氷に孔を開けての釣などが行なわれた。

STAM-BOAT WAITING FOR COMMING SPRING
IN R. SUNGARRI FROZEN OVER. HARBIN.
船汽と江花松の冬つ待を春れさ閉に氷　（濱爾哈）

▲哈爾賓　北鉄西部鉄橋（単色刷、発行元不詳、仕切線1/2）　北満鉄路（北鉄）西部線は、市街西方でスルートラス桁8連＋デッキトラス桁11連、延長3,190フィート（972m）の松花江橋梁を渡る。写真は1932年頃の撮影と思われ、画面左手が上流、橋上の列車は満洲里方面行旅客列車で、後部に貨車数両を連結し、河岸の詰所は満洲国旗をかかげている。

▼流氷の頃交通が許される・松花江橋梁（単色刷、満洲帝国郵政明信片、発行元不詳、宛名面縦書）　市街より松花江対岸に渡るには、解氷期は船、結氷期はそりが利用されたが、流氷期はいずれも利用不可のため、橋梁上の通行が許された。写真は1934年頃の撮影と思われ、トラスには「小心座下」の注記や、公称値とことなる延長949.45m（3,115フィート）の標記が見える。

◀〈ソリB形2306の船積み〉（写真印画）　同機はもと東清鉄路Ⅲ（シャー）形306（1903年ブリヤンスキー工場製）、2シリンダー複式、軸配置1D、シリンダー内径510/765mm×行程700mm、動輪径1300mm、缶圧14kg/cm²、火床面積2.8m²、ベルペア火室で、欧米で一般的な標準設計思想により、前出の旅客用Γ（ゲー）形と同一ボイラー、同一シリンダーを使用した貨物用機であった。Ⅲ（シャー）形は合計100両製造され、北満鉄路には91両（うち過熱化改造機7両）が引き継がれたが、満洲国鉄となって京浜・浜洲・浜綏3線が軌間改築されると、用途廃止となり、一部が哈爾浜工場に収容されたともいわれるが、残りの大部分の末路は不明であった。本葉は、その解明の手がかりとなるもので、エンジンとテンダーが切り離され、哈爾浜市の埠頭より松花江に浮かぶバージ（はしけ）に船積みされるシーンである。撮影時期は、浜綏線軌間改築後の1937年夏頃と思われ、すでに鉄道による移送が不可能となり、水運によってハバロフスクへ向かい、スクラップ（屑鉄）価格でソ連に売却されるものと思われる。エンジンは、主連棒が取り外され、弁装置位置の関係上、合併テコはクロスヘッド内側で、心向棒の動作平面を内側に移すロッキング・アームが見える。テンダーは、側面に哈爾浜機関庫所属をしめす「哈」が白書され、防寒用の強固なウェザー・ボードが付き、キャブ（運転室）に上がるための連結面側の手すりが独特である。

▼〈旧北満貨車の船積み〉（写真印画）　上掲と同時期の撮影と思われ、旧北満鉄路所属の2軸無蓋車ム₍₁₎922（荷重17トン、自重6トン）が人力により、チャーターされた中国人所有のバージ「永安」甲板上の仮設線路に押し込まれるシーンで、側板にレール断面と瑞雲を組み合わせた満洲国鉄マークが見える。画面奥にはすでに積み込まれた2軸貨車数両が見え、機関車と同様、ソ連に売却されるものと思われる。旧北満貨車は2軸車が多く、積載量が小さく、貫通制動の設備もないため、用途廃止後は二束三文でも売却したほうが得策であった。甲板上に立つ白上着・白帽はソ連の鉄道官吏と思われ、バックは浜洲線松花江橋梁である。

表7　北満鉄路機関車一覧

形式				軸配置	両数		製造初年	製造所	備考
旧	読み	新	1938		中東	北満			
Бо	ベーオー	シカA	―	Ct	12	5	1899	ハノマーク	
Бa	ベーアー	シカB	―	C1t	27	13	1899	ボールドウィン	ヴォークレイン4気筒複式
Б	ベー	ダブA	サタイ	1E1t	7	7	1930	スコダ、川崎	過熱式、準軌改造
Гп	ゲェーペー	テホA	―	2C	85	24	1901	ブリヤンスキー工場、ハリコウスキー工場	2気筒複式、過熱化改造
Г	ゲェー	テホB	―			58			2気筒複式
Об	オーベー	エトA	―	D	265	13	1901	ソルモウスキー工場、ネウスキー工場	2気筒複式
Шп	シャーペー	ソリA	―	1D	100	7	1903	ブリヤンスキー工場、ハリコウスキー工場	2気筒複式、過熱化改造
Ш	シャー	ソリB	―			84			2気筒複式
Ц	ツェー	ソリC	―		111	61	1899	フィヴ・リール、フランコ・ベルゲ、アルザス造機、ブリヤンスキー工場、ハリコウスキー工場	2気筒複式
X	ハー	ソリD	―		121	104	1898	ボールドウィン	ヴォークレイン4気筒複式
Е	ィエー	デカA	デカニ	1E	124	45	1917	アルコ、ボールドウィン	過熱式、準軌改造
合計					852	421			

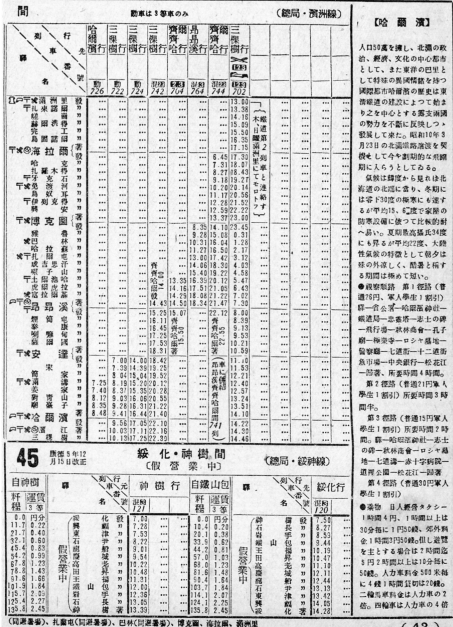

間　　　　　　　　　　動車は３等車のみ　　　　　　（總局・濱洲線）

【哈爾濱】

人口50萬を擁し、北滿の政治、經濟、文化の中心都市として、また東洋の巴里として特殊の異國情緒を持つ國際都市哈爾濱の歴史は東滿鐵道の建設によつて始まり之を中心とする露支兩國の勢力を不斷に反映しつゝ發展して來た。昭和11年3月23日の北滿鐵路讓渡を契機として今や劃期的な飛躍期に入らうとしてゐる。

氣候は緯度から見れば北海道の北端に當り、冬期には零下30度の極寒にも達すが平均15、6度にて家屋の防寒設備に依つて比較的耐へ易い。夏期最高攝氏34度にも昇るが平均22度、大陸性氣候の特徴として朝夕は殊の外凉しく、酷暑と稱する期間は極めて短い。

●觀察順路　第１徑路（普通26円、軍人學生１割引）驛一倉公署一昭關革神社一鐵道局一忠靈塔一志士の碑一飛行場一秋林商會一孔子廟一極樂寺一ロシヤ墓地一醫學院一十二道街一魚市場一中央銀行一松花江一驛着、所要時間４時間。

第２徑路（普通21円軍人學生１割引）所要時間３時間半。

第３徑路（普通15円軍人學生１割引）所要時間２時間。驛一哈爾濱神社一志士の碑一秋林商會一ロシヤ墓地一七道溝一赤十字病院一道裡公園一松花江一驛着

第４徑路（普通30円軍人學生１割引）

●乘物　日人經營タクシー１時間４円、１時間以上は30分每に１円50錢、郊外料金１時間3円50錢。但し遊覽を主とする場合は２時間迄５円２時間以上は10分每に50錢。人力車料金500米每に４錢１時間貸切は20錢。二輪馬車料金は人力車の２倍。四輪車は人力車の４倍

驛名	列車番號	哈爾濱行 動726	三棵樹行 動722	三棵樹行 動724	三棵樹行 混23 742	齊齊哈行 23 704	昂昂溪行 23 764	齊齊哈行 混23 744	三棵樹行 [23] 702			
滿洲里 發		…	…	…	…	…	…	13.00	…			
扎來諾爾 〃		…	…	…	…	…	…	13.38	…			
嵯崗 〃		…	…	…	…	…	…	14.16	…			
蘇沁洪諾 〃		…	…	…	…	…	…	15.09	…			
完工得諾 〃		…	…	…	…	…	…	15.50	…			
烏爾周諾 〃		…	…	…	…	…	…	16.35	…			
海拉爾 著		…	…	…	…	…	…	17.15	…			
〃 發		…	…	…	…	6.45	17.30	…	…			
哈克 〃		…	…	…	…	7.31	18.07	…	…			
木得石河 〃		…	…	…	…	8.27	18.43	…	…			
牙克石 〃		…	…	…	…	9.18	19.27	…	…			
兔渡奴耳 〃		…	…	…	…	10.20	20.14	…	…			
伊列克 〃		…	…	…	…	11.17	20.56	…	…			
興安 〃		…	…	…	…	12.28	21.52	…	…			
〃 著		…	…	…	…	12.59	22.22	…	…			
博克圖 發		…	…	…	…	13.37	23.00	…	…			
雅魯 〃		…	…	…	8.35	14.10	23.45	…	…			
喜巴林蘇屯 〃		…	…	…	9.28	15.08	0.31	…	…			
哈拉爾汗 〃		…	…	…	10.31	16.04	1.28	…	…			
扎蘭吉山 〃		…	…	…	11.27	16.50	2.17	…	…			
成吉子哈拉 〃		…	…	…	13.00	17.42	3.12	…	…			
坡頭爾拉基 〃		…	…	…	14.06	18.30	4.03	…	…			
土山哈 〃		…	…	齊齊哈 14.00	15.40	19.22	4.58	…	…			
虎爾虎 〃		…	…		13.35	16.39	20.12	5.49	…			
富拉爾基 〃		…	…	齊齊哈 發	14.16	17.51	21.05	6.43	…			
昂昂溪 著		…	…	14.43	14.29	18.24	21.22	7.02	…			
〃 發		…	…		14.43	14.50	18.34	21.47	7.30			
煙筒屯 〃		…	…		15.25	15.07	…	22.12	8.00			
泰康 〃		…	…		16.11	齊齊哈 發	…		8.39			
剌嘛甸 〃		…	…		16.45	15.50	齊齊哈 發 22.55		9.13			
薩爾圖 〃		…	…		17.25				9.53			
安達 著		…	…		17.53		哈爾濱 著		10.59			
〃 發		7.00	14.00	18.42	…			11.10				
宋 〃		7.39	14.39	19.25	…			11.53				
家 〃		8.04	15.04	19.52	…	邾昂		12.10				
滿溝 〃	7.25	8.19	15.23	20.28	…	車昂溪		12.40				
姜家窰 〃	7.40	8.37	15.35	20.49	…	溪齊齊		12.57				
對靑山 〃	8.12	9.03	16.06	20.55	…	齊哈間		13.24				
劉家 〃	8.48	9.41	16.44	21.40	…	哈		14.10				
哈爾濱 著		9.56	17.05	22.10	…			14.22				
香坊 〃		10.03	17.11	22.13	…	741 列		14.22				
三棵樹江樹 著		10.13	17.25	22.39	…			14.46				

45　綏化・神樹間〔假營業中〕　（總局・綏神線）
康德5年12月15日改正

自神樹粁程	運賃 3等	驛名	列車番號	神樹行 混四 121		自鐵山包粁程	運賃 3等	驛名	列車番號	綏化行 混四 120	
0.0	円分	綏化 發		7.00	…	0.0	円分	神山 發		7.50	…
11.7	0.22	興東石 〃		7.28	…	20.1	0.38	石巖鐵 〃		8.27	…
21.7	0.40	津 〃		7.53	…	20.1	0.38	備手包揭 〃		8.53	…
32.1	0.60	尹 〃		8.22	…	33.9	0.62	王田揭昇 〃		9.44	…
45.4	0.83	船 〃		9.01	…	44.2	0.81	高龍 〃		10.19	…
54.2	0.99	城 〃		9.54	…	57.0	1.03	龍尹 〃		10.47	…
67.8	1.23	老昇 〃		10.22	…	68.0	1.23	船津 〃		11.10	…
78.3	1.43	揭 〃		10.48	…	81.6	1.48	興綏 〃		12.11	…
91.6	1.66	包 〃		11.31	…	90.4	1.64	化 著		12.44	…
101.9	1.84	手 〃		12.00	…	103.7	1.84			13.13	…
115.7	2.09	長 〃		12.36	…	114.1	2.07			13.42	…
125.4	2.27	樹 〃		13.09	…	124.1	2.25			14.05	…
135.8	2.45	神 著		13.39	…	135.8	2.45			14.28	…

250

43 康德5年12月13日改訂　　　　　　　　　哈爾濱・滿洲里

自哈爾濱			驛	列車行先番號名	滿溝行	安達行	海拉爾行	海拉爾行	土哈爾池行	滿洲里行	齊爾齊哈行	安達行			自滿洲里			
粁程	運賃				勤725	勤721	混急743	混急763	急(2等)703	急(2等)701	混急741	勤723			粁程	運賃		
	1等	2等	3等													1等	2等	3等
8.8	0.45	0.27	0.17	三棵樹 發著		7.10				9.50	14.20	17.45	…	…	0.0	円分	円分	円分
2.6	0.15	0.09	0.06	阿什河 著		7.22				10.02	14.31	17.57	…	…	29.1	1.50	0.90	0.54
0.0	円分	円分	円分	哈爾濱 發		7.28				10.08	14.38	18.03	…	…	60.8	3.05	1.83	1.10
				哈爾濱 發	5.50	7.30				10.30	15.20	18.10	…	…	91.1	4.60	2.76	1.65
9.9	0.50	0.30	0.18	廟臺子 〃	6.04	7.44				10.49	15.39	18.24	…	…	123.5	6.20	3.72	2.24
30.8	1.55	0.93	0.56	對靑山 〃	6.29	8.09				11.15	16.05	18.44	…	…	155.3	7.80	4.68	2.81
52.0	2.60	1.56	0.94	姜家灣 〃	6.56	8.36				11.44	16.34	19.16	…	…	187.1	9.40	5.64	3.39
63.7	3.15	1.89	1.14	滿溝 〃	7.10	8.51				12.03	16.53	19.32	…	…				
73.6	3.70	2.22	1.34	宋 〃		9.08				12.23	17.08	19.54	…	…	214.8	10.75	6.45	3.87
94.7	4.75	2.85	1.71	著		9.32				12.50	17.35	20.20	…	…	242.4	12.15	7.29	4.38
				宋 發		10.10				13.32	18.17	20.58	…	…	269.3	13.50	8.10	4.86
126.8	6.35	3.81	2.29	安達 發著			齊齊		齊	13.43	18.34		…	…	301.7	15.10	9.06	5.44
158.8	7.95	4.77	2.87	薩爾圖 〃			齊哈		齊哈	14.22	19.13		…	…	332.4	16.65	9.99	6.00
180.3	9.05	5.43	3.26	泰康 〃			爾11.03		爾11.03	14.50	19.41		…	…	362.7	18.15	10.89	6.54
211.8	10.60	6.36	3.82	烟筒 〃			發		發	15.35	20.26		…	…	371.6	18.60	11.16	6.70
238.2	11.95	7.17	4.31	昂昂溪 發著		7.52				11.50	16.47	21.38		…	396.4	19.85	11.91	7.15
270.1	13.55	8.13	4.88	昂昂溪 發		8.16			12.03	17.12	22.12		…	…	426.8	21.30	12.78	7.69
283.5	14.20	8.52	5.12	富拉爾基 〃		8.41			12.24	17.34	齊		…	…	457.5	22.90	13.74	8.25
292.4	14.65	8.79	5.28	虎爾池 〃		8.56			12.38	17.48	哈		…	…	489.4	24.50	14.70	8.82
323.2	16.20	9.72	5.84	土山汗 〃		9.45			13.23	18.30	爾22.55		…	…	519.2	26.00	15.60	9.36
354.3	17.75	10.65	6.39	壩忠 〃		10.39				19.16	著		…	…	580.5	29.05	17.43	10.46
383.7	19.20	11.52	6.92	成吉斯罕 〃		11.23				19.54			…	…	611.6	30.60	18.36	11.02
415.6	20.80	12.48	7.49	扎蘭屯 〃		12.21				20.46			…	…	642.4	32.15	19.29	11.58
445.4	22.30	13.38	8.03	哈拉蘇 〃		13.08				21.10			…	…	664.7	33.25	19.95	11.97
477.1	23.90	14.34	8.61	巴林 〃		14.10				22.10			…	…				
508.8	25.55	15.29	9.17	著		15.05				22.56			…	…	696.6	34.85	20.91	12.55
538.4	26.95	16.17	9.71	博克圖 發		16.03				23.40			…	…	723.0	36.15	21.69	13.02
563.2	28.20	16.92	10.16	興安 〃		16.45	3.50			23.55			…	…	754.5	37.75	22.65	13.59
572.1	28.65	17.19	10.32	安得 〃		18.06	5.18			1.17			…	…	776.0	38.80	23.28	13.97
602.4	30.15	18.09	10.86	烏奴耳 〃		18.10	6.03			1.40			…	…				
633.1	31.70	19.02	11.42	免渡河 〃		19.11	6.58			2.24			…	…	808.0	40.40	24.24	14.55
665.5	33.30	19.98	11.99	哈克 〃		20.05	8.17			3.15			…	…	840.1	42.05	25.23	15.14
692.4	34.65	20.79	12.48	扎羅木得 〃		20.48	9.30			4.48			…	…	861.2	43.10	25.86	15.52
720.0	36.00	21.60	12.96	著		21.38	10.28			5.31			…	…	872.1	43.65	26.19	15.73
				海拉爾 發		22.58	12.06			6.15			…	…	882.8	44.15	26.49	15.90
747.7	37.40	22.44	13.47	海拉爾 發						6.30			…	…	904.0	45.20	27.12	16.28
779.5	39.00	23.40	14.04	烏固諾爾 〃						7.16			…	…	924.9	46.25	27.75	16.65
811.3	40.60	24.36	14.62	完工 〃						7.55			…	…				
843.7	42.20	25.32	15.20	赫爾洪 〃						8.46			…	…	934.3	46.75	28.05	16.83
874.0	43.70	26.22	15.74	嵯崗 〃						9.26			…	…	937.4	46.90	28.14	16.89
905.7	45.30	27.18	16.30	扎來諾爾 〃						10.04			…	…	940.7	47.00	28.20	16.92
934.8	46.75	28.05	16.83	滿洲里 著						10.50			…	…				

44 康德6年1月10日改正　　汪清・北荒嶺間〔假營業中〕　　　　　　（總局・汪北線）

自汪清		驛	列車行先番號名	北荒嶺行				自北荒嶺		驛	列車行先番號名	汪清行			
粁程	運賃			混急11				粁程	運賃			混急12			
	3等								3等						
0.0	円分	汪清 發		11.30	…	…	…	0.0	円分	北荒嶺 發		7.45	…	…	…
9.0	0.17	小西十間 〃		12.45	…	…	…	7.4	0.15	嶺崗 〃		8.32	…	…	…
20.9	0.38	汪大里 〃		12.58	…	…	…	15.7	0.29	荒溝坪 〃		8.48	…	…	…
39.1	0.72	坡墳 〃		14.00	…	…	…	24.1	0.44	蒼剛林 〃		9.37	…	…	…
49.1	0.90	潭林 〃		14.38	…	…	…	33.3	0.62	十間坡 〃		10.04	…	…	…
58.3	1.07	蒼剛 〃		15.08	…	…	…	43.3	0.80	西潭 〃		10.37	…	…	…
66.	1.21	荒溝 〃		16.08	…	…	…	61.5	1.12	小潭 〃		11.35	…	…	…
75.0	1.35	嶺崗 〃		16.16	…	…	…	73.4	1.34	大里 〃		12.14	…	…	…
82.4	1.50	北荒嶺 著		17.02	…	…	…	82.4	1.50	汪清 著		12.45	…	…	…

（42）

旅行記念スタンプ設置驛　濱江、哈爾濱濱、滿溝、安達、富拉爾基

▲43　哈爾浜・滿洲里間　総局・浜洲線　1938.12.13改訂／他　（滿洲支那汽車時間表　満鉄鉄道総局
昭和14年3月）

THE STATION.

齊哈々爾停車塲

▲**斉々哈爾停車場**（単色刷、発行元不詳、仕切線1/2）　東清鉄路開通時の斉斉哈爾（チチハル）駅で、哈爾浜より中東鉄路西部線（→浜洲線）で270.1km、斉斉哈爾市街の南方約30kmに位置していた。写真はシベリア出兵時、1919年秋頃の撮影と思われ、ホームに日本陸軍兵士が立ち、駅本屋には日章旗がかかげられている。駅本屋・構内食堂・ボール信号機などの施設の仕様は、小著『写真に見る満洲鉄道』P130下の公主嶺駅と共通であった。

▼**斉々哈爾への関門たる昂々渓駅**（単色刷、大正写真工芸所発行、仕切線1/2）　上掲と同一地点で、本屋には日章旗がかかげられていることより、撮影時期は満洲事変中の可能性が高く、絵葉書の発行時期は、昂昂渓（こうこうけい）と改称された1933年以降と思われる。

SIGHT OF ANGANGCHI STATION, TSITSIHAR.
驛溪々昂るた門關のへ爾哈々斉　（爾哈々斉）

A STOREHOUSE OF ENGINE-CARS.　　斉々哈爾機關庫

▲斉々哈爾機関庫（単色刷、発行元不詳、仕切線1/2）　駅構内西方の機関庫で、前ページ上と同時期の撮影と思われ、東清鉄路標準仕様の大扇形庫が荒野の中に存在感をしめし、駐泊中の機関車は、前後ほぼ同大のドーム形状よりΓ（ゲェー）形と思われ、テンダー上に燃料の薪をうず高く積み上げている。

▼斉昂軽便鉄道（単色刷、発行元不詳、仕切線1/2）　斉昂軽便鉄路は、中東鉄路の昂昂渓と斉斉哈爾市街を結ぶため、黒龍江省が計画したメーターゲージの鉄道で、独商社が建設をうけおい、1907年に起工、1909年に開通した。機関車はコッペル製Bタンク機3両で、コッペル式弁装置をそなえていた。写真は1925年頃、昂昂渓における撮影と思われ、白系露人少女の笑顔も見える。

齊昂輕便鐵道

▲扎蘭屯停車場（全西伯利鉄道写真帖）　扎蘭屯（ジャラントン）は哈爾浜起点415.6km、大興安嶺東斜面の大駅で、中東鉄路西部線随一の避暑地として知られていた。写真はシベリア出兵時、1919年秋頃の撮影と思われ、駅本屋と構内食堂の意匠が独特であるほか、跨線橋が異様に高い。

▼北満布哈図ノ機関庫（単色刷、発行元不詳、仕切線1/2）　布哈図（ブヘト）は哈爾浜起点538.4km、大興安嶺山中の大駅で、木材の搬出でにぎわった。写真は1920年夏頃、布哈図機関庫を南側より写したもので、扇形庫前の機関車は中東鉄路E（ィエー）形、西部線はカメラの背後を右手より左手に横切り、有名なループ線をへて、全満第一の興安嶺隧道（全長3,077m）に向かっていた。

A Store Huse of Buhato.

庫　關　機　ノ　圖　哈　布　満　北

Bridge Hairaru,

北満海拉爾ノ鉄橋

▲**北満海拉爾ノ鉄橋**（単色刷、発行元不詳、仕切線1/2）　海拉爾（ハイラル）東方の中東鉄路西部線の橋梁で、下を流れるのは海拉爾河の一支流・伊敏江、撮影時期は1920年夏頃と思われる。ハイラル河は満洲里附近で呼倫湖（フルン・ノール）の水を合わせてアルグン河となり、北東に向きを変え、シルカ河と合流してアムール河（黒龍江）となり、中ソ国境を流れてオホーツク海にそそぐ。

▼〈**海拉爾駅**〉（写真印画）　海拉爾は哈爾浜起点747.7km、ホロンバイル地方の政経中心地で、駅南方の旧市街には獣肉・羊毛・毛皮の大取引場があり、駅本屋の玄関は駅北側の新市街（露人居留区）に面していた。写真は構内の要所に防弾用の土のうが積み上げられていることより、満洲事変中の1932年頃の撮影と思われる。

123

▼**西比利亜国境満州里停車場**（単色刷、発行元不詳、仕切線1/2）　満洲里の駅本屋はアール・ヌーヴォー様式によって建てられ、正面玄関は線路北側の商業区に向いていた。写真はシベリア出兵時の同駅で、1919年冬頃の撮影と思われ、改札口横には日章旗がかげられ、第1次大戦と革命の影響で保全が行き届かず、壁面の塗料も一部剥落している。なお、小著『写真に見る満洲鉄道』P167上は、ほぼ同一アングルによる1935年頃の撮影である。

A Station Manchuri.　　　　　四比利亞國境滿州里停車塲

▶満洲里駅 （印画紙、発行元不詳、仕切線1/2）　満洲里は哈爾浜起点934.8km、中東鉄路西部線の終点で、満ソ国境に接する北満最西端の駅であった。同地方では海拉爾に次ぐ物資の集散地で、市街は三方を山に囲まれ、線路北側は商業区と旧市街、南側は中東鉄路の社宅街であった。写真は跨線橋上より駅構内を俯瞰したもので、1933年夏頃、夕方の撮影と思われ、広大な構内に多数の貨車が留置されている。駅本屋前に停車中は哈爾浜方面行の直行旅客列車、画面中央の電柱のかげが手荷物車、以下一二等車、食堂車、三等車3両と思われ、遠方に客車庫、給水塔2基、機関庫が見える。

▼満洲里停車場 （単色刷、大連市小林又七支店発行、仕切線1/2）　1935年頃の撮影と思われ、満洲国鉄に編入されて駅本屋の壁面が化粧直しされ、屋上に満洲国旗がひるがえっているが、まだ準軌改築前で、客貨車は旧態依然としている。浜洲線の軌間改築完了は、1936年8月2日であった。なお、中東鉄路やシベリア鉄道の貨車にはブレーキがなく、制動はもっぱら機関車と緩急車にたよっていた。

綏芬河間　　　　　　　　　　　　　　　　　　　　（總局・濱綏線）

自綏芬河 粁程	運賃 1等	運賃 2等	運賃 3等	驛名	哈爾濱行 混23 924	三棵樹行 混 942	三棵樹行 勤 922	三棵樹行 123 904	牡丹江行 混3 966	穆稜行 混3 982	三棵樹行 23 905	一面坡行 混23 944	三棵樹行 123 902	下城子行 臨列 3 5932		
0.0	円分	円分	円分	綏芬河 發	…	…	…	…	…	…	…	8.10	13.15	…		
24.1	1.25	0.75	0.45	河陽	…	…	…	…	…	…	…	8.48	13.58	…		
35.3	1.80	1.08	0.65	濱河	…	…	…	…	…	…	…	9.09	14.16	…		
46.1	2.35	1.41	0.85	三細嶺	…	…	…	…	…	…	…	9.45	14.46	…		
62.0	3.10	1.86	1.12	太馬溝	…	…	…	…	…	…	…	10.33	15.29	…		
85.0	4.25	2.55	1.53	編	…	…	…	…	…	…	…	11.16	16.03	16.50		
94.5	4.75	2.85	1.71	下 城 子 著發	…	…	…	…	…	…	…	11.30 16.18	16.16 17.04			
105.8	6.35	3.18	1.91	林	…	…	…	…	5.50	8.05	…	11.39	16.18	…		
117.3	5.90	3.54	2.13	穆 稜 發著	…	…	…	…	6.10 6.33	8.25 8.48	…	11.59 12.22	16.37 16.56			
143.4	7.20	4.32	2.60	代馬溝	…	…	…	…	6.52	…	…	12.36	17.06	…		
169.2	8.50	5.10	3.06	刀石河	…	…	…	…	8.20	…	…	12.52	18.11	…		
184.9	9.25	5.55	3.33	愛河	…	…	…	…	9.17	…	…	14.36	18.51	…		
192.1	9.65	5.79	3.48	牡 丹 江 著發	…	…	…	…	10.10	…	…	15.08 15.22	19.13 19.25			
202.7	10.15	6.09	3.66	古林	…	…	…	7.50	…	…	11.08	15.59	21.00			
212.7	10.65	6.39	3.84	拉古	…	…	…	↓	…	…	11.24	16.15	↓			
242.5	12.15	7.29	4.38	海林市道	…	…	…	8.20	…	…	11.41	16.33	21.30			
263.7	13.20	7.92	4.76	山道	…	…	…	9.02	…	…	12.24	17.18	22.14			
274.6	13.75	8.25	4.95	横道河子 著發	…	…	…	9.49	…	…	12.57 13.14	17.57 18.16	↓ 23.05			
297.7	14.90	8.94	5.37	高冷嶺	…	…	…	9.59	…	…	13.24	18.35	23.15			
311.6	15.60	9.36	5.62	亮子山	…	…	…	10.51	…	…	14.16	19.34	0.08			
323.7	16.20	9.72	5.84	青尼	…	…	…	11.10	…	…	14.36	20.03	↓			
333.8	16.70	10.02	6.02	亞布洛	…	…	…	11.31	…	…	14.56	20.28	0.45			
343.4	17.20	10.32	6.20	靄磊	…	…	…	11.46	…	…	15.11	20.43	1.00			
354.2	17.75	10.65	6.39		…	…	…	12.00	…	…	15.25	20.57	↓			
					…	…	…	12.16	…	…	15.41	21.13	1.28			
					…	…	…	12.55	…	…	16.22	21.55	2.08			
384.4	19.25	11.55	6.93	一 面 坡 發著	…	7.35	…	13.06	…	…	16.34	…	…			
405.1	20.30	12.18	7.31	珠河	…	8.06	…	13.34	…	…	17.10	…	3.00			
414.8	20.75	12.45	7.47	烏吉	…	8.21	…	13.49	…	…	17.25	…	3.15			
424.1	21.20	12.75	7.65	小密九	…	9.03	…	14.27	…	…	17.40	…	3.32			
435.8	21.80	13.03	7.85	帽兒山	…	9.30	12.00	14.44	…	…	18.10	…	3.57			
446.1	22.35	13.41	8.05	平山泉	…	9.45	12.14	14.59	…	…	18.25	…	4.30			
456.7	22.85	13.71	8.23	小玉城	…	10.06	12.32	15.19	…	…	18.55	…	4.51			
467.3	23.40	14.04	8.43	亞溝	…	10.40	12.57	15.46	…	…	19.29	…	5.24			
484.6	24.25	14.55	8.73	阿城	…	10.55	13.11	16.04	…	…	19.44	…	5.40			
494.7	24.75	14.85	8.91	俞家屯	7.45	11.11	13.26	16.16	…	…	20.00	…	5.54			
504.9	25.25	15.15	9.03	成高子	8.00	11.27	13.51	16.36	…	…	20.16	…	6.10			
516.0	25.80	15.48	9.29	利高坊	8.15	11.44	14.09	16.56	…	…	20.36	…	6.28			
526.4	26.35	15.81	9.49	香	8.33	12.06	14.24	17.14	…	…	20.54	…	6.49			
539.0	26.95	16.17	9.71	哈 爾 濱 發著	8.43	12.17	14.37	17.25	…	…	21.05	…	7.00			
546.4	27.35	16.41	9.85	江	…	12.30	14.40	17.45	…	…	21.15	…	7.15			
549.0	27.45	16.47	9.89	三棵樹 著	…	12.38	14.46	17.53	…	…	21.23	…	7.23			
555.1	27.65	16.59	9.96		…	12.50	14.58	18.05	…	…	21.36	…	7.35			

48　康德5年11月10日現在　　三棵樹・天理村間　　（天理村鐵道）

自三棵樹 粁程	運賃 3等	驛名	天理村行 2	天理村行 臨列 2	天理村行 4	天理村行 臨列 6	天理村行 6
0.0	円分	三棵樹 發	10.20	11.40	14.00	16.30	17.00
4.8	…	阿什河	10.40	↓	14.20	↓	17.20
6.8	…	什店子	10.47	↓	14.27	↓	17.27
10.1	…	大和	11.00	12.45	14.40	17.17	17.40
13.0	…	西偶像	11.13	13.05	14.53	17.37	17.53
15.4	…	天理村 著	11.20	14.25	15.00	17.50	18.00

自天理村 粁程	運賃 3等	驛名	三棵樹行 3	三棵樹行 1	三棵樹行 3	三棵樹行 臨列 3	三棵樹行 5
0.0	円分	天理村 發	8.30	9.20	12.00	14.00	15.20
2.4	…	西天理	8.50	9.10	12.30	14.16	15.35
5.3	…	偶像	9.28	9.23	12.43	14.45	15.43
8.6	…	大和	↓	9.35	12.55	↓	15.55
10.6	…	阿什	↓	9.42	13.02	15.10	16.02
15.4	…	三棵樹 著	10.15	10.00	13.20	15.32	16.20

哈爾濱、阿城、玉泉、帽兒山、一面坡、横道河子、牡丹江、穆稜、下城子、綏芬河　　　　　　　　　　（45）

258

46　康德6年1月20日改訂　　　　　　　　　　　哈　爾　濱・

自哈爾濱			驛	行先 列車番號名	下城子行	馬橋河行〔臨列〕	綏芬河行	下城子行	帽兒山行	牡丹江行	牡丹江行	一面坡行	綏芬河行123			
粁程	運賃				混3 981	3 5931	混3 943	混3 965	勤 921	123 903	2.3 905	混3 941	123 901			
	1等	2等	3等													
8.8	0.45	0.27	0.17	三棵樹 ┌┬粁☺❸濱	…	…	…	…	6.12	8.20	12.05	15.10	21.00	…	…	…
2.6	0.15	0.09	0.06	欄江 〃	…	…	…	…	6.24	8.32	12.17	15.22	21.12	…	…	…
				〃	…	…	…	…	6.30	8.40	12.25	15.30	21.20	…	…	…
0.0	円分	円分	円分	┌┬粁哈爾濱{發	…	…	…	…	6.32	9.00	12.55	16.15	21.50	…	…	…
7.4	0.40	0.24	0.15	香坊 〃	…	…	…	…	6.50	9.15	13.10	16.32	22.05	…	…	…
20.0	1.00	0.60	0.36	成高子 〃	…	…	…	…	7.08	9.34	13.29	16.55	22.25	…	…	…
30.4	1.55	0.93	0.56	含舍利屯 〃	…	…	…	…	7.22	9.49	13.44	17.10	レ	…	…	…
41.5	2.10	1.26	0.76	阿城 〃	…	…	…	…	7.40	10.06	14.01	17.26	22.56	…	…	…
51.7	2.60	1.56	0.94	亞溝 〃	…	…	…	…	7.54	10.21	14.16	17.42	レ	…	…	…
61.8	3.10	1.86	1.12	玉泉 〃	…	…	…	…	8.10	10.46	14.41	18.10	23.36	…	…	…
79.1	4.00	2.40	1.44	小嶺 〃	…	…	…	…	8.39	11.18	15.26	18.58	レ	…	…	…
89.7	4.50	2.70	1.62	平山 兒 〃	…	…	…	…	8.54	11.35	15.43	19.15	レ	…	…	…
100.3	5.05	3.03	1.82	帽兒山 〃	…	…	…	…	9.08	11.53	16.00	19.42	0.43	…	…	…
110.6	5.55	3.33	2.00	密峰 〃	…	…	…	…	…	12.14	16.21	20.05	レ	…	…	…
122.3	6.15	3.69	2.22	小九 〃	…	…	…	…	…	12.32	16.39	20.23	レ	…	…	…
131.6	6.60	3.96	2.38	烏吉密 〃	…	…	…	…	…	12.46	16.53	20.38	1.34	…	…	…
141.3	7.10	4.26	2.56	珠河 〃	…	…	…	…	…	13.00	17.07	20.52	1.48	…	…	…
				〃	…	…	…	…	…	13.39	17.36	21.21	2.16	…	…	…
162.0	8.10	4.86	2.92	┬粁一面坡{著 發	…	…	7.40	…	…	13.53	17.48	…	2.27	…	…	…
192.2	9.65	5.79	3.48	河 〃	…	…	8.25	…	…	14.36	18.30	…	3.08	…	…	…
203.0	10.15	6.09	3.66	靑雲嶺 〃	…	…	8.41	…	…	14.51	18.46	…	レ	…	…	…
212.6	10.65	6.39	3.84	亞布洛尼 〃	…	…	8.57	…	…	15.13	19.01	…	3.37	…	…	…
222.7	11.15	6.69	4.02	布山子 〃	…	…	…	…	…	…	…	…	4.05	…	…	…
234.8	11.75	7.05	4.23	高冷 〃	…	…	10.01	…	…	16.13	20.00	…	レ	…	…	…
248.7	12.45	7.47	4.49	高嶺子 〃	…	…	11.22	…	…	16.52	20.39	…	5.12	…	…	…
				〃	…	…	…	…	…	17.22	21.08	…	5.41	…	…	…
271.8	13.60	8.16	4.90	┬粁横道河子{著 發	…	…	11.37	…	…	17.38	21.18	…	5.49	…	…	…
282.7	14.15	8.49	5.08	道山 〃	…	…	11.53	…	…	17.54	レ	…	レ	…	…	…
303.9	15.20	9.12	5.48	山市 〃	…	…	12.30	…	…	18.23	22.16	…	6.32	…	…	…
333.7	16.70	10.02	6.02	海林 〃	…	…	13.14	…	…	19.07	22.58	…	7.12	…	…	…
343.7	17.20	10.32	6.20	拉古 〃	…	…	13.30	…	…	19.23	レ	…	レ	…	…	…
				〃	…	…	…	…	…	19.38	23.25	…	7.40	…	…	…
354.3	17.75	10.65	6.39	┌┬粁☺❸牡丹江{著 發	…	…	14.50	17.45	…	…	…	…	8.20	…	…	…
361.5	18.10	10.86	6.52	河 〃	…	…	15.05	18.08	…	…	…	…	8.33	…	…	…
377.2	18.90	11.34	6.81	愛河石 〃	…	…	15.53	18.50	…	…	…	…	9.09	…	…	…
403.0	20.15	12.09	7.26	磨刀代馬 〃	…	…	17.12	20.34	…	…	…	…	10.21	…	…	…
				〃	…	…	18.05	21.16	…	…	…	…	10.54	…	…	…
429.1	21.50	12.90	7.74	┌粁穆稜{著 發	14.50	…	18.16	21.35	…	…	…	…	11.04	…	…	…
440.6	22.05	13.23	7.94	代伊林 〃	15.07	…	18.33	21.53	…	…	…	…	11.21	…	…	…
451.5	22.60	13.56	8.14	┬粁下城子{著 發	15.25	…	18.48	22.10	…	…	…	…	11.36	…	…	…
461.4	23.10	13.86	8.32	馬橋河 〃	16.20	18.50	…	…	…	…	…	…	11.59	…	…	…
484.4	24.25	14.55	8.73	太嶺 〃	16.41	19.16	20.12	…	…	…	…	…	12.54	…	…	…
500.3	25.05	15.03	9.02	細鱗河 〃	…	…	20.44	…	…	…	…	…	13.24	…	…	…
511.1	25.60	15.36	9.22	三溝陽 〃	…	…	20.59	…	…	…	…	…	13.39	…	…	…
522.3	26.15	15.69	9.42	三嶺河 〃	…	…	21.17	…	…	…	…	…	14.04	…	…	…
546.4	27.35	16.41	9.85	┌┬粁芬河{著	…	…	22.02	…	…	…	…	…	14.41	…	…	…

47　康德5年12月1日改正　　　　　下城子・梨樹鎮間　　　　　（總局・梨樹線）

自下城子			驛	行先 列車番號名	梨樹鎮行			自梨樹鎮			驛	行先 列車番號名	下城子行		
粁程	運賃				混3 951	混3 981	混3 983	粁程	運賃				混3 982	混3 952	混3 984
	2等	3等							2等	3等					
0.0	円分	円分		44頁 穆稜{發	…	14.50	…	0.0	円分	円分		梨樹鎮{發	…	8.00	12.35
11.5	0.36	0.22		伊林 〃	…	15.07	…	18.3	0.57	0.35		亮子河 〃	…	8.48	13.27
22.8	0.69	0.42		下城子{著	…	15.25	…	26.8	0.81	0.49		八面通 〃	…	9.25	14.10
0.0	円分	円分		下城子{發	12.10	…	16.40	41.9	1.26	0.76		舊三道河 〃	…	10.04	14.53
1.6	0.18	0.11		第二下城子 〃	12.18	…	16.48	57.3	1.74	1.05		第二下城子 〃	…	10.50	15.40
17.0	0.51	0.31		舊三道河 〃	12.55	…	17.27	58.9	1.77	1.07		下城子{著	…	10.55	15.45
32.1	0.99	0.60		八面通 〃	13.57	…	18.30	58.9	1.77	1.07		下城子{發	8.05	…	…
40.6	1.23	0.74		亮子河 〃	14.19	…	18.52	70.2	2.13	1.28	45頁	伊林 〃	8.25	…	…
58.9	1.77	1.07		梨樹鎮{著	15.00	…	19.40	81.7	2.46	1.48		穆稜{著	8.48	…	…

旅行記念スタンプ設置驛　朝陽川・龍井・開山屯・上三峰・三棵樹・濬江、

（44）

▲46　哈爾浜・綏芬河間　総局・浜綏線　1939.1.20改訂／他　（満洲支那汽車時間表　満鉄鉄道総局　昭和14年3月）

● 浜綏線

◀**一面坡停車場**（印画紙、発行元不詳、仕切線1/2）　中東鉄路東部線（哈爾浜～綏芬河間546.4km）は、平坦な沃野を走る南部線や、砂漠と草原の多い西部線とことなり、路線の多くが山岳・森林地帯であった。一面坡（イイメンポ）は哈爾浜起点162.0km、風光明媚な山間の小都市で、農産物集散地、かつロシア人避暑地として知られ、「北満の嵐山」の別名もあった。写真はシベリア出兵（1918～22年）の期間中、厳冬期の撮影で、哈爾浜方面より到着の貨物列車の牽引機はX（ハー）形224（1899年ボールドウィン製）、ホームの端に日本陸軍の守備隊が整列しており、バックの木造2階建は構内食堂と思われる。

次ページ▼　〈**X形224近影**〉（写真印画）　X形は1898～1900年にボールドウィンで121両（151～271）製造され、ヴォークレイン4シリンダー複式、軸配置1D、シリンダー内径356/610mm×行程660mm（14/24インチ×26インチ）、動輪径1270mm（50インチ）、缶圧12kg/cm²（170ポンド／平方インチ）、火床面積3.25m²（35平方フィート）、総重量101.3トン、動軸重平均13.25トンであった。鉄道第一連隊営の鹵獲機183（小著『写真に見る鉄道連隊』P029上参照）は前期形（50両）で煙室扉が小径、224は後期形（71両）で大径という違いがあった。X形は日露戦争で4両が失われ、1921年には哈爾浜に30両、横道河子（おうどうかし）に60両、綏芬河（すいふんが）に27両配置され、満洲国鉄には104両が譲渡されてソリD形となった。

▼　〈**Γ形621の牽く列車**〉（印画紙、発行元不詳、仕切線1/2）　山間の小駅に停車中の中東鉄路東部線の列車で、牽引機はΓ（ゲェー）形621（1902年ブリヤンスキー工場製）、編成は客車9両の後位に貨車数両と後補機X形を連結しており、撮影時期はやはりシベリア出兵期間中と思われる。

一面坡停車場

VIEW OF SOUTH MUTANCHIANG STATION, MUTANCHIANG.
驛江丹牡南き深みし親 （膀名江丹牡）

▲**親しみ深き南牡丹江駅**（単色刷、満洲国郵政明信片、大正写真工芸所発行、仕切線1/2）　同駅は中東鉄路の築造になる初代の牡丹江駅で、1935年7月1日、市街地北側に新設された次掲の新駅に名称をゆずり、準軌改築前日の1937年6月17日、ルート変更（新駅経由）によって廃止された。写真は1936年春頃の撮影と思われ、ホーム上の売店には「サッポロビール」の看板が見える。

▼**明朗なる牡丹江駅の美観**（単色刷、満洲国郵政明信片、大正写真工芸所発行、仕切線1/2）　牡丹江（新駅）は哈爾浜起点345.3km、図佳線（図們～牡丹江～佳木斯間580.0km）の開通にともない、1935年1月15日に市街地北側に開業し、当初は寧北（ねいほく）と称した。駅本屋はモダニズム様式のしょうしゃな外観で、画面右端の半円形防護壁に銃眼がさりげなく開けられている。

VIEW OF MUTANCHIANG STATION, MUTANCHIANG.
觀美の驛江丹牡るな朗明 （膀名江丹牡）

VIEW OF NEW STREET OF MUTANCHIANG, MUTANCHIANG.
觀景の街市新江丹牡るす比櫛買商　（勝名江丹牡）

▲商買櫛比する牡丹江新市街の景観（単色刷、満洲国郵政明信片、大正写真工芸所発行、仕切線1/2）　牡丹江市街は格子状の街路が計画され、新駅正面の太平路をメインストリートとし、東側に東一条・東二条、西側に西一条・西二条と、太平路と並行する大通りがもうけられた。写真は1938年頃の銀座通で、太平路と西一条の間にあり、中小の商店が軒を並べていた。

▼牡丹江銀座街（写真印画）　同市は満洲北東部の中心に位置し、浜綏線と図佳線が接続し、木材加工・食品産業が発達し、1931年より7年間で人口が約28倍と急速に発展した。ソ連国境にも近いため、関東軍第一方面軍直轄の第百二十二師団が置かれた。写真は上掲よりやや新駅に近づいたカメラポジションで、遠方に貨車が見え、路面は未舗装であるが、人々の表情が明るい。

263

VIEW OF MUTANCHIANG RAILWAY BRIDGE, MUTANCHIANG.
車列線綏浜る寸進驀と橋鉄江丹牡 （所真写江丹牡）

▲牡丹江鉄橋と驀進する浜綏線列車（単色刷、満洲国郵政明信片、大正写真工芸所発行、仕切線1/2）　牡丹江は牡丹嶺（標高1,073m）にみなもとを発し、前出の敦化を通り、北流して鏡泊湖の名勝を生み、牡丹江市街東方をかすめ、松花江に合流する全長約720kmの大河で、同橋梁はデッキワーレントラス13連、写真は1936年初春頃の撮影と思われ、画面右手が綏芬河方面、左手が牡丹江市街方面で、橋台のかたわらに堅固な防護框舎が見える。列車は哈爾浜方面行の旅客列車で、ボギー車数両の後位に2軸客車数両を連結し、機関車は整備不良のようで、シリンダー附近よりさかんに蒸気もれを起こしている。

北満鉄路は、満洲国建国後も北満地方の産品輸送にもちいられていたが、1933年に前出の斉北・平斉線経由で満鉄本線・奉山線と結ぶルート、また翌年に浜北・拉浜・京図・北鮮線経由で北鮮3港（清津・雄基・羅津）と結ぶルートが完成すると、急速に輸送量が低下し、さしものソ連も満洲国への譲渡にかたむいた。日満ソ3国の数次にわたる交渉の結果、1935年3月に譲渡されて満洲国鉄に編入され、同年9月に京浜線（旧南部線）、1936年8月に浜綏線（旧西部線）、1937年6月に浜綏線（旧東部線）の順に準軌に改築された。なお、道床は京浜線がある程度サイズのそろった砕石、浜洲線が岩石を砕いたままの切込（クラッシャー・ラン）、浜綏線が砂であった。3線の軌間改築により、満洲国内の鉄道網が準軌に統一され、客貨とも一貫輸送が可能となるとともに、在満ソ連権益も一掃され、国家経営にいちじるしい利益をおよぼした。北満鉄路の機関車は、比較的状態の良いΕ形（→国線デカA形）44両とБ形（→国線ダブA形）6両が準軌改造され、それぞれ国線デカニ形（→デカニ）形・国線ダブロ（→サタイ）形となり（小著『満洲鉄道写真集』P176-177参照）、ごく少数が有事にそなえてロシアゲージのままソ連国境付近に隠されたほかは、用済みとして処分された。

第4部・満鉄安奉線の旅

▲福金嶺の絶頂（南満洲写真大観） 満鉄安奉線の前身は、日露戦争時に急造された安東県（→安東）〜奉天間304.2km、軌間2フィート6インチ（762mm）の軍用軽便鉄道で、1907年4月、野戦鉄道提理部より満鉄に移管された。遼東半島の脊梁山地を横断するため、最小半径1.5チェーン（30.2m）、最急勾配30分の1（33.3‰）が連続し、中でも黒坑嶺・福金嶺は二大難所とされた。写真は1910年頃、福金嶺（福金〜橋頭間）を行く軽便鉄道大型機関車（小著『満洲鉄道発達史』P016上参照）の牽引する貨物列車で、小編成なのは山麓で列車を2分割したためと思われ、1909年9月に奉天〜安東間を乗車した夏目漱石も、日記中に「橋頭にてとまる。孟家堡に置いて来た半分の列車を引きに返る為也」としるしている。満鉄は軽便鉄道の営業を継続するかたわら、並行する準軌新線の建設をおし進め、隧道24ヵ所、橋梁205ヵ所の新築によって線形と勾配の改良を行ない、同所では同線中最長の福金嶺隧道（延長1,489m）を掘削した。新線の全区間開通は1911年11月で、本格的な幹線鉄道へと面目を一新し、同時に開通の鴨緑江国際橋梁により、満鮮直通列車の運転も可能となった。

KOKKOREI SHAFT, ANPOSEN.

安 奉 線 黒 坑 嶺

▲安奉線黒坑嶺／安東県黒坑嶺（其二）／（其三）（単色刷、安東県文栄堂ほか
発行、仕切線1/3）　秋木荘～鶏冠山間に立ちはだかる黒坑嶺では、軽便鉄道安奉線は南
北両斜面をオメガループの連続で越え、特に秋木荘方の北斜面は上下５段線路で有名で
あった（小著『満洲鉄道発達史』P036-037参照）。写真は北斜面の中腹より、奉天方より
数えて２段目～５段目（最上段）を俯瞰したシーンで、１段目（最下段）は画面外であ
る。安東方面行の列車は、１段目より第１オメガループで画面下端の２段目に上り、左
手画面外の第１スイッチバックで折り返して３段目を逆行し、右端の信号場（第２スイ
ッチバック）で交換、小休止ののち、４段目を前進して、左手画面外の第２オメガルー
プで５段目に上り、サミットを越えてゆく。本ページと次ページ上下が同日の連続撮影
とすれば、まず①次ページ上で安東方面行が２段目を上り、次いで３段目より逆向で信
号場に進入し、②本ページ上で停止して蒸気を上げるうち、対向の奉天方面行が５段目
に現われ、４段目より信号場に進入し、すぐさま３段目に逆向で出発し、③次ページ下
で安東方面行が信号場を出発して４段目を前進し、奉天方面行は第１スイッチバックで
折り返して２段目を正向で下りてゆく状況と思われる。軽便鉄道安奉線は夜間の運転は
せず、かかる山越え区間では分割運転を行なったため、全線２日間の旅程で、旅客はほ
ぼ中間の草河口（そうかこう）で列車を降り、旅館に一泊した。漱石も日記に「八時過
ぎ小河口（ママ）に着。日新館に宿る。」とつづっている。満鉄は軌間改築にさいし、
秋木荘～鶏冠山間に黒坑嶺隧道（延長459m）を掘り、開通後まず軽便鉄道線路を隧道
内に移し、準軌新線の正式開通までデュアルゲージで運用した。

● 軽便鉄道安奉線

THE KOKKORYO, ANTINGKEN （其二）嶺坑黑縣東安

THE KOKKORYO, ANTINGKEN （其三）嶺坑黑縣東安

【滿洲溫泉案內】

滿洲の溫泉數は約30餘箇所の多きに達して居るも交通不便乃至は溫泉場の設備整はざる爲め其の大部分は地方的のものとなつてゐる。從つて利用者は地方の滿藤人のみに限られ日本人或は外人に知られ利用せられて居るものは甚だ僅少であり所謂名溫泉として一般に膾炙されて居るのは滿鐵沿線の湯崗子、熊岳城、五龍背の3溫泉にすぎね。之等は設備も完備し利用者も相當の數に上つて居る、他に奉山線沿線の興城溫泉も近年頭角を現し、又種々話題となつてゐる興安嶺下の阿爾山（ハロンアルシヤン）は特異な溫泉場であり、將來の發展を期待され、興城、阿爾山の兩地には鐵道總局直營のホテルがある。京圖線沿線の九臺溫泉は冷泉を加溫したもので昭和12年夏以來設備を爲し新京方面の人々に呼びかけて居る現狀である。

五 龍	背	滿鐵安奉線五龍背驛附近
龍 崗	子	〃 連京線湯崗子驛附近
熊 岳	城	〃 熊岳城驛の東南2粁半
阿 爾	山（興安溫泉）	白阿線阿爾山驛附近
安 奉 北	川	滿鐵連京線松樹驛の東20粁
剪 龍 門	川	〃 許可屯驛の東南6粁
思 倪 家	河	〃 鞍山驛の東南15粁
狗 湯	池	滿鐵安奉線本溪湖驛の東24粁
龍 湯	池	〃 本溪湖驛の東北28粁
湯 崗	子（鳳城縣）〃	鳳城城驛の西南9粁5
東 湯	嶺	滿鐵安奉線鴛鴦山驛の西南25粁
上 湯	池	鴛鴦山驛の南14粁5
勾 湯	子（安東縣）〃	五龍背驛の南20粁
白	池 溝	安東省城巌峰驛城の北28粁9

白頭火山溫泉　　　　　白頭山中
（イ）硫黃溫泉　　火山の頂上から西南八粁の中腹
（ロ）湯水長溫泉　火山口湖天池から北方側の中腹
（ハ）白　溫　泉　火山口湖天池から北四粁の中腹
（ニ）天池及三池澗　白頭山火口湖の一部分
烏雲及爾冬吉火山藥泉（今は冷泉）北黑線龍鎭驛の西10粁
阿　爾　山　興安省林西と經棚との間林西の西南27粁

英金河上流熱水塘　熱河省赤峰の西100粁
毛金壩山熱水塘　　承德の北徼東53粁
默金塘　（上〔頭溝村〕）承德の東北30粁半（道程70粁）
　　　　　　　　熱河省平泉の北西45粁
淩源熱水塘　　淩源（建昌）北々東15粁
建平熱水地　　延平の東北25粁
瓜冠熱水塘　　豐寧縣城の東南53粁
熱　水　澗　　溫泉の南1粁
湯　　　山　奉山線安中縣城の南々西14粁
九　臺（冷泉）　京圖線小下臺驛の東南1粁

各溫泉溫度
滿洲の溫泉は一般に溫度が低く、攝氏65度以上のものは稀であつて、普通60度から40度或はそれ以下の溫度のものが大多數である。

湯 崗	子	攝氏73度半
熊 岳	城	50度內外
五 龍	背	57度
興	城	73度內外
阿 爾	山	46度以下各種

10　昭和13年12月25日改訂　　　　　　　　　　　　奉 天・安 東

自　奉　天			驛	行　先 列車番號 名	安東行	鷄冠山行	鷄冠山行	安東行	橋頭行	安東行	釜山行	安東行	橋頭行	釜國山行 [1][2][3]	橋頭行	安東行	京城行 準急 [2][3]
粁程	運 賃				勳206	勳212	勳214	勳208	勳218	勳202	[2][3]48	[2][3]44	勳224	[1][2][3]2	勳220	勳204	[2][3]6
	1等	2等	3等														

（以下時刻表省略）

粁程	1等 円錢	2等 円錢	3等 円錢	驛名													
0.0				京嶺街原嶺寒 新公四開鐵 主 奉	…	…	…	…	…	…	…	…	…	8.10	…	…	〔準急〕
62.0	2.73	1.74	0.97		…	…	…	…	…	…	…	…	…	9.04	…	…	
115.5	5.11	3.25	1.80		…	…	…	…	…	…	…	…	…	9.54	…	…	
199.9	8.80	5.60	3.10		…	…	…	…	…	…	…	…	…	11.05	…	…	
233.4	10.30	6.56	3.63		…	…	…	…	…	…	…	…	…	11.34	…	…	
304.8	13.42	8.54	4.73		…	…	…	…	…	…	…	…	…	12.30	…	…	
0.0				奉　天	…	…	…	6.50	…	7.50	9.45	…	12.46	12.55	…	15.30
					…	…	…	7.01	…	8.00	9.54	┃	13.05		…	15.39
8.6	0.40	0.26	0.14	渾　河	…	…	…	7.02	…	8.01	9.55	┃	13.06		…	15.40
					…	…	…	7.12	…	8.10	10.02	┃	13.03	13.15	…	15.47
15.6	0.71	0.45	0.25	蘇家屯	…	…	…	7.14	…	8.13	10.05	┃	13.05	13.16	…	15.50
24.7	1.10	0.70	0.39	吳家屯	…	…	…	7.25	…	8.24	10.16	┃		13.27	…	16.00
33.3	1.50	0.96	0.53	陳相屯	…	…	…	7.36	…	8.35	10.27	┃		13.38	…	16.22
45.3	2.03	1.29	0.72	姚千戸	…	…	…	7.51	…	8.49	10.41	┃		13.52	…	16.36
52.2	2.34	1.49	0.83	頭稻連	…	…	…	8.11	…	8.59	10.51	┃		14.02	…	┃
58.5	2.60	1.66	0.92	石火宮	…	…	…	8.21	…	9.09	11.01	┃		14.11	…	16.53
71.8	3.17	2.02	1.12	本溪湖	…	…	…	8.45	…	9.34	11.30	┃	14.10	14.43	…	17.14
77.6	3.44	2.19	1.21	宮原	…	…	…	9.00	…	9.43	11.49	12.50	14.14	14.52	…	17.23
83.0	3.66	2.33	1.29		…	…	…	9.09	…	9.52	11.49	12.59	┃		…	17.32
					…	…	…	9.27	…	10.10	12.05	13.15	14.31	15.06	…	17.48
93.3	4.14	2.64	1.46	橋　頭	…	6.00	8.10	…	…	10.16	12.10	…	14.36		…	17.54
108.2	4.80	3.06	1.69	南下	…	6.24	8.34	…	…	10.49	12.32	…			…	┃
118.5	5.24	3.34	1.85	連城	…	6.41	8.59	…	…	11.05	12.49	…			…	┃
127.2	5.63	3.59	1.99	邪河通	…	6.56	9.15	…	…	11.18	13.04	…	15.24		…	17.46
136.4	6.03	3.84	2.13	草林	…	7.13	9.32	…	…	11.33	13.21	…	┃		…	19.17
147.1	6.52	4.15	2.30	通達裏	…	7.37	9.52	…	…	11.47	13.35	…	┃		…	┃
159.2	7.04	4.48	2.48	遠口堡河	…	7.58	10.22	…	…	12.00	13.58	…	┃		…	┃
168.4	7.44	4.74	2.62	家木	…	8.09	10.33	…	…	12.11	14.09	…	┃		…	19.45
175.0	7.70	4.90	2.72	裏莊	…	8.18	10.42	…	…	12.23	14.20	…	┃		…	┃
181.5	8.01	5.10	2.83	秋	…	8.29	10.53	…	…	12.32	14.30	…	┃		…	20.19
195.7	8.63	5.49	3.04	鷄冠山	7.05	9.06	11.21	…	…	12.59	14.57	…	16.37		…	
206.6	9.11	5.80	3.21	四	7.18	…	…	9.10	…	11.55	13.10	15.03	…	16.43	…	16.56	20.25
215.9	9.51	6.05	3.35	鳳	7.29	…	…	9.23	…	12.08	13.23	15.19	…		…	17.06	20.37
223.3	9.86	6.28	3.48	堡	7.40	…	…	9.38	…	12.20	13.46	15.30	…	17.04	…	17.29	20.48
230.6	10.17	6.47	3.59	城	7.58	…	…	9.49	…	12.40	13.57	15.41	…	┃	…	17.43	21.06
242.4	10.70	6.81	3.77	門	8.12	…	…	10.00	…	12.51	14.07	15.52	…	┃	…	17.51	21.07
251.6	11.09	7.06	3.91	城	8.25	…	…	10.26	…	13.05	14.26	16.06	…	17.44	…	18.05	21.23
258.5	11.40	7.25	4.02	五老	8.34	…	…	10.39	…	13.18	14.34	16.09	…	┃	…	18.18	21.32
266.2	11.75	7.48	4.14	給	8.44	…	…	10.48	…	13.27	┃	16.37	…		…	18.27	┃
272.5	12.02	7.65	4.24	沙河	8.53	…	…	11.07	…	13.52	14.55	16.46	…		…	18.48	21.55
275.8	12.15	7.73	4.28		…	…	…	11.13	…	14.07	15.04	16.56	…		…	┃	┃
					…	…	…		…	14.07	15.17	17.02	…	18.10	…	18.52	22.00
0.0				安	…	…	…	…	…	16.10		…	18.40		…	…	22.35
162.9	7.18	4.57	2.53	新	…	…	…	…	…	19.57		…	21.17		…	…	1.43
238.6	10.52	6.70	3.71	城平	…	…	…	…	…	21.50		…	22.26		…	…	3.06
425.9	18.76	11.93	6.61	開京	…	…	…	…	…	5.05		…	1.58		…	…	7.14
499.3	22.00	14.01	7.76	大田	…	…	…	…	…	7.20		…	3.16		…	…	8.30
566.6	29.35	18.68	10.34	三津	…	…	…	…	…	12.15		…	6.05		…	…	
825.0	36.36	23.12	12.79		…	…	…	…	…	15.15		…	8.41		…	…	
900.6	39.65	25.23	13.97	渡	…	…	…	…	…	18.10		…	10.15		…	…	
449.8	41.80	26.60	14.73		…	…	…	…	…	19.10		…	10.15		…	…	

旅行記念スタンプ設置驛　奉天、渾河、蘇家屯、壺頭山、本溪湖、宮原、
附附列車　ひかり、のぞみ

（20）

▲10　奉天・安東間　滿鉄・安奉線　　1938.12.25改訂　（滿洲支那汽車時間表　滿鉄鉄道総局　昭和14年3月）

5.　滿洲國より　古北口經由北支へ向ふ場合（又は之と反對
　の場合）は……………古北口驛。
　携帶品は車中にて、託送手荷物は驛ホーム檢査所。
6.　滿洲國より　安東驛經由朝鮮に向ふ場合（又は之と反對
　の場合）……………安東驛。
　携帶品は車中にて、託送手荷物は驛ホーム檢査所。

7.　京圖線經由の場合は……………圖們驛。
　携帶品は車中にて、託送手荷物は驛ホーム檢査所。
8.　朝開線（朝陽川・開山屯）經由の場合は………上三峰驛。
　携帶品は車中にて、託送手荷物は驛ホーム檢査所。
9.　滿洲國より　滿洲里經由外國へ向ふ場合（又は之と反對
　の場合）は……………滿洲里驛稅圖檢査所。

動車は3等車のみ　（滿鐵・安奉線）

鷄冠山行 動207	奉天行 動219	奉天行 47【23】	橋頭行 動213	奉天行 43【23】	鷄冠山行 動205	湯山城行 動225	奉天行 3【23】	驛名
…	…	11.40	…	…	…	…	21.15	山津邱田城城壩州東
…	…	12.52	…	…	…	…	22.45	
…	…	14.43	…	…	…	…	0.32	
…	…	18.43	…	…	…	…	4.28	
…	…	23.10	…	…	…	…	8.15	
…	…	1.05	…	…	…	…	10.02	
…	…	6.12	…	…	…	…	15.22	
…	…	7.49	…	…	…	…	17.05	
…	…	12.45	…	…	…	…	21.10	安
12.10	13.35	…	…	15.50	17.15	20.50	22.05	安沙始老五湯高張鳳四
12.17	13.42	…	…	15.57	17.22	20.57	22.17	
12.26	13.51	…	…	16.06	17.31	21.06	22.27	
12.37	14.02	…	…	16.17	17.54	21.17	L	
12.47	14.12	…	…	16.27	18.20	21.34	22.43	
13.07	14.25	…	…	16.40	18.33	21.46	22.58	
13.22	14.40	…	…	16.55	18.48	…	23.16	
13.34	14.52	…	…	17.16	19.00	…	L	
13.45	15.04	…	…	17.27	19.11	…	23.40	
13.58	15.17	…	…	17.40	19.24	…	23.56	
14.14	15.33	…	…	17.56	19.40	…	0.15	鷄冠山
…	…	15.40	16.56	18.02	…	…	0.22	莊河豪塞口堡關若坟
…	…	16.20	17.17	18.25	…	…	0.47	
…	…	16.30	17.27	18.35	…	…	0.59	
…	…	16.40	17.37	18.45	…	…	1.11	
…	…	16.53	17.53	18.58	…	…	1.26	
…	…	17.12	18.11	19.16	…	…	2.02	
…	…	17.33	18.34	19.38	…	…	2.47	
…	…	17.45	18.45	19.49	…	…	2.59	
…	…	17.55	18.56	20.11	…	…	3.05	
…	…	18.18	19.08	20.11	…	…	3.21	
…	…	18.34	19.27	20.27	…	…	3.37	
…	16.50	18.40	…	20.33	…	…	3.43	橋頭
…	17.07	18.57	…	20.52	…	…	4.01	宮本火石宮戸相家
…	17.24	19.06	…	21.03	…	…	4.11	
…	17.36	19.19	…	21.19	…	…	4.24	
…	17.57	19.39	…	21.42	…	…	4.46	
…	18.06	19.47	…	21.52	…	…	4.54	
…	18.15	19.56	…	22.02	…	…	5.03	
…	18.38	20.09	…	22.17	…	…	5.16	
…	18.49	20.19	…	22.28	…	…	5.26	
…	19.00	20.30	…	22.41	…	…	5.40	
…	19.02	20.33	…	22.46	…	…	5.40	蘇家屯
…	19.12	20.41	…	22.57	…	…	5.50	
…	19.13	20.44	…	22.58	…	…	5.51	渾河
…	19.23	20.55	…	23.10	…	…	6.00	奉天

下段：奉鐵開四公新／天嶺原街樹主

橋頭、下馬塘、連山關、鷄冠山、鳳凰城、高麗門、五龍背、安東

●旅客携帶品通關免稅標準數量

旅行者の携帶用品及び少量の土産品は稅關官吏の裁量で免
稅通關されますが慣例的な便法に過ぎません故絶對的のもの
でなく、旅客の身分又は職業によつて所持品の數量品質に加
減があります。

次に大體の目標をつける便宜までに免稅標準數量を揭げて
おきます。

品　名	免稅量	産　地
ト　ラ　ン　プ	2　組	米・獨
花　　　　　札	雀	日本那
麻 ロ　シ　ヤ　飴　類	課稅	支那各地
ウイスキーチヨコレート	5　罐	臺　灣
砂角　砂・	10　斤	〃
コ　　　　コア茶	10　函	〃
紅	1封度	オランダ
コ　ー　ヒー	〃	セイロン ブラジル・ジヤバ・支那
翡　黒　ダ　イ　ヤ	〃	外國
砂金石・アレキサンダー・	20圓程度1割課稅	
ル　ビ　ー・オパール	1割　加工したもの20圓以上は10割課稅	〃
アリマリンエトラメン・	〃	〃
ウ　ラ　ル　ダ　イ　ヤ	2圓程度	〃
支那古錢帯止め　紬	10割課稅	北京
絹	3圓程度	滿洲國
ゴ　ブ　ラ　ン　綾	1　枚	佛
アンゴラ總テーブル掛	〃	
支那	2　箇	北京
支那	5　本	〃
琥珀パイプ	2	撫順
白標製煙ケース	〃	撫順各
葉卷タバコ	50　本	〃
紙卷タバコ	100　本	〃
刻みタバコ	30　匁	〃
洋　　　酒　類	2　本	英・佛・伊
時計・寫眞機・ラヂオ	課稅	大連
カツトグラス	3圓程度	大連

以上は大連經由の場合を示したもので、朝鮮經由の場合はト
ランプ、花札は1組、川絹は製品品等多少の相違があります。

【税關檢査に就て】

●滿洲國に出入する旅客の携帶品は下記の場所で税關檢査を受けねばなりません。

1. 大連より　大阪商船により門司・靜戸に向ふ場合は……………船中。

2. 大連より　商船以外の定期船で出る場合は…………上陸地税關檢査場。

3. 大連驛より　關東州外に向ふ場合は…………大連驛。託送手荷物は大連驛手小荷物取扱所。

4. 滿洲國より　山海關經由北支に向ふ場合（又は之と反對の場合）は…………山海關驛。携帶品は車中にて、託送手荷物は驛ホーム檢査所。

11　昭和13年12月25日改訂　　　　　　安　東・奉　天　間

自 安 東			驛 名 / 列車番號行先	新京行 123 123 7	北京行 123 123 9	奉天行 215	本溪湖行 勤221	牟天行 勤45	奉天急行 23 5	橋頭行 勤209	鶏冠山行 勤201	本溪湖行 勤223	鶏冠山行 勤203	奉天行 勤217	橋頭行 勤211	新京行 123 1
粁程	1等 運	2等 賃	3等												
0.0	円錢	円錢	円錢	釜　山　發	7.30	8.15	…	…	…	（準急）						18.55
49.2	2.20	1.40	0.78	三　浪　津 〃	8.20	9.03	…	…	…							19.43
124.8	5.50	3.50	1.94	72頁 大邱田城 〃	9.41	10.28	…	…	…							21.07
283.2	12.50	7.96	4.41	73頁 京城 〃	12.19	13.17	…	…	…							23.44
450.5	19.85	12.63	7.00	74頁 開平 〃	15.20	16.25	…	…	21.15							2.35
523.9	23.06	14.68	8.13	75頁 新州 〃		17.40	…	…	22.31							3.56
711.2	31.33	19.94	11.04	平 〃	20.06	21.20	…	…	2.16							7.28
786.9	34.63	22.04	12.20	安　東 〃	21.19	22.37	…	…	3.26							9.30
949.8	41.80	26.60	14.73	東　京 著	24.00	1.20	…	…	6.25							11.15
0.0	円錢	円錢	円錢	安　東 發	0.30	1.50	…	…	7.00		8.05	…	9.35		11.45
3.3	0.18	0.12	0.07	沙　河 〃	↓	↓	…	…	7.06		8.12	…	9.42		↓
9.6	0.44	0.28	0.16	始　老 〃	↓	↓	…	…	↓		8.21	…	9.51		↓
17.3	0.80	0.51	0.28	蝘　蟥 〃	↓	↓	…	…	↓		8.35	…	10.02		↓
24.2	1.10	0.70	0.39	五　龍　背 〃	0.55	2.16	…	…	7.30		8.45	…	10.12		12.11
33.4	1.50	0.96	0.53	高麗門 〃	↓	↓	…	…	7.42		8.58	…	10.25		↓
42.2	2.03	1.29	0.72	張蝠城 〃	↓	↓	…	…	7.56		9.13	…	10.40		↓
52.5	2.34	1.49	0.83	嵐城 〃	↓	↓	…	…	8.05		9.26	…	10.52		↓
59.9	2.64	1.68	0.93	城子 〃	1.43	2.51	…	…	8.17		9.36	…	11.03		12.45
69.2	3.08	1.96	1.09	四 〃	↓	↓	…	…	8.17		9.49	…	11.16		↓
80.1	3.57	2.27	1.26	鶏　冠　山 發著	2.10 2.16	3.14 3.20	… …	7.05	8.50	9.20	8.44	10.05	…	11.32	11.37	13.13
94.3	4.18	2.66	1.48	秋家 〃	↓	↓	…	7.27		9.47					12.04	↓
100.8	4.45	2.83	1.57	釖家 〃	↓	↓	…	7.36		9.57					12.22	↓
107.4	4.76	3.03	1.68	林通 〃	↓	↓	…	7.45		10.07					12.33	↓
116.6	5.15	3.28	1.82	堡門 〃	3.12	↓	…	8.57		10.20					12.45	13.03
128.7	5.68	3.62	2.00	祁連口 〃	↓	↓	…	8.18	9.50	10.38					13.18	↓
139.4	6.16	3.92	2.17	家城 〃	↓	↓	…	8.36		11.01					13.38	↓
148.6	6.56	4.18	2.31	連山 〃	4.07	5.06	…	8.47	10.16	11.19					14.00	14.31
157.3	6.96	4.43	2.45	卜馬 〃	↓	↓	…	8.57		11.30					14.00	↓
167.6	7.40	4.71	2.61	卜南 〃	4.47	5.40	…	9.07 9.25	10.48	11.42 12.01					14.31	15.03
182.5	8.06	5.13	2.84	橋　頭 發著	4.53	5.47	7.00	8.30	9.90	10.53	…	…	12.08	…	13.52	15.09
192.8	8.50	5.41	3.00	宮　本火山 〃	↓	↓	7.17 7.26	8.48 8.55	9.54 10.04	…	…	…	12.25 12.32	…	14.20 14.43	↓
198.2	8.76	5.58	3.09	溪　連 〃	5.18	6.12	7.38		10.16	11.17					15.31	15.31
204.0	8.98	5.72	3.17	橋　子 〃	↓	↓	8.01		10.35	11.45					15.16	↓
217.3	9.60	6.11	3.38	石　屯 〃	↓	↓	8.10		10.52						15.25	↓
223.6	9.89	6.30	3.48	榥　戸 〃	↓	↓	8.19		11.01	12.01					15.34	↓
230.5	10.17	6.47	3.59	澳家屯 〃	↓	↓	8.37		11.14	12.15					15.45	↓
242.5	10.70	6.81	3.77	相家 〃	↓	↓	8.48		11.24	12.28					15.59	↓
251.1	11.09	7.06	3.91	蘇　家　屯 發著	6.39 6.42	7.25 7.28	8.59 9.01		11.35 11.38	12.37 12.40					16.12 16.12	16.39
260.2	11.49	7.31	4.05	軍 〃	9.11		11.49	12.49							16.21	↓
267.2	11.80	7.51	4.16	河 〃	9.12		11.50	12.50							16.23	↓
275.8	12.15	7.73	4.28	奉　天 著	7.00	7.45	9.21		12.00	13.00					16.33	16.55
275.8	12.15	7.73	4.28	奉　天 發	7.15	8.00	…	…	…							17.19
347.2	15.37	9.75	5.41	開原 〃	8.13	8.76	…	…	…	23.00						18.06
380.7	16.77	10.67	5.91	14頁 蘇原 〃	8.44	京城	…	…	…							18.37
465.1	20.53	13.05	7.23	15頁 甲主 〃	9.56		…	…	…							19.40
518.6	22.84	14.54	8.05	公 〃	10.46		…	…	…							20.44
580.6	25.57	16.27	9.01	新京 著	11.42		…	…	…							21.50

旅行記念スタンプ設置驛　奉天、溪河、蘇家屯、盃頭山、本溪湖、宮原、備附列車　ひかり、のぞみ

▲11　安東・奉天間　滿鉄・安奉線　1938.12.25改訂　（滿洲支那汽車時間表　滿鉄鉄道總局　昭和14年3月）

271

滿州本溪湖停車塲

PANESE WAR
ABUTO, HONKEIKO.

本溪湖驛と （本溪湖名所）
日露の役に名高き兜山戰跡の遠望

A

(弘文堂書店発行)　　　　本渓湖停車場之景

▲本渓湖停車場之景（単色刷、弘文堂書店発行、仕切線1/3）
同駅は奉天より77.6km、構内は本渓湖河にそって東西に延び、
駅本屋の玄関は北面していた。写真は同駅に進入する奉天発上り
旅客列車で、牽引機A（アメ）形、以下貨物車掌車ブ形、三等手
荷物車ハテ₂形、三等車ハ₁形、二等車ロ₁形、一等食堂車イシ形、
手荷物郵便車テユ₅形、撮影時期は同線普通列車に食堂車が連結
された1916年11月以降、おそらく1917年夏頃と思われる。

前ページ▲満州本渓湖停車場（単色刷、杉町写真館発行、仕切
線1/3）　安奉線の準軌改築は、最急勾配80分の1（12.5‰）、最小
半径15チェーン（330ヤード＝302m）、軌条は80ポンド／ヤード
（40kg/m）、橋梁はクーパー E45対応で、1911年11月に全区間が
開通した。写真は本渓湖（安東起点198.2km）を発車する奉天方
面行下り混合列車で、牽引機はE（ダブ）形、以下無蓋車ムィ形、
同ム形、同ムィ形、同ム形、有蓋車ヤ形3両、三等車（三扉）ハ
形、二等車ロ形、三等手荷物車ハテ形、撮影時期は1912年夏頃と
思われ、駅本屋のバックは兜（かぶと）山、右手が駱駝（らく
だ）山である。当時の同線の列車運転本数は旅客3・混合2・貨
物4、ほかに満鮮直通急行（週3回）であった。

▶本渓湖駅と日露の役に名高き兜山戦跡の遠望（単色刷、大正
写真工芸所発行、仕切線1/2）　1935年頃の同駅構内で、単行の機関車は
ソリィ形1033、駅本屋の平面形状は前ページ下の矩形より、両翼部分
が駅前広場に向かって拡張されて凹形となり、屋根の形状も変化して
いる。画面左手の建屋は厠で、かたわらに「島村旅団奮戦之地」の標
柱が立ち、中央遠景は日露戦争の激戦地であった兜山で、駱駝山は右
手画面外にある。「島村旅団」は、鴨緑江渡河作戦に成功し、のちの安
奉線ルートで攻めのぼってきた、黒木第一軍中の歩兵第十二旅団（旅
団長島村干雄少将）と思われる。

HONKEIKO STATION AND THE DISTANT VIEW
THE FAMOUS VESTIGES OF RUS
ON M

◀鉄、石炭、石灰石に恵まれたる本渓湖全景
（単色刷、大正写真工芸所発行、仕切線1/2）　本渓湖は市街周辺で石炭と石灰石を産出し、鉄鉱石は約30km南の南坟（なんふん）より運び、用水は太子河より得るという、製鉄所には絶好の立地で、1911年に日清合弁の本渓湖煤鉄有限公司が操業開始した。写真は1935年頃、市街西方の丘陵上より東方を俯瞰したもので、画面中央が本渓湖河（太子河の一支流）、左岸（北岸）が駅構内と市街、駅のバックが駱駝山、右岸（南岸）が製鉄所、右手山麓が同所の南山宿舎、手前は同じく西山宿舎である。

WHOLE VIEW OF PENHSINU INDUSTRIES OF IRON, COAL AND LIMESTONE, PENHSINU.
鉄、炭石、石灰岩に惠まれたる本渓湖全景　（本渓湖名勝）

▼商舗櫛比せる本渓湖永利町通遙にラクダ山戦跡を望む（単色刷、大正写真工芸所発行、仕切線1/2）　本渓湖永利町は駅前より線路沿いに延びた幅16mの大通りで、カメラポジションは駅前通との交差点中心、画面右手が駅前広場方面、左手が満鉄医院方面、奥が安東方面、遠景が駱駝山で、太陽の位置などより、1935年頃、秋の夕方近くの撮影と思われ、下駄ばきでキックスクーターで遊ぶ子供の姿も見える。本葉にかぎらず、日本人児童の写っている満洲の写真を見ると、終戦後にぶじ日本に帰れたかと、ついつい思ってしまう。

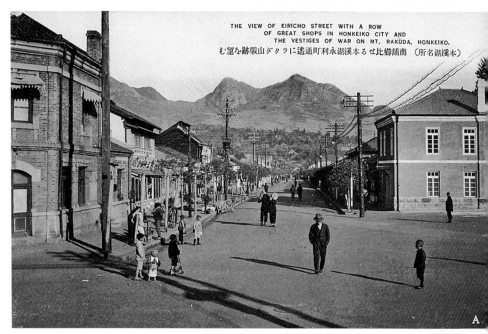

THE VIEW OF EIRICHO STREET WITH A ROW OF GREAT SHOPS IN HONKEIKO CITY AND THE VESTIGES OF WAR ON MT. RAKUDA, HONKEIKO.
商舗櫛比せる本渓湖永利町通遙にラクダ山戦跡を望む　（本渓湖名所）

▼**本渓湖煤鉄公司骸炭積込場の実況**（単色刷、大正写真工芸所発行、仕切線1/2）　骸炭とはコークスのことで、石炭を乾留（蒸し焼き）することで揮発分・硫黄・ピッチなどの不純物が抜け、発熱量が高まるため、製鉄には不可欠で、副産物として可燃性のコークス炉ガスが得られ、都市ガスとして利用できた。写真は地元産出の本渓湖炭より作ったコークスを円錐形ホッパーに積み込み、熔鉱炉へと運ぶシーンで、可燃性ガスの存在する環境のため、無火機関車6両（1917～19年沙河口工場製）がもちいられた。円筒形の断熱性圧力容器に高温高圧水を注入し、減圧弁より飽和蒸気を取り出してシリンダーに送り、以下蒸気機関車と同様に作動するものであった。

THE ACTUAL CONDITION OF THE LOADING OF COKE AT BAITETSU COMPANY, HONKEIKO.

本渓湖煤鉄公司骸炭積込場の実況　（本渓湖名所）

▲〈鶏冠山駅構内全景〉（写真印画）　安奉線上り列車は鶏冠山隧道（992m）を抜け、鶏冠山（安東起点80.1km）に到着する。同駅は、両端の蘇家屯・安東をのぞけば、橋頭（同182.5km）とともに同線内2ヵ所の機関区所在地であった。写真は1932年夏頃、東側の丘より俯瞰したパノラマで、機関庫は鉄筋コンクリート造、扇形9線、1918年竣工、構内に見える機関車はすべて貨物用のソリィ形である。第一ホームで機関車連結待ちは奉天方面行貨物列車で、安東発の木材を多く積み、編成中ほどには沿線学童通学用の座席付車掌車カ゠形（1922年製、定員44名）が見え、バックの市街は右手が北陽街（満人街）、左手が南陽街（満鉄社宅街）である。なお、1932年10月の蘇家屯機関区新設により、安奉線内の桟関車ロングラン運用が開始され、橋頭・鶏冠山の両機関区は廃止となった。

（行發堂榮文）　　VIEW CF HOOZAN FROM KOMAMON　　む望を山風鳳りよ門麗高

前ページ▼高麗門より鳳凰山を望む（単色刷、文栄堂発行、仕切線1/3）　鳳凰城（安東起点59.9km）〜高麗門（同45.2km）間の安奉線東側車窓には、鳳凰山（標高930m）の峨々たる山容がせまる。同山は前出の大和尚山・千山と並ぶ満洲の名山で、全山花崗岩、奇岩怪石や堂宇が多く、紅葉の名所であった。写真は1910年頃の撮影と思われ、画面右手の木立のバックに軽便鉄道安奉線の木橋が見える。

▼五龍背ノ温泉（単色刷、満鉄発行、仕切線1/3）　五龍背（ごりゅうはい、安東起点24.2km）は、五龍山（標高795m）を背にした満洲三大温泉地の一つで、大沙河の河原に広がる水田の中からも温泉が湧き出ていた。旅館は高級向き・湯治向き・団体客向きなどがあり、庭は満鉄経営の公園で、春は花菖蒲、夏は蓮の花が咲き、蛙鳴き蛍飛び交い、秋は初茸狩など、日本情緒も感じられた。

Hot Spring, Wulungpei.　　五龍背ノ温泉　満州

GRANG SIGHT OF THE CITY FROM ANTUNG STATION. ANTUNG.
（安東縣）驛前より街路然割た美しい市街を望む

SIGHT OF PLAT-FORM IN ANTUNG STATION. ANTUNG.
陸路大滿洲國の第一門戸安東驛構内フオーム（安東縣）

●安東駅周辺

▶駅前より街路画然たる美しい市街を望む（単色刷、大正写真
工芸所発行、仕切線1/2）　安東は奉天より275.8km、満鮮（日満）国境
に位置する国際都市で、同駅は安奉線と鮮鉄（朝鮮総督府鉄道）京義
線が接続し、満鮮直通列車も機関車交換と通関手続のため長時間停車
した。写真は新ホーム上屋の屋上より北方を望んだシーンで、1932年
頃の撮影と思われ、画面左下に駅本屋の一部、中央が駅前広場、「歓
迎」の門が建つ大通りが新市街中央を貫通して旧市街へと延びる大和
橋通、左右に安東ホテルと駅前公園、屋上に「サッポロビール」の広
告がある3階建が日満ホテル、遠景が元宝山（標高180m・別名安東
富士）である。

前ページ▼陸路大満洲国の第一門戸安東駅構内フオー
ム（単色刷、大正写真工芸所発行、仕切線1/2）　同駅構内の本線は
鴨緑江橋梁とほぼ同一レベルのため、旅客ホームは駅本屋2階
の高さにあった。写真は駅本屋寄りに増設の新ホーム上から東
方の駅前広場を望んだシーンで、1935年頃の撮影と思われ、鉄筋
コンクリート造のホーム上屋のくし形明り窓が印象的で、画面
左端の柱には「奉天方面行」、右端の柱には「釜山方面行」の案
内書きが見える。

▼安東ホテル（単色刷、発行元不詳、仕切線1/2）　安東の駅前
広場に面して建てられ、縦線を強調したセセッション様式、レ
ンガ造2階（一部4階）建の満鉄助成による高級旅館で、屋上
庭園をそなえ、東に鴨緑江、西に鎮江山、北に市街をへだてて
元宝山が望まれた。写真は1925年頃の撮影と思われ、画面右手
に屋上庭園の樹木、左端に後出の鎮江山の一部が見える。

THE ANTUNG HOTEL（ANTUNG）
安東ホテル（安東縣）

附属地よりなり、安東駅より北東が商業地および住宅地、南西が工業地で、格子状街路により、駅前広場正面のメインストリートを大和橋通、これと並行して南東側に浜通・一番通・二番通・三番通・四番通・市場通・五番通、北西側に六番通・掘割南通・掘割北通・七番通・八番通・九番通を通し、横道は駅前より掘割筋・車橋筋・浪花橋筋・御幸橋筋・京橋筋・宝橋筋・戎橋筋・此花橋筋・呉竹橋筋を通していた。工業地は中央に貯木場をもうけ、鴨緑江上流よりいかだ流しされた木材による製材・製紙・マッチ製造業をはじめ、紡績・染織業がさかんであった。

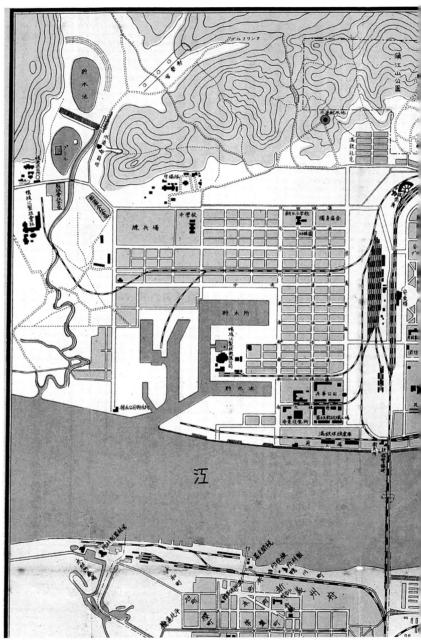

▲市街図　安東及新義州（多色刷、満鉄鉄道部営業課発行、1933年版『安東』リーフレット）
同市は北緯40度07分、東経124度22分、鴨緑江の右岸（西岸）に位置し、大連・営口に次ぐ貿易
港で、満鮮国境の国際都市でもあった。市域は鴨緑江にそって北東より南西に細長く延び、旧
市街（満人街）は沙河鎮（安東起点3.3km）駅附近に発達し、清朝時代に県衙（けんが・県庁）
も置かれたことより「安東県」の地名が生まれ、製糸場・油房が多く、ジャンクによる柞蚕
糸・豆粕の輸出がさかんであった。七道溝の小河より南が新市街で、旧居留民団経営地と満鉄

（行發堂榮文）　ICHIBADORI STREET, ANTUNG-HSIEN.　り通場市（縣東安）

▲**市場通り**（単色刷、文栄堂発行、仕切線1/3）　安東の商業地は大和橋通より南東側の市場通・四番通あたりに集中していた。写真は1912年頃の市場通で、画面右下の人力車夫は弁髪姿である。左手の2階建は本葉発行元の文栄堂書店、交差点の横道は京橋筋、東京の銀座にたとえれば4丁目交差点といったところで、角より4軒目の商店は「銃器」を看板に掲げている。

▼**最も繁華なる市場通の街観**（単色刷、大正写真工芸所発行、仕切線1/2）　上掲と同一地点の1935年頃の状況で、20年あまりの間に車道と歩道が分離し、街灯が建ち並び、両側の商家がすべて建て替わり、文栄堂書店も木造・日本瓦葺・モルタル壁よりレンガ造となり、間口も2倍以上に広がっている。向かいの商店は3軒棟続きで、「岩本靴（鞄）店」「川端履物店」ほか1軒が入居している。

PROSPEROUS SHOPPING STREET ICHIBA-DORI, ANTUNG.
最も繁華なる市場通の街観（安東縣）

CHINA STREET, ANTUNGSHAN.　　　　　街　那　支（縣東安）

▲支那街（単色刷、安東県文栄堂発行、仕切線1/3）　前ページ上とほぼ同時期の旧市街で、道の曲がり具合より五柳前街と思われ、レンガ造平屋建・唐風瓦葺の商店が軒を並べ、ところどころに巨大な招牌が立てられている。道路は未舗装で、馬車のわだち2本が深くきざまれ、側溝は地面を細長く掘っただけのように見え、一輪車で大荷物を運ぶ男性もいささか緊張のおももちである。

▼人馬行き交う満洲人街の盛景（単色刷、大正写真工芸所発行、仕切線1/2）　前ページ下と同時期の旧市街で、新市街におとらず近代化され、両側の商家はほとんど2階建となり、中華バロック様式の外観をきそっている。画面右手の電柱には「左側通行」の注意看板が取り付けられ、左手の満洲国旗を交叉した店舗の「各貨大落価」の旗は、さしずめ「全品大安売り」といったところであろう。

VIEW OF MANCHURIAN STREET QUARTER, ANTUNG.
景盛の街人洲満ふ交き行車人　（縣東安）

THE CHINKOSAN OF CHERRY-TREE.　　　　　山　江　鎮　の　櫻

▲桜の鎮江山（単色刷、大正写真工芸所発行、仕切線1/2）　新市街の背にそびえる鎮江山は、満鉄が面積約50万m²の公園として整備し、ふもとに表忠塔、中腹東側に安東神社、中央に臨済寺が建ち、4千本におよぶ桜の名所としても知られた。写真は臨済寺境内より山門をへだてて新市街と鴨緑江を望んだシーンで、対岸は朝鮮（当時は日本領）の新義州、撮影時期は1920年頃と思われる。

▼安東物産陳列館（単色刷、TOKYO DESIGN PRINTING発行、仕切線1/3）　同館は1915年、安東日本領事館（領事・吉田茂）の見積依頼により、榊谷仙次郎が設計し、大和橋通に面して建てられた。木材の特産地にふさわしく、校倉造をイメージしたレンガ造平屋建で、写真は1916年頃の撮影と思われる。ちなみに、吉田茂の安東領事在任期間は1912年8月～1916年7月であった。

AN-TUNG PRODUCTS MUSEUM.　　　　館　列　陳　産　物　東　安

THE RAFT FLOATING ON THE YALE RIVER, ANTUNG

筏付家ぶ泛に江緑鴨（縣東安）

▲**鴨緑江に浮ぶ家付筏**（単色刷、大正写真工芸所発行、仕切線1/2）　鴨緑江上流は針葉樹の大森林地帯で、木材300〜350本を1台としたいかだ流しが行なわれ、6〜8月の3ヵ月で約6千台が川を下った。安東到着まで時日を要するため、こぎ手は板材や木皮で組んだ仮小屋に起居した。写真は1935年頃の撮影と思われ、画面右手が旧市街で、左手遠方に鴨緑江橋梁がかすんで見える。

▼**鴨緑江氷上にて満鮮スケート大会**（単色刷、大正写真工芸所発行、仕切線1/2）　同江はおおむね11月下旬より翌年3月中旬まで結氷し、河原に水を張ってスケートリンクが作られた。写真は1935年頃の撮影と思われ、バックの鴨緑江橋梁は1933年時点で1日3回、各1時間開橋していたが、翌年4月より停止し、1937年に上流側に複線橋梁が着工された。対岸はもう日本領である。

MANCHURIAN AND COREAN SKATING CONTEST ON R. YALE, ANTUNG.

會大トーケス鮮満てに上氷江緑鴨（縣東安）

【主要参考文献】

1．社史
南満洲鉄道株式会社十年史　南満洲鉄道株式会社　1919
南満洲鉄道株式会社第二次十年史（上下）　南満洲鉄道株式会社　1928、原書房19
74復刻
南満洲鉄道株式会社第三次十年史（上中下）　南満洲鉄道株式会社　1938、龍渓書舎
1976復刻
南満洲鉄道株式会社第四次十年史　南満洲鉄道株式会社編　龍渓書舎　1986
満鉄四十年史　財団法人満鉄会編　吉川弘文館　2007

2．写真帖
南満洲鉄道写真大観　南満洲鉄道株式会社　1911頃
南満洲鉄道沿線写真帖　南満洲鉄道株式会社　1915頃
吉敦鉄路建設写真帖　南満洲鉄道株式会社　鉄道部　1929

3．旅行案内類
南満洲鉄道案内　南満洲鉄道株式会社　1917
宝石の都　哈爾浜案内　岩間商会宝石部　1928頃
南満洲鉄道旅行案内　南満洲鉄道株式会社　1930
国線旅行指南　鉄路総局　1934頃
四平街案内　満洲四平街地方事務所商工係編　四平街振興既成会　1935
満洲旅行の栞　南満洲鉄道株式会社　1935／36／37
満洲温泉案内　宇佐美喬爾　南満洲鉄道株式会社　1936
新京図們間案内　小池文雄　鉄道総局　1936
大連／旅順／奉天／新京／吉林／哈爾浜／斉斉哈爾／安東　松宮吉郎　満鉄鉄道総局
937／38
新京／奉天　奉天鉄道局旅行課　1939／41
満洲支那汽車時間表　昭和14年3月
北満に於ける露西亜寺院　満鉄鉄道総局　1939再版
汽車時間表　大正14年4月／昭和5年10月／昭和9年12月（3点）　復刻
時間表　昭和15年10月　復刻
日本鉄道旅行地図帳　歴史構成　満洲樺太　新潮社　2009

4．鉄道車両関係
南満洲鉄道の車両〈形式図集〉　市原善積・小熊米雄・永田龍三郎・安養寺修編著　誠文
堂新光社　1970
南満洲鉄道「あじあ」と客貨車のすべて　市原善積・小熊米雄・永
田龍三郎・安養寺修編著　誠文堂新光社　1971
満鉄・特急あじあ号　市原善積　原書房　1971
南満洲鉄道　鉄道の発展と蒸気機関車　市原善積・小熊米雄・永田龍
三郎・安養寺修編著　誠文堂新光社　1972
月刊誌　鉄道ピクトリアル　各号
季刊誌　鉄道史料　各号

5．建築関係
満洲建築概説　建築学会新京支部編　満洲事情案内所　1940
満鉄の建築と技術人　田島勝男　満鉄建築会　1976
海を渡った日本人建築家　西澤泰彦　彰国社　1996
図説「満洲」都市物語　西澤泰彦　河出書房新社　1996
図説大連都市物語　西澤泰彦　河出書房新社　1999
大日本帝国の領事館建築　田中重光　相模書房　2007

6．その他
南満洲鉄道株式会社　営業報告書　1907～1944
南満洲鉄道株式会社　事業説明書　1925～1933
撫順炭礦一覧表　南満洲鉄道株式会社撫順炭礦　1924
撫順炭礦　南満洲鉄道株式会社調査課編　1925
満蒙の産業　南満洲鉄道株式会社商工課　1927
世界地理風俗大系第一巻　満洲　仲摩輝久編　新光社　1930
満洲地理点描　田口稔　満鉄社員会　1934
満洲読本　三上安美　南満洲鉄道株式会社　1934頃
撫順炭礦概要　南満洲鉄道株式会社撫順炭礦　1937
炭礦読本　三上安美　南満洲鉄道株式会社撫順炭礦　1938
満洲の鉄道　山内利之　満鉄鉄道総局弘報課　1939

【資料収集協力】
森　秀男
小田　実
永森　譲
近藤和夕起

※本書初版は2013年8月に刊行

あとがき

本書は、さきに㈱潮書房光人社より発刊した、小著『写真に見る満洲鉄道』の姉妹編ともいうべきもので、著者のコレクションより選び出した約420点の絵葉書・古写真・図版により、時空間を超えた、満洲全域の鉄道旅行の紙上再現をこころみたもので、全体は左記の構成とした。

第一部　満鉄本線の旅・大連〜長春（新京）間
第二部　満洲国鉄の旅
第三部　東清（中東／北満）鉄路の旅
第四部　満鉄安奉線の旅・奉天〜安東間
コラム　満洲の公共建築

すなわち、日本より海路で満洲の表玄関・大連に到着した読者は、第一部で大連市内遊覧ののち、満鉄（南満洲鉄道株式会社）本線を北に、途中旅順・営口・煙台・撫順の各支線に立ち寄りつつ、交通・経済の中心地・奉天、さらに満洲国の国都（首都）として発展した長春（新京）に足を伸ばす。第二部では、満洲国建国にともなって満洲国鉄に編入された、もと中国国営・省営の主な鉄道を、おおむね南より時計回りにたどり、第三部では、やや遅れて満洲国鉄に編入された、東清（中東／北満）鉄路の南部・西部・東部3線を旅する。そして第四部では、日本への帰路として、満鉄安奉線を奉天より安東に向かい、満鮮国境にいたる筋立てである。これらにより、読者は居ながらにして満洲各地の風光をめでるとともに、とかく「負の遺産」が強調されがちな植民地史において、日本人が彼の地に残した鉄道・インフラ整備、産業育成、通貨統一、治安向上など「正の遺産」にも目を向けるきっかけとなれば幸いである。

本書に収録した町並みや建造物の原画の多くは、過去に著者が満鉄関連の車両・施設と並行して蒐集したものであるが、いざ一冊の書籍としてストーリーを構築してみると抜けが多かったため、約三分の一を本書のために買い足し、内容の充実をはかった。また、泥縄的に建築史や満洲地誌の書物を漁ったりもしたが、なにぶん浅学のため、記述内容のいたらなさはご容赦いただきたい。

本書の制作に当たっては、逐一お名前は挙げないが、多くの方々に有形・無形のご協力をいただいた。巻末にあたって感謝申し上げる次第である。

2013年6月吉日

髙木宏之

写真で行く満洲鉄道の旅 新装版

2023年6月13日　第1刷発行

著　者　髙木宏之

発行者　皆川豪志

発行所　株式会社　潮書房光人新社

　　　　〒100-8077
　　　　東京都千代田区大手町1-7-2
　　　　電話番号／03-6281-9891（代）
　　　　http://www.kojinsha.co.jp

装　幀　天野昌樹

印刷製本　サンケイ総合印刷株式会社